新农村教育研究丛书

　　本研究系教育部人文社会科学研究基地重大招标项目"欠发达地区农村职业教育状况调查及其发展模式研究"成果之一。本研究得到香港华夏基金会、香港思源基金会资助。

我国欠发达地区
农村职业教育问题研究

WOGUO QIANFADA DIQU NONGCUN ZHIYE JIAOYU WENTI YANJIU

主　编　于　伟
副主编　洪　俊　张力跃　李伯玲

东北师范大学出版社　长春

图书在版编目（CIP）数据

我国欠发达地区农村职业教育问题研究/于伟主编. —2版. 长春：东北师范大学出版社，2015.3（2025.7重印）
ISBN 978-7-5681-0335-0

Ⅰ.①我… Ⅱ.①于… Ⅲ.①不发达地区—乡村教育—职业教育—研究—中国 Ⅳ.G719.2

中国版本图书馆CIP数据核字（2015）第269698号

□责任编辑：鞠玉丽　□封面设计：李冰彬
□责任校对：余　天　□责任印制：张文霞

东北师范大学出版社出版发行
长春净月经济开发区金宝街118号（邮政编码：130117）
网址：http：//www.nenup.com
东北师范大学出版社激光照排中心制版
河北省廊坊市永清县晔盛亚胶印有限公司
河北省廊坊市永清县燃气工业园榕花路3号（065600）
2015年3月第2版　2025年7月第3次印刷
幅面尺寸：170 mm×227 mm　印张：16.25　字数：288千

定价：48.00元

新农村教育研究丛书

编辑委员会

主　　任：史宁中
副主任：柳海民　刘建军
委　　员：（按姓名笔画为序）
　　　　　于　伟　马云鹏　万明刚　刘建军
　　　　　刘义兵　张　力　邬志辉　李伯玲
　　　　　李秉忠　洪　俊　赵家骥　袁桂林
　　　　　秦玉友

序

21世纪，我国进入了全面建设小康社会的历史阶段，中共中央提出了构建和谐社会的战略思想，明确了今后我国教育发展的主要任务，即"保障人民享有接受良好教育的机会，基本普及高中阶段的教育，消除文盲。形成全民学习、终身学习的学习型社会，促进人的全面发展"。

在我国基础教育系统中，农村中小学校占全国中小学总数的92.3%，农村中小学生占全国中小学生总数的78%。在建设社会主义新农村的新形势下，改革与发展我国农村基础教育具有极其重要的现实意义，不仅关涉农村青少年的培养问题，而且关涉农民素质的提高、农村文化的提升以及农村经济发展等诸多因素。当前我国农村教育发展的整体状况并不乐观。在有些地方农村青少年学生大量流失的现象仍十分严重，农村教师的专业素质仍有待提高，农村学校的课程教学仍较为单一，农村学校的有效运行仍需机制性的保障。诸多问题制约着农村教育的进一步发展，影响到新一代农民的培养，也影响到"三农"问题的整体破解。因此，农村教育在"三农"问题中处于十分重要的位置。关心农村教育的现实状况，探究农村教育难题的破解办法，使农村教育尽快步入良性发展的轨道，应成为广大教育工作者不断思考的问题。

作为教育部直属的高等师范院校，立足国情，研究农村教育是我们的庄严使命。我校已在全国同类高校中较早地开展了农村教育领域的研究工作，并取得了丰硕的研究成果，形成了鲜明的学术特色。农村教育研究所是教育部人文社会科学重点研究基地，近年来主持承担了十多项国家级农村教育研究相关课题，多次主办国际国内学术会议，在学术界有广泛的影响。难能可贵的是，研究所的师生们常年深入各地农村学校，深入建筑工地和田间地头，研究农村基础教育、职业教育的改革和发展问题，研究农民、农民工的教育培训问题，进行系列的专题调查研究活动。通过调查和实证分析，掌握了大量的第一手资料，撰写了许多针对性较强、理论水平颇深的学术论著，形成了多份关于农村教育的提案、议案，在每年的"两会"期间均产生了巨大反响，并多次受到国家领导人及有关部门的高度重视。

为了展现农村教育研究所近年来取得的丰硕的科研成果，他们编辑出版了《新农村教育研究丛书》。该丛书主要收入农村教育研究所近年来的调研报告、承担的国家级课题的研究报告以及我校农村教育博士点的博士论文。该丛书的出版是我国农村教育研究领域的一件大事，必将对我国农村教育的研究、改革与发展产生重要的影响。我希望农村教育研究所的师生们继续潜心钻研农村教育理论，深入实际进行调查研究，为形成中国气派的农村教育理论、为走出一条有中国特色的农村教育改革与发展之路作出新的贡献。

史宁中

目 录

第一编　调研篇……………………………………………………………1
　我国农村职业教育发展的困境与对策问题研究……………………………2
　吉林省东丰县农村职业教育调研报告………………………………………17
　吉林省抚松县职业教育调研报告……………………………………………43
　吉林省农安县农村职业教育调研报告………………………………………67
　吉林省舒兰市农村职业教育调研报告………………………………………91
　黑龙江省农村职业教育的问题、原因及对策………………………………109
　山东省平度市农村职业教育调研报告………………………………………118
　河南省新县农村职业教育调研报告…………………………………………137

第二编　理论篇……………………………………………………………158
　关于我国农村职业教育政策的思考…………………………………………159
　黄炎培的职业教育思想及其现实意义………………………………………168
　吉林省发展农村职业教育的取向性与时序性研究…………………………172
　专业设置：发展农村中等职业教育的重中之重……………………………183
　农村职业教育与农业产业化互动模式及效果评估体系研究………………196
　使农村教师走进新课程绿色通道的探索与实践
　　——新课程农村教师课堂教学行为诊治技术……………………………211
　我国职业教育陷入困境原因及出路分析……………………………………216
　县域职业教育发展的差距、问题与对策
　　——以两个县的实地调查为例……………………………………………223
　对于农村会计人员职业教育问题的思考……………………………………229
　吉林省农村财务管理人员职业教育势在必行………………………………235
　吉林省农村人力资源开发与发展中等职业教育的思考……………………240

后　记………………………………………………………………………249

第一编

调 研 篇

我国农村职业教育发展的困境与对策问题研究

于 伟 张力跃 李伯玲*

大力发展职业教育，是落实科教兴国战略和人才强国战略，推进我国走新型工业化道路，解决"三农"问题，促进就业再就业的重要途径。但我们通过对5省（浙江、山东、吉林、河南、贵州）8县的调查①，发现中等职业教育，尤其是农村职业教育严重滞后于经济建设和社会发展实际，职业教育有效供给不足和产业结构升级对技术人才的巨大需求之间矛盾突出。在对职业教育的困境进行归因分析后，我们认为，由于尚未形成政府调节和市场调节的合理分工，政府在促进职业教育发展中功能缺失。为了使职业教育长足发展，必须彰显政府的责任，调整越位，弥补缺位，明确发展职业教育主要是政府的行为，在这一宗旨下构建促进职业教育发展的策略体系。

一、农村职业教育的两难困境——潜在需求与现实需求、个人需求与社会需求的背离

在经历了上个世纪80年代到90年代前期的高速增长后，从90年代后期以来，我国的整个职业教育出现滑坡，集中表现在招生就业困难，办学质量低下，东西部差异较大，办学机制以及人才培养的规模、结构、质量还不能适应经济社会发展的需要，发展形势低迷。一方面，按照国家有关部门的预期分析，到2050年，我国大约需要向城市转移3亿农村剩余劳动力②，职业培训的潜在需求可谓十分巨大，但另一方面，从职业教育的现状来看，每年的招生数和在校生数与普通教育相比差距太大，结构不合理，潜在需求并没有转化为现实需求。职业教育困境存在的第二点背离是，从产业结构升级的趋势看，我

---

* [基金项目] 本研究得到教育部人文社会科学重点研究基地重大招标项目"欠发达地区农村职业教育状况调查及其发展模式研究"（05JJD880058）和香港华夏基金会资助。[作者简介] 于伟（1963— ），男，吉林长春人，东北师范大学农村教育研究所兼职研究员，教育科学学院教授；张力跃（1975— ），男，内蒙古呼和浩特人，东北师范大学教育科学学院博士生；李伯玲（1962— ），女，吉林长春人，东北师范大学农村教育研究所副所长。

① 本论文所采用的调查数据或结果除特别注明外，均来自东北师范大学农村教育研究所农村教育调查报告（六）《县域高中阶段农村职业教育改革与发展咨询报告》，2006-04-01。

② "转型期中国重大教育政策案例研究"课题组. 缩小差距：中国教育政策的重大命题. 北京：人民教育出版社，2005：17.

国产业界亟需数以千万计的技工人才,但家庭和个人的有效教育需求更多地指向普通教育,个人需求与社会需求不协调。具体来说,表现为以下几个方面:

(一)规模扩展迟缓,农村职业教育的有效需求没有充分激发

中等职业教育规模扩展的迟缓主要表现在两个方面:学校数量的减少;与普高相比在校生数量的下降。根据《中国教育年鉴2004年》数据,2004年,全国普通中等职业技术学校1.45万所,比1998年的17106所减少2606所;全国初中毕业生2000多万人,其中有822万人升入普通高中,566万人进入职业学校,两者之比接近6:4,与1998年普通中等职业技术学校招生数占高中总招生数53.12%相距甚远,结构极不合理。此外尚有700万左右的初中毕业生未接受培训就直接进入社会。从1990—2003年全国职业教育在校生的情况来看,虽然规模持续扩大,但从1998年开始,全国中等职业教育在校生占全国高中阶段教育在校生的比例在逐年下降,2003年所占的比例(38.75%)比1990年的比例(45.70%)还要低(见表1)。近几年是我国学龄人口高峰期,高峰过后农村职业教育的形势将更为严峻。

表1 中等职业教育在校生数及其所占比例(单位:万人)

年 份	1990	1992	1994	1996	1998	2000	2001	2002	2003
在校生数	763.54	857.25	1113.25	1320.06	1431.08	1284.48	1164.94	1190.81	1256.72
所占比例	45.70	49.20	56.10	56.80	60.02	51.01	44.78	40.94	38.75

如与发达地区相比较,欠发达地区的学校规模萎缩情况更为严重。在我们的调查中,只有山东省P县和浙江C县职业教育和普通教育的比例基本上达到了1:1,职业教育的学生数超过了普通高中的学生数,而其他3省6县,初中毕业生的主要去向是升入普通高中,升入职业高中的学生很少,职业教育与普通教育相差悬殊(见表2)。

表2 2004年初中毕业生升学统计

县 域	浙江C县	山东P县	吉林S县	河南X县	贵州P县
升入普高	3766	8600	2812	2495	1487
升入职高	3807	9609	606	1151	241
普职比率	1:1	0.9:1	4.6:1	2.2:1	6.2:1

目前,全国城乡每年有近千万初中毕业生不能升入高中,数百万高中毕业

生不能升入大学。与此同时，大学毕业生就业难的问题越来越突出，每年有上百万名大学毕业生不能及时找到工作。而社会对各类技能型人才需求量却很大，近些年来一直供不应求。教育需求与教育资源供给之间的矛盾将在很长一段时间内存在。中等职业教育现有的办学规模与庞大的教育潜力和现实的人才需求很不协调，造成了教育资源和人力资源的浪费，不利于和谐社会的建设。

（二）办学方向错位，背离了职业教育的时代要求

对我国当前的社会经济发展需求来说，职业教育最紧迫的时代任务是："面向就业，重要的是面向企业，培养企业需要的人才"[1]；"以服务为宗旨，以就业为导向"[2]，大力发展职业教育。但是根据我们的调查，县域农村职业高中的办学目标定位与国家的产业结构发展需求和城镇化战略严重错位，对口升学成为许多职业学校办学的主要目的，更是相当数量学生接受职业教育的直接目的，与国家和社会发展赋予职业教育的任务背离。

调查中，我们发现大部分农村职业中学都将对口升学作为办学的主要支柱。像河南X县职业高中的许多优秀的学生都参加了对口升学考试，2005年升学率高达77.2％。X县的两所综合高中也在探索对口升学的路子，把对口升学作为学校的支柱之一。山东省P县技工学校高考部的学生在经过3年的文化课学习后，也是以升学为主要目的，只有升学无望，才依靠中级工资格，去市场就业。

吉林省S县职业高中校长在访谈中说：

目前对口升学能保证学校有稳定生源。中等职业教育之所以能发展，如果没有对口升学这个政策肯定吸引不了那么多学生。（其中）三分之一有发展潜力的、把还（能）认真学的学生吸引到对口升学这一条路（上来），可以让他们接受高等职业教育，目前对口升学是职业高中发展的核心策略。

由于接受高等教育可以改变地位和身份，提高收益，所以不少农民及其子女仍然是抱着升大学的愿望到职业学校学习，这种状况在落后地区表现尤为突出（见表3）。

表3　父母支持子女选择职业高中的初衷

选择职高原因	能学一技之长	可以升学	其他
比例％	38.2	41.9	19.9

但是对口升学的学校水平和数量远不能满足家长和学生的需要。职业学校

---

[1] 温家宝．大力发展中国特色的职业教育［N］．中国教育报，2005-11-14．
[2] 国务院关于大力发展职业教育的决定［N］．人民日报，2005-11-10．

以此作为办学定位,不仅无法发挥转移农村富余劳动力、促进产业结构升级的功能,也给自己的办学带来了极大的负面影响。

1. 影响专业设置与教学模式

吉林F县职高校长:近几年来,我们主要是依据吉林省对口升学计划和学生的要求,学校设置了医学、计算机、财经、旅游管理、种植5个专业,根据省颁纲要,选定教材,学习和考核上与普高班一样,重视文化学习,是地道的应试教育,没必要开展实践教学。

2. 影响实训基地的建设

吉林F县一中学校长:我们曾建4个示范性实训基地,最近几年基地建设下滑,主要原因是我校职高班的对口升学率很高。对口升学招生上有一个弊端,就是很少考查学生的实际技能,总分750分,其中语数外三科就占450分,直接影响了我们建设实习基地的投入和热情。

(三)毕业生就业出口不畅,学生和家长对职业教育信心不足

农村职业学校学生出路狭窄,就业艰难,对口升学比例高(见表4)。在就业方面,由于信息、机会等原因,农村职业学校学生就业机会相对偏少,低端就业比例高。我国人口众多,经济发展水平不高,有效就业岗位相对不足,加上用人制度上存在的高消费,职业学校毕业生就业难,而且就业岗位与职业学校的制定的培养目标出现错位。

表4 2004年职业高中毕业生去向统计

县 域	浙江C县	山东P县	吉林S县	河南X县	贵州P县
毕业生数	856	4415	178	1124	50
升学数	611	859	133	913	47
所占比例	71.40	19.50	74.70	81.20	94

农村职业教育毕业生去向不理想,严重影响了人们对职业教育的选择。调研显示,农村职业教育质量不高、市场反映迟钝与毕业生去向不理想形成不良循环,使学生和学生家长对职业教育信心不足。人们对职业教育的有效需求没有被激发,学生与家生接受不同类型教育的态度结构不利于职业类教育的发展。此种情况已经严重影响了我国职业教育的发展。

(四)发展不均衡,地区差异大,与普通教育的类别差异大

职业教育与地方经济的联系非常紧密,调查发现,由于欠发达地区经济发展滞后,不能有效吸纳职业学校的毕业生,使得县域农村职业教育的发展水平

在东部、中部、西部差距大,职业学校的办学资源、在校生数量、师资水平、学生去向和投入等都很不均衡,尤其是在校生的数量与比例与发达地区的普通教育差异显著(见表5,表6)。

表5 2004年职业高中和普通高中学校数量比较

县 域	浙江C县	山东P县	吉林S县	河南X县	贵州P县
普高(所)	4	8	6	4	7
职高(所)	5	8	1	1	2

表6 2004年职业高中和普通高中在校生数量对比

	浙江C县	山东P县	吉林S县	河南X县	贵州P县
普通高中	10625	24716	7657	8000	2624
职业高中	9655	18550	685	3635	743
普职比率	1.1:1	1.3:1	11.2:1	2.2:1	3.5:1

在对职业教育的投入上,东西部之间表现出了更大的差异,这也折射出了当地政府对职业教育关注程度的区别。

2003年,河南X县用于职业高中发展的经费占经费总量的24.6%,山东P县用于职业高中发展的经费占经费总量的15.6%,吉林S县用于职业高中发展的经费占经费总量的9.3%,吉林F县用于职业高中发展的经费占经费总量的6.2%。2004年,河南X县用于职业高中发展的经费占经费总量的29.1%,山东P县用于职业高中发展的经费占经费总量的15.2%,吉林S县用于职业高中发展的经费占经费总量的3.3%,吉林F县用于职业高中发展的经费占经费总量的8.5%。

显而易见,相比于河南X县,山东P县、吉林S县、吉林F县对于职业教育的重视和投入是远远不够的。河南X县对于职业教育的投入保持稳步增长,山东P县对于职业教育的投入能够保持稳定,而吉林S县、吉林F县对于职业教育的投入一直未能超过10%,而且水平一直在下降。

(五)农村职业教育投入严重不足,缺乏制度保障

衡量职业教育战略地位是否得到落实,一个重要的标志就是职业教育发展的经费是否得到保障。研究表明,职业教育培养成本是同级普通教育的2.6

倍，主要用于需实训基地建设和学生技能训练。但近几年我国职业中学生均预算内事业费支出和公用经费支出与普通高中大体持平，无法体现培养应用型人才的要求，与普通高中教育持续受到关注相比，中等职业教育的总体投入要少得多（见图1），导致农村职业学校，办学条件较差，教学质量不高，社会影响和吸引力不大，自我发展能力弱，为农业和农村经济服务的能力不强，不能发挥职业教育的特色和水平。

根据中国统计年鉴，国家财政性经费在高中阶段职业类学校的使用情况上看，投入在中等专业学校的经费高于投入在普通高中的经费，但是从2001年开始，急剧下滑，并降低至与普通高中的投入大体相当的水平。投入在职业高中的经费一直低于普通高中的经费。可是，从2001年起，投入在高等院校、义务教育阶段的经费在逐年增加，表明中等职业教育的发展受到制约。

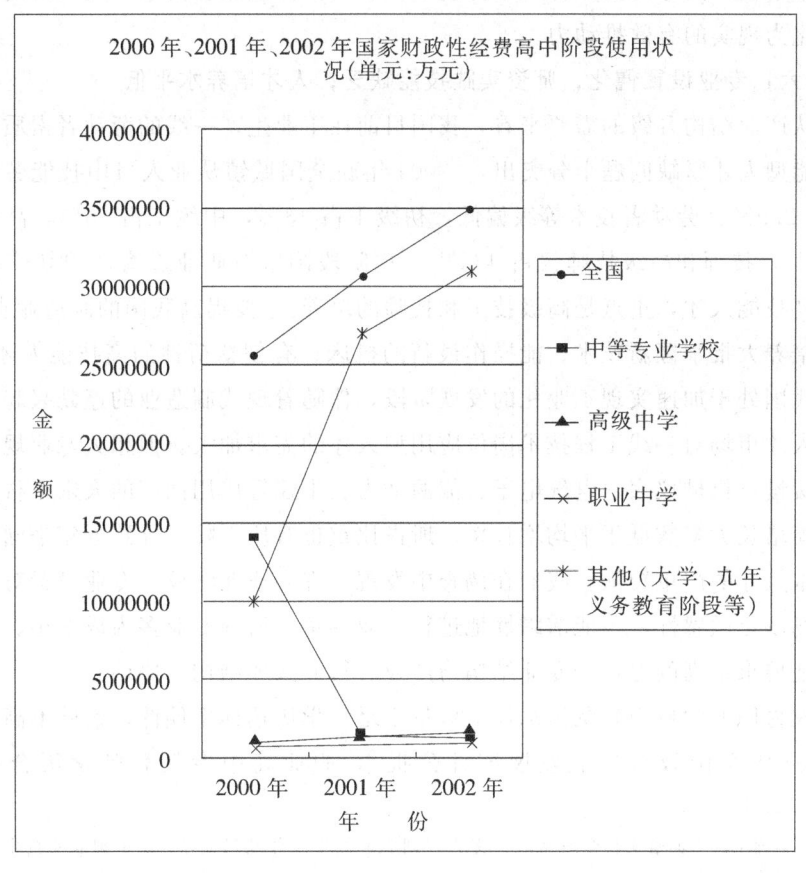

图1 2000年、2001年、2002年国家财政性经费高中阶段使用状况

由于来自国家和各级政府的投入远远不能满足职业学校办学的需要，学生的学杂费顺理成章地成为学校办学经费的重要来源，直接导致了农村职业学校学生接受职业教育的成本居高不下。

在我们调研所选取的县域，农村职业学校的学费一般在 1500 元/年左右，占国家农民年均收入的近 80%。如果加上食宿等其他费用，3 年大约需要支出 15000—20000 元。如果按照 2003 年农村居民年均收入 2622 元计算，3 年的机会成本近 8000 元；如果按照流动人口每年收入 3400 元计算，3 年的机会成本大约 10000 元，直接支出与间接损失两项相加，3 年之间投入高达 23000—30000 元。从整个职业教育来看，全国接受职业教育的学生中，相当大的一部分是来自农村和城镇低收入家庭的子女，2004 年，占 30% 左右的学生来自经济困难家庭。高昂的受教育成本抑制了低收入群体的教育需求，庞大的潜力没有转化为现实的有效推动力。

（六）专业设置僵化，师资实践技能缺乏，人才培养水平低

从产业结构升级的需要来看，我国目前在工业生产一线的劳动者素质偏低和技能型人才紧缺问题十分突出，"2004 年底全国城镇从业人口中技能劳动者仅占 32.9%，劳动者技术等级偏低，初级工占 43%，中级工占 36%，高级工占 17%，技师和高级技师仅占 4%"[①]。现阶段国家对职业教育的迫切需要是培养高技能人才，重点是高级技工和技师的培养。"要提高我国的制造业水平，必须培养大批掌握新技术、能操作最新的机床、有创新精神的高技能人才。"[②]由于我国处于加速实现工业化的发展阶段，伴随着现代制造业的蓬勃兴起，近年来人才市场对一线工程技术岗位应用型人才的需求加大。但相关专业规模却发展缓慢，机械仪表、电气电子、能源动力、土建等应用面广的大宗工科类专业规模增长大多数低于平均增长率，所占比重也有所下降，导致近年来国家应用技术人才的严重短缺。我们在调查中发现，许多职业学校的专业设置对劳动力市场缺乏敏感性，不能前瞻性地进行专业调整，所开专业多为成本小、对实习基地要求不高的专业。专业结构与产业、行业人才结构不协调。

农村职业学校教师队伍总体上数量不足，学历达标率偏低，素质不高。按照 2004 年全国教育事业发展统计公报[③]，职业高中专任教师学历合格率

---

① 陈至立. 全面落实科学发展观 努力开创职业教育工作新局面[J]. 中国职业技术教育，2005（34）.
② 温家宝. 大力发展中国特色的职业教育[N]. 中国教育报，2005－11－14.
③ 2004 年全国教育事业发展统计公报. 教育部网站，2004－05－07.

63.77%，我们在调查中发现，许多职业学校的专业课教师缺乏。专业课教师和普通文化课教师的比例失调，文化课教师的比例普遍偏大。教师的知识结构与职业教育所要求的知识结构不相适应，缺乏必要的工作实践能力和专业实践技能。职业教育教师参与继续教育机会少，层次低，培训形式单一，培训内容与教育教学实际脱离，追求学历达标，忽视内在质量。在调查的5省8县中，近2年内，只有26.7%的职高教师参加过地（市）级以上的教师继续教育培训，30.3%从未接受过任何培训。

吉林省F县职高教师：我们进修存在的一个劣势就是我们不能提高专业技能，只是提高学历教育。这个学历教育专业与所教专业以及过去所学专业未必对应，往往很多时候不能对应。所以，职业类学校教师的进修多为"提高学历"，而不是提高"专业技能"。从理论上来说，我们更需要的是提高专业技能。例如，我教汽车修理，我从来没有过修理汽车的经验，加之我们实习基地缺乏，离国家在此方面的要求差距较大，所以，授课只能是纸上谈兵。

课程实施中实践课程占总课程的比例偏低，培养人才类型与市场需求存在结构性错位。以调查的五省职业高中为例，文化课、专业课与实践课的比例为1.7∶3.2∶1，实践课仅占总课时的17.0%。显而易见，课程设置过分强调了理论的学科系统性和完整性，实践课程地位低下，实践课成了理论课的补充，甚至许多学校将实践课当作理论课来上，学生的智能结构严重脱离了现实的需要，25.8%的学生对课程不太满意。

调查表明，职业学校学生家长对子女所在学校的教学质量的评价在其余4省多为"一般"，仅有山东P县选择教学质量"好"的家长较多。联系我国传统文化分析，学生家长选择"一般"更确切的是对高中阶段职业类教育质量不满的一种隐晦表达。

二、农村职业教育的困境归因——承担责任与所得支持的不协调、政府功能与市场机制的不协调

在实现我国庞大人口压力转化为巨大人力资源的目标过程中，职业教育将作为一个重要的教育类别，承担培养数以亿计的高素质劳动者的重任。而且由于其职业技能培养的特点，职业教育的成本要远高于普通教育。但从全国的统计数据及调查的情况来看，职业教育投入较普通教育相差悬殊，与其承担的任务极不相称。另外，政府还不适应市场经济条件下职业教育管理的要求，在发展市场经济的进程中，我们实行了过度市场化的政策，造成了用市场调节替代

政府责任的现象，使职业教育缺少公共支持。这不但难以解决农村职业教育筹资和服务成本控制的困难，而且造成资源配置和使用效率低下，导致资源分配更大程度的不公平。

(一) 国家对职业教育成本比普通教育高这一事实没有给予充分重视，没有相应的政策补偿，政府功能发挥不足

从经济角度讲，职业教育具有"准公共产品"的性质，既具有"私人产品"的性质，又具有"公共产品"的性质。职业教育除受教育者本人外，最大的受益者是社会和企业。从投入角度讲，按照"谁投入，谁受益"的原则，应该实行学生受益，学生缴费，企业受益，企业出资，社会受益，政府投入的政策，合理分担职业教育成本。下面我们详细分析一下我国的职业教育成本分担情况。

世界银行1988年的一项研究认为，发展中国家职业技术学校生均成本通常比普通中学生均成本要高153%[①]。但从有关数据得知，2000—2002年全国职业中学、普通高中生均预算内事业费支出相差并不多，距离153%还很远（见表7）。

表7 2000—2002年全国职业中学、普通高中生均预算内事业费支出统计

单位：(元)

年份	职业中学	普通高中	两者的生均预算内事业费差额
2000	1349.45	1314.99	34.46
2001	1547.32	1471.12	76.2
2002	1664.06	1565.25	95.81

另外，个人直接成本中等职业教育偏高。据统计，1997年，以学杂费为主要形式的教育个人投资，全国中等职业教育人均为672.67元，普通高中人均383元，中等职业教育学杂费人均高于普通高中310.67元。[②] 西方人力资本理论认为，在其他条件不变的情况下，个人教育需求与教育价格成反比。价格高，则需求受到抑制；价格低，则需求膨胀。在中国，对于广大中低收入家

[①] 牛征. 中国职业教育投资的问题与对策 [J]. 山东教育科研, 2002 (8).
[②] "转型期中国重大教育政策案例研究"课题组. 缩小差距：中国教育政策的重大命题 [M]. 北京：人民教育出版社，2005：314, 3.

庭，较高标准的职业教育学杂费必然对职业教育的有效需求产生抑制影响。从个人收益选择来看，选择普通中学就有了经济上的合理性，加上1998年高等教育开始扩招，人们普遍预期个人收益中等职业教育不如普通高中，在这种情况下，职教向学生高收费不现实。正是基于职业教育的这种特殊性，世界各国在发展职业教育的过程中，都是由政府加大投入，支持职业教育的发展。而我国没有充分考虑发展职业教育需要对职业教育成本较高的差值进行补偿，不少学校的政府经费不足一半，其余要靠招生收费和校办企业创收来解决，使职业教育发展在多数时候都表现出相对弱势。

而对企业来说，由于技术在相关行业的普适性，使得职业教育具有一定的外溢性，一些企业以学徒式培养的方式补充劳动力，没有投资中等职业教育的足够激励，现行职业教育法也并未规定行业、企业办职业教育的义务，使企业作为重要的受益方没有分担应负的中等职业教育成本的义务和责任。

（二）产业结构发育不健全，对所需劳动力技术水平要求低

现在我国的产业结构，特别是欠发达地区农村产业结构，仍然以传统农业为主，对职业教育毕业生吸纳能力低。至2003年，我国三个产业就业结构比重为49.1∶21.6∶29.3，无论是与发达国家、新兴工业化国家或是与发展中国家相比，我国第一产业从业人员的比重明显偏高，第三产业从业人员比重又相对偏低。① 在调查的5省中，只有浙江省和山东省两个县域的工业产值超过了农业产值（贵州P县因境内有几家大型三线企业工业产值较高），吉林省和河南省两个县域的工业产值占国民生产总值的比重均较低（见表8）。

表8　2004年农业、工业、第三产业产值比

县　域	浙江C县	山东P县	贵州P县	河南X县	吉林D县
三产比率	12∶54∶34	19∶48∶33	16∶61∶23	47∶42∶11	40∶24∶36

最主要的，是由于我国劳动力市场准入机制不够健全，大批未经接受职业教育培训的廉价劳动力进入第二、三产业，使得从欠发达地区转移出来的劳动者认为，接受中等职业教育似乎多余，缺乏接受职业教育的动力机制。对大多数劳动密集型企业来说，由于技术要求低，几乎存在劳动力的无限供给。因此，劳动力市场准入机制不够健全使接受中等职业教育的必要性显著降低。

---

① 中国的就业状况和政策白皮书。

(三)制度建设严重滞后,职业教育发展缺乏软环境支持

虽然国家颁布了多部职业教育相关法律法规,但在调研中我们发现,由于制度建设滞后,执行不力,职业教育运行仍然缺乏软环境支持。如在企业用工时,存在"就业陷阱","虚假订单"等失范现象,一些用人单位存在用人欺诈行为,以虚假订单把学生骗去,却不按事先的承诺兑现待遇,或者在干满一年试用期后,以种种理由把人辞退等。而相关的法律约束还没有形成,许多出外务工的学生上当受骗后有冤无处申,给学生造成了很大损失,也使职业学校对外边来的订单望而却步,增加了职校学生就业的难度。严重影响了家长、学生与学校对职业教育环境的信心。

河南 X 县职业高中校长:几年前,我们和外面联系好"订单"后,由我校培训,对方负责工作。但是派老师把培训好的学员送达的时候,对方却毁约取消"订单"。因为我们已经和家长承诺过为孩子找工作,所以,我们没有办法,不能把孩子们领回来。万般无奈之下,我们派老师和学生们一起租房子,买锅灶,为学生在当地找到合适的创造条件。

对职业教育的办学者来说,来自政策和制度的一些不公平更让他们的积极性严重挫伤。职业学校教师晋升职称比例偏低,接受继续教育与培训机会也远远不如普通学校教师,这使职业学校教师感到职业教育不受国家重视。

河南 X 县职业高中教师:宏观些来说,社会上对职业教育的不重视。从职称评定系统来说,职业高中教师和普通高中教师的评定标准一样,评委一样。在评定过程中,几乎没有懂职业教育的人参与其中。由于职业教育的特殊性,我们和普通高中的教师业务上表现差异很大。但是正是这些差异,造成了我们在职称评定中的困难。大部分的职业学校教师职称基本是"中级",极少数是"高级",而且工资水平并不高,这对于我们这些辛辛苦苦耕耘在一线的教师来说,付出是远远大于收获的。我们有一位教师从事职业教育工作 20 余年,职称仍为中级。从他的教龄以及教学水平上看,如果在普通高中,早就是"高级"职称了。可是,在职业高中,他就一直都是"中级"。

(四)面向市场办学,学校缺乏服务与支持

面向市场办学,是职业教育发展的方向,但市场信息、中介服务、研究机构尚未跟上职业教育发展的需要。就业市场信息不透明与职业办学盲目性,对仅有就业市场信息不敏感与职业教育发展惯性、周期较长相互因应,造成就业市场人才需求与职业学校人才培养脱节。这样一来,一方面,一些专业的职业技术人才短缺,一方面,另一些专业的职业技术人才过剩,造成了职业技术人

才结构的不合理。

现在全国约 1/3 的省和大部分地市尚无专门的职业教育教学研究机构,学生就业靠的是民间组织或自我服务。职业学校毕业生劳动市场正处在发育阶段。由于体制分割,造成有的地方劳动部门只面向技工学校提供劳动市场信息。以供求信息为主要内容的地方职业教育统计、调查资料奇缺,职业教育的发展规划和调控方案缺乏相应的基础数据支持。政府还不适应市场经济条件下职业教育管理的要求,没有把政府调控与市场机制很好地结合起来。

三、农村职业教育的困境破解——以强化政府行为为核心,加大职业教育投入为保障,完善就业市场准入制度和改革人才培养模式为突破点

如前文所述,职业教育在面临美好机遇的同时,实际置身的处境非常严峻。有关研究表明,教育差距的严重程度和拉大的速度在许多方面比经济的差距更大,更明显[①]。这也有力地说明政府在教育发展中发挥着极为重要的作用。职业教育发展的相对弱势,是教育差距的重要内容之一。造成职业教育困境的原因有多种,但破解职业教育困境的首要责任在政府,制定完善的教育政策是构建发展职业教育策略的核心。

(一)转变政府职能,调整越位,弥补缺位,明确发展农村职业教育主要是政府的行为

从计划经济向市场经济的转变,是一个内涵丰富、任务艰巨的过程,管理体制和管理方式的转变是关键要素。在社会主义市场经济条件下,利益多元化和微观主体分散决策的普遍要求与现行教育体制中政府治理缺位与越位并存的矛盾,要求以完善学校法人治理结构为核心,以教育资源的公平配置为原则,政府加强宏观调控,放松教育活动的微观领域。学校和行政部门能做的事,坚决由学校去做;地方和中央能做的事,坚决由地方去做;市场和政府能做的事,坚决由市场去做;政府做学校和市场不愿做和没有能力做的事。从目前来看,职业教育作为一种弱势教育类别,需要国家大力扶持,从受益与投入主体的一致性原则看,从产业结构升级和农村劳动力转移对人力资源培训的巨大需求看,从消除教育差别合理发挥政策的公共性来看,大力发展职业教育都应主要是政府行为。在明确这一宗旨的前提下,实施各项策略。

---

① "转型期中国重大教育政策案例研究"课题组. 缩小差距:中国教育政策的重大命题 [M]. 北京:人民教育出版社,2005:314,3.

(二) 以科学的发展观为指导，按照我国产业结构发展的需求，重新定位农村职业教育目标

1. 从教育分类来看，应用性专业教育是职业技术教育的基本特性

职业教育作为整个教育系统中的一个组成部分，是与普通教育、特殊教育相对的，有着自己特殊的地位和任务。在我国工业化进程不断加速发展的情况下，培养大批的中高级应用型人才，为产业结构升级和不同产业类型提供高素质的人才支持，是职业教育的基本任务。

2. 从人才需求结构看，技术—业务型岗位是职业技术教育的基本定向

目前，我国最缺乏的人才就是精于技术和业务的人才，如业务员、高级工、技术维护和应用开发人员等。这说明职业技术教育不是不需要，而是需要瞄准技术性、业务性的岗位，抓紧用力，改革办学模式，提高教育质量，培养出过硬的、适合企业需要的技术性和业务性人才。

3. 从工作分析的角度看，职业实践能力的培养是职业技术教育的实施重点

如果说当前职业技术教育水平不高的话，那么首先表现为实践和业务能力不高。究其原因，主要是没能摆脱学科性教育的框框，没有走出一条高效的、有职教特色的、能够强化技术与业务能力训练的教育模式。因此，全面强化职业实践能力，培养出能够充分胜任技术—业务岗位的综合素质的人才，是今后职业技术教育的发展方向。

(三) 建立中等职业教育成本补偿机制，政府要进一步加大对职业教育的投入，对企业开征职业教育税

县域高中阶段职业教育是成本高、收益率相对较低的教育类型，非国家投入难以持续为继。因此，国家应该成为职业教育办学的投入主体，职业教育投入要单独预算，并对职业发展作出连续性的规划，以便使职业教育投入有一个持续的政策保障。

政府应大力推行职业教育券制度。发行职业教育券是市场经济条件下公共教育财政新的运行模式，有利于整合县域高中阶段职业资源，有利于为贫困地区学生接受职业教育提供经济保障，有利于调动职业教育举办者的办学积极性和提高办学质量，不仅体现了政府引导教育需求、调整教育结构、保证教育公平的宏观调控功能，也能够有效拓展民间资金进入教育领域。

根据教育成本分担的能力原则和受益原则，企业也应该有分担职业教育成

本的义务。政府可以通过对企业开征职业教育税的形式使企业合理分担职业教育成本。法国1971年通过的《终身教育法》规定："凡雇员超过10人的企业主必须拿出工资总额的1.1%以上作为继续教育的费用。"1976年又将此比例上升到2%。要求各企业交纳"成人职业培训税"和"学徒税"，对办学和接纳学徒的企业，减免培训税和学徒税[①]。为了使职业教育获得充足的资金，我国应尽快通过立法对企业开征职业教育税。根据效率原则和财政原则，职业教育税的课税对象应指向企业的工资支出，并参照职业教育的经费需求以确定合适税率。课税权主体应为中央政府和地方政府，即它是中央和地方的共享税。这样既能调动地方政府的积极性，满足地方职业教育发展的基本需求，又能加大中央政府进行宏观调控。在此基础上，建立职业教育的转移支付制度，对欠发达地区的中等职业教育实施成本补偿机制。

县级职业教育中心建设要有重点、分区域、按批次地进行。国家计划在近几年内对职业教育投入100亿，对1000个县级职业教育中心进行重点扶植，重点建设400个装备水平较高的实训基地。这对职业教育发展无疑是有促进作用的。但是限于资金数量，对1000个职业教育中心和400个装备水平较高的实训基地而言，无异于杯水车薪。建议国家在"十一五"期间进一步大幅度增加对职业教育的投入，优先投入中心城市的优质职业学校和一批有发展潜力、基础好的县域职业学校，使用资金上要有重点、分区域、按批次。对职业学校的就业前景、转移农村人口、为农村经济发展的贡献等方面做绩效评估，投入与绩效挂钩。

（四）完善就业市场准入制度，充分发挥行会作用，建立有效的人才培养和需求之间信息沟通机制，形成"信息透明，供求有序，质量优先，平等进入"的就业机制

国家应完善就业市场准入制度，充分调动和发挥行会的作用，把职业技能资格认证权限授予行会。职业技能资格具有严格的行业特点，交由行会组织对职业技能资格认定，可以更好地贯彻行业标准，可以使职业学校毕业生获得的职业技能资格证书成为就业市场的专业与权威凭证。

要强化政府行为，建立有效的信息沟通机制，增加对职教的宏观调控力，以促进形成"信息透明，供求有序，质量优先，平等进入"的就业机制，保证职业学校有效获得劳动力市场信息，可以帮助职业学校明确办学方向和人才培

---

① 王晓辉. 变革中的法国职业教育［J］. 外国教育研究，2000（1）.

养计划，促使职业学校不断有针对性地提高教学质量。政府应该定期发布劳动力市场信息，并对劳动力市场信息进行全面分析、科学预测，使职业学校可以了解到有价值的信息。

（五）建立健全有效的职业教育评价机制，引导形成富有地方特色的职业教育办学格局

职业教育与普通教育的培养目标和评价标准是两个不同的维度，而不是水平的高低。只有按照各自的规律和要求办学，才能各显其能，均衡发展[①]。国家要通过有效的职业教育评价机制，发挥评价机制的宏观调控和政策导向作用，引导职业类学校根据本地生源特点，结合市场需求，深化办学体制改革，发挥学校优势，打造富有地方特色的职业学校品牌。

国家应给中等职业学校开放、自主的优惠政策，深化办学体制改革，向多元化、多样化方向发展。除大力提倡民办学校外，还可实行国有民营、民办公助、合资办学或捐资办学等多种办学形式，引入市场经济的运行机制，确立"谁投资办学，谁优先受益"的原则，调动社会各界投资办学的积极性，形成政府宏观调控、社会广泛参与、学校面向市场自主确定招生规模、自行录取学生的体制。

同时在评价指标体系当中突出技能培养，引导职业类学校以技能培养为主线设计课程，课程变动基于企业与市场取向。在开设专业和设计课程时，也以技能培养为主线。要通过有效的职业教育评价机制，引导有条件的地区整合校际优势教育资源，充分挖掘企业中潜在的教育资源，适度扩大兼职教师的比例，实现师资同享。同时，以双师型教师培养为导向，加强对现有师资培养，使教师素质不断提高，以适应经济社会发展对教师不断提高的要求。

（六）"以就业为导向"，革新人才培养模式

在学校办学中，我们应"以就业为导向"，试行多种人才培养模式，大力推行工学结合、校企合作的人才培养模式，进一步推动职业学校与企业建立紧密的联系，改革以学校和课堂为中心的传统人才培养模式，实行工学结合、校企合作的职业教育人才培养模式，如变"输出地"培养变为"输入地"培养，依托企业发展职业教育，可以有效增加职业教育的针对性，使职业学校学生更多了解企业生产情况，职业学校毕业生出路将更加有保障。同时，企业能够更加关注并且参与职业教育人才培养，增加职业教育的实践性和针对性。另外，职业学校学生可以更加熟悉所在地生活情况，缩短适应企业所在地生活的

---

① 牛征. 中国职业教育投资的问题与对策[J]. 山东教育科研，2002（8）.

周期。

　　提出以"强化政府行为为核心,加大职业教育投入为保障,完善就业市场准入制度和改革人才培养模式为突破点"的中等职业教育发展策略,既是从政府功能的公共性出发的,也是扭转我国职业教育发展不利的需要。我国中等职业教育尤其是农村职业教育现实存在的问题和困境,已经严重影响到产业结构升级和社会主义新农村建设,严重影响到我国现代化的进程,如果不扭转这种状况,我们就不能实现小康社会的目标。为了保持地区之间、城乡之间、教育与经济之间、人与社会之间的和谐发展,实行上述策略,大力发展职业教育,是使我国社会良性发展的必然选择。

[东北师范大学:农村教育研究所]

吉林省东丰县农村职业教育调研报告

农村职业教育东丰调查组[①]

　　本次调研从2005年10月23日开始,截止到26日,为期4天。调研围绕吉林省东丰县的职业教育进行。走访了东丰县职业高中和东丰县实验中学(东丰一中)、东丰四中、东北师范大学农村实验学校、杨木林中学、小四平中学、横道河中学等6所初中。

一、东丰县基本情况

　　东丰县为内陆县,位于吉林省中南部,长白山分支哈达岭余脉,辉发河上游,是长白山向松辽平原过渡带,属低山台地,地形南北长,东西窄,形如牛肚,故有"大肚川"之称。全县辖23个乡(镇),面积2521.5 km^2,人口40余万,其中汉族占86.8%,满族、朝鲜族、回族、蒙古族、苗族等其他11个少数民族占13.2%。东丰县属于东北季风北温带湿润气候区,夏季炎热多雨,雨热同季,平均气温4.5℃,无霜期126—130天,大于等于10℃有效积为2714.6 km^2,年均降水量665.2 mm,年均日照2660.7 h。有较好的气候资源,

---

① 参加本次调研的有满海峰、胡娇、曾水兵、丁霞、史爽、李珊珊、刘焕君。报告执笔人:胡娇。本次调研得到了东丰县教育局及有关学校的大力支持,特致以衷心的感谢。

适宜种植业发展。

东丰县交通便捷，通讯发达，电力资源丰富。四梅铁路贯穿全境，集锡、长东、东西、东草等四条国家一、二级公路干线纵横交错，四通八达；东北最大的50万超高压变电所距县城10 km，22万变电所距县城2 km。

东丰物华天宝，人杰地灵，具有东丰特色的农民画与上海金山县、陕西户县齐名，多次举办农民画展，享誉国内外。

东丰是人工饲养梅花鹿的发祥地。早在清朝初期辟为皇家围场，供八旗子弟习武骑射，相继封为"养鹿官山"，开始人工驯养梅花鹿，以贡于朝。历经200余年，养鹿业大兴。目前，鹿只存栏达4万只，年产鹿茸18万两，为亚洲最大的人工饲养梅花鹿基地。久负盛名的马记鹿茸以其保形、保色、水头足、结构好、外观美等特点畅销海内外，早在20世纪50年代就被确定为全国验茸标准，是全国唯一的出口免检鹿茸。清末皇帝溥仪之胞弟、全国政协常委溥杰先生亲笔题词"神州鹿苑"，著名爱国将领张学良将军题词"中国梅花鹿之乡"，中共吉林省委书记王云坤题词"东丰——中国梅花鹿之乡"。

东丰县是全国商品粮基地县，年粮食产量在55万—60万t，其中商品粮40万—45万t，主要作物有玉米、水稻、大豆和其他经济作物。东丰县林业生产在全国享有盛名，境内森林繁茂，面积达140万亩，其中万亩以上人工林15块，森林覆盖率达35.33%，活立木蓄积量492万m^3，年均采伐量3万m^3。

东丰县野生药用植物资源丰富，共有101科431种之多，总储量为500万kg。人工种植中药材有良好基础，种植面积达2万余亩，主要品种有人参、西洋参、柴胡、桔梗、黄芪、贝母、龙胆草、细莘、月见草等。其中拉拉河镇被省政府确定为全省十大道地中草药之一——北柴胡无公害标准化栽培示范基地。东丰县畜牧业发展迅速，饲养量、交易量均居全省前列，是全省畜牧业先进县。那丹伯镇黄牛交易市场是东北非牧区最大的牲畜交易市场。东丰县工业门类齐全，已经形成医药、机械、冶金、建材、化工、食品、饲料等众多行业，具规模以上企业26户，年产值6亿元。环保锅炉、手扶拖拉机、硅铁、编织袋、PVC防生胶等产品畅销国内外。东丰县矿产资源丰富，分布较广，现已探明的矿产主要有锰、铝、铜、铁、沙金、石灰石、石英石、花岗石和泥炭土等20余种。现已探明5处矿泉水资源，经国家地矿部门鉴定，均为低矿化、低钠、偏硅酸盐，含锶、锌等21种微量元素的优质矿泉水，年流量

50余万吨。石灰石、花岗石、草炭土储量都在数十亿吨以上[①]。

二、东丰县职业教育发展概况

目前，全县有各级各类学校243所，其中普高2所，职高1所，朝鲜族完中1所，初中23所，县直小学2所，东丰镇小学4所，农村中心校21所，村小186所，特教学校1所，幼儿园2所。教育事业单位10个，县人民政府教育督导室1个，民办学校2所。全县共有教职工4560人，其中高中318人，初中1422人，小学2820人。具有本科学历的843人，高级职称的254人。在校中小学生近53000人。职高教师66名，其中专任教师34名。职高现有学历在校生385名。农业广播学校1所，有专任教师19名，兼职教师5名。此外，2004年参加东丰县职业高中、东丰县农业广播学校以及东丰县劳动局进行的非学历、具有指导性质的培训2919人。

（一）东丰县职业高中的发展历程及概况

1. 东丰县职业高中的发展历程

东丰县职业高中，建于1983年5月。建校之初，与东丰三中为一体，一校两制。1985年被吉林省教育委员会确认为省级重点实验高中。1986年，与东丰三中分离，独立设校，校址位于东丰三中东侧。1992年，迁至东丰镇苗胜村现校址，同年，被吉林省政府确认为省级重点职业高中。

其发展经历了三个阶段。第一阶段，成长阶段：1983—1990年，学校从无到有，从小到大，得到了迅速发展。由1983年建校之初的两个教学班，迅速发展为集职业高中、职业中专、成人中专、技工学校、汽车驾驶学校和岗位技术培训中心一校六制的职业教育中心。学校先后开设过服装、制药、冶炼、纺织、化纤、啤酒、汽修、机械、电工、家电、粮食、农学、林学、农机、水利、牧医、农经管理、村级干部、外事、空乘、烹饪、餐旅、企管、经管、营销、微机、财会、统计、美术、体育等30多个专业。第二阶段，辉煌阶段：1990—1998年。学校最鼎盛时期的1990—1998年，学校拥有教职工122人，在校学历教育学生额达800人以上，年培训能力达3000人，并被评为全国重点职业高中。第三阶段，滑坡阶段：1998年—现在。学校最困难时期全校教师80多名，而学生只有60人左右。目前，建校近20年，学历教育毕业生4100余人，培训各类学员2800余人。

学校校园占地45000 m^2，学校综合楼7500 m^2，学校综合楼内除教室、教

---

① http://www.dongfeng.gov.cn/Article Show.asp？ArticleID=1085

研室和办公室外，还设有物理、化学、生物等实验室；汽修、微机、服装、美术、烹饪等实习室；图书馆、阅览室、电教室等公共设施。学校还有一座占地 16 hm^2 的生态实验基地，内有水旱农田 6.7 hm^2、各种果园 5.7 hm^2、水库 3 hm^2。另有家禽养殖场一座。

2. 东丰县职业高中的概况

东丰县职业高中教师 34 名，其中普通基础课在编男教师 7 人，女教师 8 人；专业基础课在编男教师 4 人，女教师 3 人；专业技术课在编男教师 8 人，女教师 4 人。在 34 名教师中，21—25 岁的教师有 3 名，26—30 岁教师 1 名，31—35 岁教师 6 名，36—40 岁教师 19 名，41—50 岁教师 5 名。职业高中教师的年龄结构基本合理，但缺乏年轻的新生力量。在 34 名教师中，第一学历是大学本科的为 5 人，专科的为 29 人；最后学历是大学本科的为 29 人，专科为 5 人。中教高级职称 3 人，中教一级 24 人，中教二级 7 人。教师学历的提升以及职称较高并较合理的状况与 20 世纪 90 年代东丰县职业高中的辉煌发展状况有关。

最近 4 年来，东丰县职业高中的毕业生去向主要是参加高考中的对口升学考试（详见表 1）。

表 1　东丰县职业高中 2002—2005 年毕业生情况

	毕业生总数	参加高考人数	升入高校人数
2002	90	43	41
2003	110	33	30
2004	127	43	39
2005	105	46	42

（二）所调查的几所初中的概况

我们通过随机抽样与目的抽样相结合的方式，从东丰县的 23 所初中里抽取 6 所初中，进行了调查。

在职业教育课程方面的基本情况如表 2，各校根据各校自身特点开设了和职业教育相关的校本课程，平均周课时数为 1 节/周。

表2 所调查初中开设职业教育课程情况

	种植	养殖	庭院经济	园艺	农学	畜牧	服装设计	木工装潢	机械	面点厨师	校本课程			
											塑料大棚栽培	心理健康	交际用语	书法
东丰四中												√		
杨木林中学							√	√	√					
横道河中学				√	√	√								
猴石中学	√	√	√											
小四平中学	√	√	√								√		√	√

在专任职业教育教师方面,由于东丰县初中实行"一校三教",即一所初中承担着普通教育、职业教育和成人教育的三重任务,所以,在全县的23所初中内,有22所均实施职业教育,各校,尤其是乡镇中学,均有专职的职业教育教师,详见表3。

表3 所调查初中职业教育专任教师情况

	普通类课程教师人数						职业技术教育类课程教师人数					
	在编教师		代课教师		兼职教师		在编教师		代课教师		兼职教师	
	男	女	男	女	男	女	男	女	男	女	男	女
东丰实验中学	128		—		—		—		—		—	
东丰四中	109		—		—		—		—		—	
杨木林中学	31	16					6	2			3	1
横道河中学	40	29										
猴石中学	29	29					3	1				
小四平中学	20	20					3					

注:东丰县实验中学和东丰四中均未写明教师性别。

另外,调查中,我们关注了教师的年龄构成、第一学历以及最后学历构成。各校普通类课程教师年龄构成基本合理,但是职业类课程教师的年龄构成则存在一些问题。从总体上看，东丰县初中职业类教师年龄结构基本合理，但是就每一所学校看，职业类教师年龄分布不均衡。尤其是个别学校，职业类教师都在41—50岁，职业类教师年龄构成偏老化（详见表4）。

表4 所调查学校的教师的年龄构成

		实验中学	东丰四中	杨木林中学	横道河中学	猴石中学	小四平中学
21—25岁	普通	1	1	0		0	
	职业	0	0	0		0	
26—30岁	普通	13	8	7	5	1	5
	职业	0	0	1		0	0
31—35岁	普通	30	39	8	20	18	10
	职业	0	0	2		1	0
36—40岁	普通	39	24	8	25	9	6
	职业	0	0	0	2	1	0
41—50岁	普通	35	34	11	10	17	15
	职业	0	0	2	2	0	3
51—60岁	普通	10	3	10		13	4
	职业	0	0	0	1	2	0
61岁以上	普通	0	0	0		0	0
	职业	0	0	0		0	0

从各校教师学历（表5、表6）构成看，各校教师的第一学历构成普遍偏低，但是普通教育和职业教育教师的学历差距不大。各校教师的最后学历比较高，很多教师都达到本科水平。但是普通类课程教师与职业类课程存在差距，有一部分职业类教师的学历仍是中师，仅有一部分职业类教师取得本科文凭。

表5 所调查学校教师的第一学历构成

		实验中学	东丰四中	杨木林中学	横道河中学	猴石中学	小四平中学
研究生	普通		—	0		0	2
	职业		—	0		0	0

续　表

		实验中学	东丰四中	杨木林中学	横道河中学	猴石中学	小四平中学
本科	普通	6	—	3	6	0	16
	职业		—	1		0	0
大专	普通	67	—	9	30	25	18
	职业		—	1	2	3	1
中专	普通	50	—	27	18	34	3
	职业		—	5		1	2
高中	普通	5		2	6	3	1
	职业			0	3		
初中	普通		—	1			
	职业			1			
其他	普通		—	2			
	职业			0			

表 6　所调查学校教师的最后学历构成

		实验中学	东丰四中	杨木林中学	横道河中学	猴石中学	小四平中学
研究生	普通			0		1	2
	职业			0		0	0
本科	普通	91	9	28	51	23	16
	职业			1	2	0	0
大专	普通	35	37	10	9	34	18
	职业			4	3	3	1
中专	普通	2	37	0			3
	职业			3		1	2
高中	普通		2				1
	职业			0			
初中	普通			0			
	职业			0			
其他	普通			6			
	职业			0			

从各校教师的职称（表7）看，各校的职业类教师的职称不低，但是高职称的职业教师寥寥无几。和年龄构成结合起来看，职业类教师年龄结构偏大，参加工作时间长，故没有中教三级职称，但高级职称的职业类教师数目很少。

表7 所调查学校教师的职称构成

		实验中学	东丰四中	杨木林中学	横道河中学	猴石中学	小四平中学
中学高级	普通	31	15	9	7	12	4
	职业			0		1	
中学一级	普通	72	79	27	37	32	22
	职业			8	4	3	3
中学二级	普通	21	14	3	16	14	12
	职业			4	1		
中学三级	普通	4	1	3			2
	职业			0			
未评级	普通			0			
	职业			0			
其他	普通						
	职业						

从各校毕业生去向看，最近4年内各校毕业生的去向除升入普通高中继续学习外，多数为回乡务农或外出就业，升入职业高中的学生屈指可数。而2005届毕业生升入职业高中的学生之所以多，是因为东丰县教育局出台了鼓励政策。政策规定：各校如果介绍学生去职业高中学习，对学生所在学校的校长以及教师予以奖励（详见表8）。

表8 2002—2005年毕业生情况

		毕业生总数	参加中考人数	升入普高人数	升入职高人数	务农人数	外出就业人数	当地就业人数	复习人数	参军人数	自主创业人数
东丰实验中学	2002	629	564	528	5					3	
	2003	653	549	534	6					1	
	2004	669	598	536	16					2	
	2005	641	595	506	36					4	
东丰四中	2002	586	472	365	4						
	2003	618	501	378	6						
	2004	518	398	251	18						
	2005	550	404	268	51						
杨木林中学	2002	268	156	56	26	91	26	32	2	3	32
	2003	262	154	57	21	94	27	30	3	2	28
	2004	279	155	58	22	95	28	33	2	1	40
	2005	270	157	59	24	93	30	35	1	1	27
横道河中学	2002	350	148	92	23	91	48	35	2	1	20
	2003	320	105	90	20	94	43	21	3	2	16
	2004	300	96	88	12	101	46	33	1	1	12
	2005	300	92	66	17	88	50	18	5	3	3
猴石中学	2002	253	63	60	3	171	3	11	2	1	2
	2003	284	68	63	5	199	5	8	1	3	0
	2004	241	68	65	3	158	1	9	2	3	0
	2005	213	131	77	17	104	2	7	1	5	0
小四平中学	2002	251	63	42		10	20	10	2		
	2003	243	76	45		18	10	12	3	2	
	2004	267	70	48		20	13	10	2	3	
	2005	254	65	41	1	9	7	4	2	1	

(三) 问卷调查所反映的职业教育情况

1. 初中部分

本次调查研究抽样采取随机抽样与目的抽样相结合的方式，在 6 个乡镇初中抽取 120 位教师、600 名初三学生、600 位初三学生家长，回收教师问卷 120 份、学生问卷 540 份、家长问卷 552 份。考虑到初三学生较完整地接触了农村职业教育过程，他们的父母也在长时间内对子女的学习情况能够增加了解的程度，因此，本次调研选取初三学生及其家长作为调查的对象，在此基础上进行随机抽样。

(1) 教师问卷的基本情况

调查显示，有 74.1% 的教师目前的任教科目与所学专业相同，有 25.9% 的教师的任教科目与所学专业不同。初中教师的职称结构为，17.6% 的老师为初级，65.5% 的教师为中级，16.8% 的教师为高级。

在对关于哪类学生需要学习职业技术课程一题的回答中，63 位教师选择"全校学生都应该学习"，占 53.4%；31 位教师选择"不准备升学的学生应该学"，占 26.3%；9 位教师选择"回乡务农的学生应该学"，占 7.6%；15 位教师选择"对职业教育感兴趣的应该学"，占 12.7%。

关于"农村学生接受职业技术培训的适当时间"一题的选择中，56 位教师选择"初中阶段"，占 47.9%；9 位教师选择"高中阶段"，占 7.7%；49 位教师选择"中学毕业后未能升学，在就业前"，占 41.9%；3 位教师选择"就业后"，占 2.6%。

教师们认为"农村初中学生主要应该学习职业技术知识"包括"面向农业生产的技术知识"(54.7%)、"面向服务业的技术知识"(25.5%)、"进城务工的技术知识"(18.2%)。认为"目前农村初中职业技术课教师队伍建设中的主要问题"是"缺少专业培训"，"实习基地建设中存在的主要问题"则是"经费投入不足"，具体数据见表 9、表 10。

表 9　农村初中职业技术课教师队伍建设中的主要问题

问题	工资较低	工作条件差	人员不足	知识陈旧	观念落后	缺少专业培训	教学能力较低	不被重视
比例%	13.6	5.0	13.6	5.7	5.0	36.4	0.7	20.0

表10 实习基地建设中存在的主要问题

主要问题	重视不够	经费投入不足	制度不健全管理不善	开展实践教学少，基地利用率低
比例%	16.4	47.8	7.5	28.4

教师认为"学徒式职业教育模式和学校职业教育模式的不同"主要是"学校职业教育的理论教学太多，动手太少"（48.9%）、"做学徒比在学校学习更接近就业市场"（28.1%）、"教师的专业化程度低"（15.6%）、"学校职业教育收费，而做学徒赚钱"（7.4%）。学徒式职业教育模式比学校职业教育模式的优点在于实践机会多，接近就业市场，所以大多教师持肯定的态度。

(2) 学生问卷的基本情况

在所调查的学生中，未填写性别的学生占20.4%；在填写性别状况的学生中，有40.7%为男生，有38.9%为女生。

学生大部分来自乡村，父母文化程度不高，职业以务农为主，家庭人均收入一般，具体数据见表11、表12、表13、表14。

表11 被调查学生的居住地

居住地	城市（县级市）	县城	乡（镇）	乡村（屯）
比例%	1.3	18.7	22.6	57.4

表12 学生父母的文化程度

文化程度	无文化	小学	初中	高中	大专	大专以上
父亲的比例%	1.9	18.5	55.4	20.4	2.3	1.5
母亲的比例%	3.4	26.6	50.7	16.4	2.5	0.4

表13 学生父母的职业状况

职业	农民	经商或个体	教师	工人	公务员	无固定职业
父亲的比例%	57.6	13.5	2.2	12.0	3.7	11.0
母亲的比例%	63.6	12.5	2.2	7.1	1.7	12.9

表 14　学生家庭人均年收入

人均年收入	500元以下	501—1000元	1001—2000元	2000—3000元	3000—5000元	5000元以上
比例%	18.8	27.8	19.0	13.9	10.4	10.1

东风县也是农业县，近七成的学生家庭人均年收入在2000元以下，这样即使是初中的学习费用对家庭来说也是一笔很大的负担，问卷调查也反映了这一点（见表15）。

表 15　学生学习费用占家庭总支出的比例

占家庭总支出的比例	1/2以上	1/2	1/3	1/4	1/5	1/6	更低
比例%	14.2	16.5	32.3	16.1	11.4	5.5	4.0

绝大多数初中学生想继续"升学"，只有8.5%的初中学生打算毕业后"就业"。在想升学的学生中，想升入普通高中的学生更多一些，占63.8%，只有36.2%的学生想升入中等职业技术学校（包括中专、中等师范学校、职业高中等）。而想就业的学生，三分之一是因为"家庭生活困难，希望早点工作"，另有39.0%的学生是"对学习不感兴趣"，其他学生则是"想到外面闯一闯"（31.7%），只有一个学生说是"家里不支持升学"。

值得注意的是，尽管超过六成的学生说，没有升入普通高中，会选择中等职业技术学校，但仍然有接近四成的学生表示即使没有升入普通高中，也不会选择中等职业技术学校。原因有多种，具体选择见表16。

表 16　学生不选择中等职业学校的原因

原因	没有自己喜欢的专业	毕业后不好找工作	学费太多，家里负担不起	复习一年后，再考普通高中	上中等职业学校，感到没有面子
比例%	20.2	24.4	26.4	25.9	3.1

学生如果"初中毕业后没有升学，其首要选择"是"学一门技术"，其余依次是"复读"、"参军"、"经商"、"打工"，有6名学生选择"务农"。

在填写性别的学生中，男生的前三名选择是学一门技术（35.3%）、参军（29.8%）、复读（21.6%）；而女生的前三名选择是学一门技术（57.1%）、复读（27.6%）、参军（10.5%）。

当问及"如果现在工作，最大的困难是什么"时，48.1%的学生认为"文化水平低"，13.7%的同学认为是"缺少专业知识"，21.9%的同学认为"缺少社会经验"，5.8%的同学认为"缺少信心"，10.5%的同学认为是"缺少职业技能"。

绝大多数学生希望开设职业技术方面的课程，仅1.32%的学生不希望开设。在希望开设职业技术课程的学生中，8.9%的学生是想"开阔自己的眼界"，12.3%的学生认为"有助于加深对相关知识的理解"，39.3%的学生认为"能够掌握一门职业技能"，25.3%的学生认为"有助于培养实践能力"，2.3%的学生认为"能帮助家庭致富"，11.9%的学生认为"能增强自己的学习兴趣"。

而在"不希望学校开设职业技术课程"的同学中，有4.4%的学生是因为"城市的学生不学这些课程"，60.3%的学生觉得"现在的学习压力很大，学习这些知识会加重学习负担"，13.2%的学生认为"这些知识在毕业以后再学也不迟"，7.4%的学生认为"学这些东西，用处不大"，1.5%的学生认为"教师教的不好"，7.4%的学生认为"升学考试不考"，5.9%的学生说是因为"学校以前从来没有开过这类课程"。

关于"职业技术课程应该面向哪些同学开设"，42.0%的学生认为"全校同学都应该学"，14.9%的学生认为"不准备升学的同学应该学"，43.1%的学生认为"对有关职业知识有兴趣的同学"应该学。

对"农村初中学生主要学习哪些职业方面的知识"的问题，39.9%的学生认为应该学习"面向农业生产的技术知识"，20.8%的学生认为应该学习"进城务工的技术知识"，39.3%的学生认为应该学习"面向服务业的技术知识"。由此可见，有六成的学生反对学习"面向农业生产的知识"，这与经济发展是相符合的。随着经济的发展，农村剩余劳动力逐渐增多，这些人要走出农村，所以，并不需要学习"面向农业生产的知识"。

（3）家长问卷的基本情况

在回收的552份家长问卷中，173人未填写性别，占31.3%；255人为男性，占46.2%；124人为女性，占22.5%。

这些初中学生家长的文化程度普遍不高，高中及以上占31.4%，和对学生的调查基本一致。其中，49.5%的初中学生家长的收入依靠"务农"，10.9%的依靠"经商"，15.4%的依靠"打工"，依靠"工资收入"的有16.7%。2004年家庭人均纯收入2000元以下的接近七成。家庭支出主要用于教育（62.5%），其余为购买生活必需品（32.7%）、准备盖新房子（4.8%）。

调查表明，62.1%的初中学生家长供孩子读书的原因是为了孩子"多学点科学知识,能提高孩子的素质";29.5%的初中学生家长供孩子读书的原因是为了孩子"将来找个好工作";5.8%的初中学生家长供孩子读书的原因是"如果考上大学,家庭很荣耀";0.7%的初中学生家长供孩子读书的原因是孩子"暂时无事可做"。

近六成的家长认为文化程度和家庭的经济状况"关系很大";29.8%的家长认为文化程度和家庭经济状况"有一点"关系;只有10.9%的家长认为文化程度与家庭经济状况"没有"关系。39.7%的家长认为"受教育程度越高,收入也就越高",60.3%的家长则认为"受教育程度高,收入不一定高"。

家长对学校所进行的职业教育不太清楚,只有7.1%的家长表示"非常熟悉",35.0%的家长表示对学校所进行的职业教育情况"熟悉"。绝大多数家长认为"有必要"实行农村职业教育,仅有5.7%的家长认为"没有必要",还有13.9%的家长对此的态度是"不清楚"。

认为有必要实施职业教育的家长中,14.9%的家长认为实行农村职业教育"可以指导孩子选择职业方向",41.1%的家长认为"有利于学习一技之长,为就业打基础",43.9%家长认为"有利于培养孩子的实践技能"。

调查表明,18.3%的家长对农村职业教育质量的态度是"很满意",69.0%的家长对农村职业教育的态度是"一般";12.6%的家长对农村职业教育的态度是"不满意"。

22.8%的家长认为,农村职业教育应该面向"不准备升学的学生";34.4%的家长认为应该面向"所有学生";42.7%的家长认为只应该面向"对有关职业知识有兴趣的学生"。

95.1%的家长认为孩子初中毕业后应该"升学",只有4.9%的家长期望孩子初中毕业后"就业"。这表明家长对教育的重视程度是极高的。

仅有3.4%的家长对孩子辍学的态度是"如果是男孩,坚决不同意,必须读到初中毕业,女孩则考虑让其辍学";5.4%的家长认为不管男孩女孩,都同意辍学;91.2%的家长不同意孩子辍学。这又一次表明了家长对孩子教育的重视程度。

51.9%的家长期望孩子升入"普通高中";48.1%的家长期望孩子升入"中等职业学校"。在子女没有升入高中后,41.6%的家长会建议子女"上职业高中",40.0%的建议子女"参加各种技能培训班",10.0%的建议子女"自学",3.0%的建议子女"通过进城打工来学习",5.4%的家长会建议子女"当学徒"。由此表明,家长对职业教育的认可度还是比较高的。

问卷显示,除考试成绩外,家长认为子女升学的决定权主要是"孩子自己",只有不足25%的家长认为选择权在"父母"。如果初中毕业后不能继续上普通高中，绝大多数家长支持孩子上职业学校，只有19.2%的学生家长不赞同孩子上职业学校。

在村里的外出务工人员会不会影响家长对子女接受教育的态度方面，71.4%的学生家长认为不会影响对子女接受教育的态度，只有9.6%的学生家长认为会影响，同时19.0%的学生家长"希望孩子在学校能多学些职业技术，将来也好找个工作"。

2. 高中部分

（1）教师问卷的基本情况

职业高中教师问卷发放50份，回收有效问卷37份，回收率为74%。在回收的问卷中，有13位老师没有填写任教科目；在填写所教科目的教师中，农学、英语、数学分别有3位教师任教，音乐和政治分别有2分教师任教，建筑、经济法、计算机、会计、美术、体育、微机、中文分别有1位教师任教。20位是男性教师，17位是女性教师。

与初中教师的职称结构相比，职业高中教师的职称偏低，尽管中高级职称达70.3%，但高级职称只有10.8%，少于初中教师，而初级职称21.6%，多于初中教师，还有8.1%的尚未评职称。我们不知道这是不是普遍现象，但现有的职称评定体制不利于职业教育教师，也可能是一个因素，这必然会挫伤职业教育教师的积极性，制约职业教育的发展。

教师年龄结构比较合理，40岁以下的中青年教师比例较高，接近八成。97.2%的职业高中均为在编教师，2.8%的教师为代课教师，没有特聘兼职教师。这一方面说明职业高中教师队伍稳定，能够保证正常的各类课程教育教学工作的开展；另一方面也说明职业教育发展的弱势，职业教育与当地经济发展隔离，不能吸收各部门的人才为我所用，不利于职业教育实践技能课的开展。

教师学历达标率为82.9%，没有具有硕士学位的教师，见表17。

表17 职业高中教师的学历结构

学　历	第一学历比例%	最后学历比例%
硕　士	0	0
本　科	24.3	82.9
专　科	56.8	14.3
高　中	0	0
中　专	18.9	2.9

调查显示，25.7%的教师认为自己现在所教的科目与过去所学专业"完全相关"；8.6%的教师认为"有点相关"；37.1%的教师认为自己的所教专业与过去所学专业"相关"；还有28.6%的教师认为目前所教科目与过去所学专业"完全不相关"。职业高中教育内容专业化程度较高，但仍然有28.6%的教师学非所用，从事自己并不擅长的课程的教学，这些课程大多是一些专业课程，说明职业教育专业教师的缺乏以及人才"消费"的错位。

在关于职业教育重要性问题的认识上，大部分教师对职业教育比较认同，认为职业教育比普通教育更重要和重要一些的占40.5%和51.4%，有2.7%的教师持无所谓的态度，另有5.4%教师认为职业教育与普通教育相比一点也不重要。

教师对职业教育的态度比较积极，非常感兴趣、比较感兴趣和感兴趣三者占97.2%，只有2.8%的教师不太感兴趣，没有一个教师选择"一点也不感兴趣"。

但是在回答"如果有合适的机会，自己不会在职高当教师"时，13.5%的教师非常同意，13.5%的教师比较同意，21.6%的教师同意，29.7%的教师不太同意，21.6%的教师完全不同意。这说明，有48%的高中教师是赞同这一观点的。

对于从事职业教育的原因，10.8%的教师认为是"稳定"，45.9%的教师表示"喜欢，热爱职业教育工作"，37.8%的教师则坦承是"生存的需要，只要有合适的机会就离开"，还有2.7%的教师认为是"轻闲，空余时间多，可以做其他的事情"。

职业高中教师对自己的子女期望普遍较高，有78.4%的教师希望自己的子女接受"硕士及以上"层次的教育，21.6%的教师希望子女接受"本科"层次的教育，没有教师希望子女接受大专及以下层次的教育。

教师们对职业高中教学质量的评价较高，24.3%的职高教师认为职高的教学质量很好，56.8%的教师认为比较好，只有18.9%的职高教师认为职业高中的教育"不太好，需要改革"。而在教学方面需要改革的问题依次为"教育教学与实践的联系"（58.3%）、"教师的教育观念"（16.7%）、"教师的素质"（13.9%）、"教学手段"（8.3%）等。

教师认为课程设置的主要依据是"国家的要求和学校的实际相结合"（70.3%），只有18.9%教师认为应根据"市场的需要决定"，还有10.8%的教师认为应考虑"学生的需要"。在学校需要改进的方面，教师们依次认为："生源素质"(32.8%)、"与社会合作"（32.4%）、"管理质量"（16.2%）、"师资队伍建设"（10.8%）以及"教学质量"（8.1%）等。

职业高中教师对所教学生的态度主要依据学生对知识的接受能力，56.4%的老师对所教的学生比较满意，2.7%的老师对所教的学生非常满意，32.4%的老师对所教的学生不大满意，还有8.1%的教师对所教的学生很不满意。这说明，有四成的职业高中教师对学生持"不满意"的态度。

职业高中教师对学生所持有的态度与职业教育的应有理念是不相符合的。由于该所职业高中目前学生的主要去向是对口升学，所以教师对学生评价和普通高中一样，主要看对知识的掌握情况，而不是实践操作技能和职业道德的养成。

教师接受培训的情况，没有教师最近2年内接受过国家级的培训，最近2年内接受过省市级培训的也只有2.9%，四成教师最近2年内接受过县区级的培训，还有11.4%的教师最近2年内接受过本校的培训，45.7%的教师，即近半数的教师最近2年内没有接受过培训。只有14.7%的职业高中教师最近2年内参加过职业资格考试，绝大多数教师没有参加过。职业高中教师知识的更新和技能的训练状况不容乐观。

据教师了解，半数学生上职业高中的原因是"没有考上普通高中"；16.7%的学生上职业高中是"想学门技术，以谋生"；30.6%的学生上职业高中是想"升学"；2.8%的学生把上职业高中作为"脱离农村的途径之一"。

教师们认为职业高中学生毕业后的去向依次是"升学"（52.8%）、"自谋职业"（22.2%）、"私营企业"（16.7%）、"外企"（5.6%），还有2.8%的"回乡务农"，没有学生参军或考公务员。该校学生毕业后的主要去向是通过对口升学考试升入高校。

关于"职业高中的就业方式"，教师们认为是以"'订单'式培养"和"校企合作"为主，各占37.1%和34.1%。但这明显与学生毕业后的去向相矛盾，据我们了解，学生毕业后的去向大体是符合实际的。

（2）学生问卷的基本情况

职业高中学生问卷发放200份，回收有效问卷134份。在回收的134份职业高中学生问卷中，分布在财会、餐旅、计算机、机械、美术等专业，均为职业高中一年级的学生，其中未填写性别的38人，49人为男生，47人为女生。

学生大部分来自乡村，父母文化程度不高，职业以务农为主，家庭人均收入一般，具体数据见表18、表19、表20、表21。

表 18　被调查学生的居住地

居住地	城市（县级市）	县城	乡（镇）	乡村（屯）
比例%	1.5	20.5	21.2	56.8

表 19　学生父母的文化程度

文化程度	无文化	小学	初中	高中	大专	大专以上
父亲的比例%	2.3	20.3	47.4	27.1	2.3	0.8
母亲的比例%	3.0	31.6	45.9	16.6	2.3	0.8

表 20　学生父母的职业状况

职　业	农民	经商或个体	教师	工人	公务员	企事业单位工作人员	无固定职业	其他
父亲的比例%	56.0	14.2	2.2	11.9	2.2	3.7	6.7	3.1
母亲的比例%	64.2	14.9	1.5	6.0	0	1.5	10.4	1.5

表 21　学生家庭人均年收入

人均年收入	500元以下	500—1000元	1000—2000元	2000—3000元	3000—5000元	5000元以上
比例%	11.2	30.6	12.7	11.9	18.7	14.9

关于职业高中学生的学年教育支出问题，七成的学生每学年的教育支出在1000—3000元之间，只有1名学生填写了1000元以下，另有近两成的学生每学年的教育支出超过3500元。

超过半数的学生表示上职业高中是"自己的选择"（见表22）。

表 22　学生选择职业高中的因素

主要因素	自己的选择	家长的要求	同学的影响	教师的动员	学校的宣传
比例%	57.1	12.8	2.3	20.3	7.5

这说明现在的学生有很强的自主权。此外，高达20.3%的职业高中的学

生是因为受到"教师的动员"而升入职业高中这一现象说明教师比社会其他部门更了解职业高中,另外更可能和东丰县教育局今年为确保职业高中的生源而出台的奖励政策有关。

尽管升入职业高中,但学生的主要目的仍然是升学(见表23)。

表 23　学生升入职业高中的初表

原因	能找到一个好工作	喜欢这个专业	毕业时能对口升学	没有考上普通高中	没有找到合适的工作	没想过
比例%	15.9	10.6	38.6	27.3	0	7.6

学生认为父母之所以赞成他们上职业高中,是因为:"可升学"(42.2%)、"学知识,能学一技之长"(38.6%)、"不管,我自己说了算"(9.8%)、"在家呆着也是呆着"(7.6%)、"要文凭"(0.8%)等。

职业高中学生对自己的学习信心较足,32.1%的学生在学习的过程中,对学习"非常有"信心,32.8%的学生在学习的过程中对学习"比较有"信心,32.1%的学生在学习的过程中对学习的信心"一般",只有2.2%的学生对学习"不太有"信心,0.7%的学生对学习"没有"信心。

与此相应,职业高中学生对自己学习的专业兴趣也较为浓厚,17.2%的学生"十分喜欢"本专业,50.7%的学生"比较喜欢",28.4%的学生"一般",而"不太喜欢本专业"的仅为2.2%,没有学生表示很不喜欢。

经过一段时间的学习,28.4%的职业高中学生对专业知识和技术可达到"比较熟悉"的程度,66.4%的学生能达到"有所了解"的程度,另有4.5%的职业高中学生对所学的专业知识和专业技术处于"基本不会"的程度。

有近八成的学生对当初自己入学时的选择是满意的,15.0%的表示"十分满意",63.2%的称"比较满意",其余的学生则感觉"无所谓"(12.8%)、"有些后悔"(8.3%)。

职业高中学生最喜欢的老师类型为"和我们有共同语言的",占48.5%;其余依次为"讲课好的"(23.5%)、"有亲和力的"(16.4%)、"会管理班级的"(5.3%)等。

在学习过程中,21.2%的同学"从不制定"学习计划,40.3%的同学偶尔制定计划,33.3%的同学"制定,但不能严格执行",仅有4.5%的同学"严格按计划学习"。

6.0%的同学在学习的过程中"从不"预习，63.9%的同学"偶尔"预习，29.3%的同学"预习"，0.8%的同学"从来都预习"。4.5%的同学在学习的过程中"从不"复习，51.9%的同学"偶尔"复习，41.4%的同学"复习"，2.3%的同学"从来都复习"。

这些调查数据说明，大部分职业高中学生仍然没有养成良好的学习习惯。

同学们在上课的过程中，遇到不明白的问题，39.6%的同学会"问老师"，47.0%的同学会"问同学"，4.5%的同学会"置之不理"，8.2%的同学会"自己查资料"。

在备考的时候，26.3%的同学会在"考前突击学习2周"，24.8%的同学会在"考前一两天学习"，3.05%的同学会"不学，肯定能毕业"，18.0%的同学会在"考前一个月备考"，27.8%的同学是"早在平时早已准备好"。

学生对学校所开课程的总体感觉满意，7.5%的同学表示"非常满意"，20.9%的"很满意"，58.2%的"满意"，只有11.2%的同学对学校的课程"不太满意"，还有2.2%的学生"很不满意"。

学生最喜欢的课程类型依次为"专业基础课"31.3%、"普通基础课"24.6%、"专业技术课"22.4%、"专业实习"11.2%；、"职业道德课程"10.4%。

学生喜欢课程的原因主要是"有用"45.9%，其余依次为"有趣"(25.6%)、"老师教得好"(15.8%)、"同学交往机会多"(4.5%)。

职业高中学生的业余安排较为丰富，具体情况见表24。

表24　职业高中学生的业余安排

学生想做的事	上网聊天	打游戏	逛街、购物	打球	和同学聊天	学习	看课外书	其他
比例%	6.0	2.3	14.3	14.3	33.1	4.5	15.0	10.5

学生了解新闻的途径主要是"看电视"（73.1%），其他途径是"上网"(8.2%)、"看报纸"(5.2%)、"听收音机"(3.7%)，还有9.7%的学生表示"从不看新闻"。

(3) 家长问卷部分

在回收的97份职高学生家长问卷中，未填写性别的37份，占38.1%；在填写性别的家长中，32位男性家长，占33.0%，28位女性家长，占 28.9%。

在家长问卷中，49.5%的家长是学生的父亲，42.1%的家长是学生的母亲，8.4%的家长与学生是其他关系，如祖孙关系、叔侄关系、兄弟姐妹关系。家长们大多高中毕业，文化程度较高，没有文盲；职业以农民和经商的比例最高（见表25、表26）。

表25　家长的文化程度

文化程度	没上过学	小　学	初　中	高　中	大专及以上	其他
比例%	0	7.3	33.3	53.1	5.2	1.1

表26　家长的职业情况

职业	农民	经商或个体	教师	工人	公务员	企事业单位工作人员	无固定职业	其他
比例%	36.5	31.3	6.3	6.3	2.1	2.1	10.4	5.2

家庭收支情况家长也作了回答，总体上教育费用已成为是家庭的第一大支出（见表27、表28、表29）。

表27　家庭人均年收入情况

人均年收入	500元以下	500—1000元	1000—2000元	2000—3000元	3000—5000元	5000元以上
比例%	5.4	25.0	17.4	3.3	25.0	23.9

表28　家庭支出情况

支出项目	购买生活用品	准备盖新房子	教　育
比例%	22.1	1.1	76.8

表29　家庭年教育支出的情况

教育支出	1000元以下	1000—1500元	1500—2000元	2000—2500元	2500—3000元	3000—3500元	3500元以上
比例%	2.1	17.9	17.9	16.8	11.6	6.3	27.4

教育支出已成为家庭的主要项目，所以大部分家长认为孩子的文化程度受家庭经济状况制约，有47.4%的家长认为文化程度与家庭经济状况"关系很大"，40.0%的家长认为"有一点"关系，只有12.6%的家长认为文化程度与家庭经济状况"没有"关系。

家长对职业教育的教育质量不太认可，七成的家长认为子女所在的学校的教育质量"一般"，只有3.2%的家长认为子女所在学校的教育质量"非常高"，还有15.8%的家长认为"较高"。

家长对子女上职业高中的态度比较积极，还是希望子女能够升入大学，对孩子的教育期望非常高（见表30、表31、表32）。

表30　家长对子女上职高的态度

态度	特别支持孩子上职高	尊重子女的选择	子女在家也做不了什么	只要家里能供起，就让他上	其他
比例%	11.5	55.2	5.2	20.8	7.3

表31　家长送子女读职业高中的原因

原因	既可升入高校，又可就业	升学	出国	脱离农村	没考上普高	不想读普高	其他
比例%	18.9	61.1	2.1	8.4	6.3	2.1	1.1

表32　家长对子女的教育期望

教育期望	高中	大专	本科	硕士及以上
比例%	3.4	2.3	62.5	31.8

"学而优则仕"、"望子成龙"的传统观念仍然对家长有着深刻的影响，他们认为子女只有升入本科院校，拿到本科文凭甚至硕士文凭才是"有出息的"。

家长对孩子教育的态度非常积极，首先希望孩子能考上大学，若考不上，也支持孩子学习技术，有一技之长，以便将来立足于社会。对"孩子如果考不上大学，上学也没有什么用"的观点，81.3%的家长"不同意"，9.4%的家长"不太同意"，只有9.3%的家长认同这一说法。

对"出去打工能挣些钱，盖房结婚是正事"的观点，80.3%的表示"不同意"，13.5%的"不太同意"，只有6.2%左右的家长同意这个观点。

对"能上学就行（或不捣乱、不闯祸就行），如果他中途不想上也就算了"

的观点，62.5%的家长"不同意"，26.0%的"不太同意"，只有11%左右的家长赞同这个说法。

对"如果不能升学，学点技术也行"的观点，5.2%的家长非常同意，3.1%的家长很同意，55.2%的家长同意，19.8%的家长不太同意，16.7%的家长完全不同意。

对"我对孩子上这个学校，不抱有太大的希望"的观点，3.2%的家长非常同意，7.4%的家长同意，31.6%的家长不太同意，57.9%的家长完全不同意。

对"我认识的人中，最近几年有上职高的，出路不错，对孩子有很好的榜样作用"的观点，有9.4%的家长非常同意，9.4%的家长很同意，57.3%的家长同意，12.5%的家长不太同意，11.5%的家长完全不同意。然而，家长观念中的出路却不是学成技术后谋求一份称心的工作而是"对口升学"。

对"现在上大学，也不好找工作，早点赚钱也行"的观点，1.0%的家长非常同意，1.0%的家长很同意，5.2%的家长同意，35.4%的家长不太同意，57.3%的家长完全不同意。

对"上这个学校，对孩子来说也很有前途"的观点，14.6%的家长非常同意，13.5%的家长很同意，54.2%的家长同意，12.5%的家长不太同意，5.2%的家长完全不同意。

对"即使外出打工，也要有文化，有一技之长"的观点，31.3%的家长非常同意，10.4%的家长很同意，51.0%的家长同意，3.1%的家长不太同意，4.2%的家长完全不同意。

对"上不上学无所谓，我认为找个师傅学门手艺更划算"的观点，1.1%的家张非常同意，1.1%的家长很同意，7.4%的家长同意，37.9%的家长不太同意，52.6%的家长完全不同意。

三、东丰县职业教育特色

(一)"一校三教"的办学体制

1999年以前，东丰县各个乡镇基本都有"农村职业学校"。在1999年到2002年，东丰县教育局根据东丰县的实际情况，针对农村基础教育、职业教育和成人教育各自为政的现象以及三者共同存在的弊端——师资不足、设备不足以及学校重升学轻人才培养的倾向，将17所师资薄弱、办学效率低的农村职业学校与乡镇中学（初中）合并，使普通教育、职业教育和成人教育整合为一体，实行"一校三教"的办学体制，一个班子，一支队伍，三块牌子，人财物和基地、师资统筹使用和管理，从而增强了职业教育和成人教育的办学实力，发挥了学校人才培养、技术推广、示范辐射和信息服务等作用，提高了办学整体效益①。

这种"一校三教"的办学体制将农村职业教育与"控制辍学"紧密相连，为"控辍保生"作出了一定的贡献。同时，过去职业学校的教师均并入初中，保证了农村"绿色证书"课程的开设，还可以针对各乡镇的经济特点，开设各种养殖（如养鹿）、种植（如中草药）等方面的选修课、短训班。据东丰县教育局统计，"目前东丰县每年都有约1500人接受初级职业技术教育，全县农村初中都开设了初职班"。

（二）教育行政部门重视

教育行政部门的重视，为东丰县职业教育创造了宽松的政策环境。除将教育资源整合外，东丰县教育行政部门对职业教育，尤其是职教中心很重视。为了保障其招生，实行了5项措施：第一，县直初中为职高每输送7名学生，农村初中为职高每输送5名学生，来年奖励一个二中（东丰县的重点普通高中）公费指标，以此来支持学校的招生工作，鼓励学生就读职业高中。第二，将各校向职业高中输送的学生数与年终教育目标挂钩，同初中升学综合评价挂钩，在计算初中升学率时，升入职高的学生与升入普通高中的学生一样计算。第三，职高招生做到四个放开：放开招生时间限制，常年招生，随到随学；放开年龄、应届和历届毕业的限制；放开入学考试限制，全部免试入学；放开学制限制，可实行学分制和弹性学制，允许学生五年内分阶段完成学业。第四，对家庭经济困难的学生减免学费。第五，实行初三和高三分流教育，并下发了《关于东丰县职高招生实施意见》、《关于东丰县普通高中实施分流教育实施方案》等文件。

教育行政部门重视职业教育还表现在重视职业教育的课题研究，参与了全国教育科学"九五"规划教育部重点课题《不同经济类型地区农村初中办学模式的实验研究》，并组织人力编写了东丰县的"全国教育科学'九五'规划暨国家教育部重点课题"实验教材（共7册）作为课题研究成果。其中《农村实用数学》、《农村日常应用文》、《人口与环境》供初中一年级选用，《农村实用物理》、《国防知识》供初中二年级选用，《农村实用化学》、《农用机械知识》供初中三年级选用。

四、东丰县职业教育存在的问题

（一）观念上不认同

东丰县职业教育在20世纪90年代发展状况很好，东丰县职业高中还成为

---

① 东丰县教育局.关于东丰县职业教育工作的情况汇报.2004-04-26.

省级重点实验高中（1985）。目前教育行政部门仍然比较重视职业教育，并为职业高中招生提供了政策保障。尽管如此，东丰县各界对职业教育的重视力度还是不够，尤其是观念不认同，仍然单纯以升学指标评价学校。"一校三教"是东丰县教育的特色，整合了教育资源。但是另一方面，也造成普通教育对职业教育资源侵占，使得本应和普通教育并驾齐驱的职业教育成为普通教育的附庸，并遮蔽了初中生辍学等现象。

家长们"望子成龙"的观念根深蒂固，送孩子读职业高中属于无奈的选择，仍然希望孩子上大学，这些都制约着东丰职业教育的进一步发展。

（二）办学规模小

东丰县职业教育主要集中在东丰县职业高中，社会力量办学并没有纳入各局机关的统计数据库中。从东丰县职业高中的情况看，其办学能力可容纳学历教育学生700人。然而2001—2005年毕业生人数分别为75人、72人、78人、94人、105人。通过一些教育行政措施，2005年招生有了突破，也仅招收275人，况且通过行政手段能否持续扩大招生值得怀疑。职业教育办学规模的萎缩是职业教育发展中许多深层次矛盾的反映，与国家大力发展职业教育的政策是背离的，如何使职业教育走出困境确实值得我们探讨。

（三）资金投入不足

东丰县职业高中的教师工资和其他学校教师的工资一样，由县财政统一发放（调查发现，东丰县教师工资在近10年的时间内均未足额发放）。而东丰县职业高中的主要办学经费来自于每生每年500元的学费以及住宿生的住宿费。按2001—2005年毕业生计算，其每年的办学经费不足2万元。这对于资金需求量很大的职业教育来说，不啻为九牛一毛。

资金投入不足的直接后果就是教育教学设施落后。东丰县职业高中仅有图书1600册，由于经费短缺，近两年没有购进新的图书，更没有生产实习基地。

（四）教师专业结构不合理，专业教师严重不足

在职业教育规模持续萎缩的情况下，一部分富余教师转入普通高中，这部分教师都是职业学校的骨干教师。同时，由于招生不足，也难以补充新的教师。现有的34名专任教师，勉强能维持近10个专业的教学任务。许多专业课，只能校内调剂，由相关的文化课教师上，又很少有培训的机会，教育教学质量也就难以保证。而质量不高，对学生更加没有吸引力，招生会更为困难，这就有形成恶性循环的可能。

（五）社会各部门的协调配合不够

职业教育需要社会各部门的支持和配合。按照国家的政策，用工需要"先培训，后就业"，然而许多企业在吸纳新人的过程中，很少对其进行培训，已

接受培训和未接受培训在找工作的过程中几乎毫无区别。如此一来，谁会去耗费时间、花费金钱去职教中心接受相关的技能培训？

此外，访谈中我们了解到部分教师将职业高中目前的状况归结为东丰县目前的地域经济不好。这是原因之一，但不是决定性原因。职业教育在为当地经济发展服务的同时，也需要将一部分剩余劳动力转移到城市，即职业教育的重要职责是将农村剩余劳动力从"农民"转化为"市民"。

五、东丰县职业教育发展的问题成因分析

（一）外部原因

地域经济发展不良的影响。东丰县的地域经济在 20 世纪 90 年代发展较好，现在地域经济滑坡，企业普遍不景气，对劳动力的需求不旺。过去地域经济发展良好的时期，职业高中的大部分毕业生均被吸纳其中，成为促进县域经济发展的中坚力量。目前，东丰县县域经济尤其是企业方面的不景气导致了职业高中的毕业生就业困难，限制了职业教育的发展。

职业高中毕业生就业出路狭窄。经济的兴衰直接影响职业高中的兴衰说明职业高中的就业途径单一，对县域经济过于依赖，从而形成了这种县域经济的兴衰直接影响职业教育兴衰的现象。

（二）内部原因

对职业教育的偏见。职业教育是多数人眼中的盲点。就目前东丰县的情况看，普通高中处于炙手可热的状态，家长们纷纷将子女送入普通高中，希望子女在 3 年后能升入高校。这与传统"望子成龙"、"望女成凤"以及"跳农门"的想法一致，对职业高中的教育不认可。事实上，社会的发展需要的不仅是高层次的创新型人才，而且需要大量的专门技术人才，目前我国的"技工荒"现象即为证明。

教育行政部门和职业高中本身对职业教育定位问题，即需要确立何种职业教育观的问题，这是职业教育发展的根本问题。例如职业教育是依赖县域经济还是促进县域经济发展，各局机关与职业教育的关系是供养职业教育还是支持职业教育等等，职业教育的举办者和办学者对职业教育的定位直接影响着职业教育的发展方向。

[东北师范大学：农村教育研究所]

吉林省抚松县职业教育调研报告

农村职业教育抚松调查组[①]

为了解我国农村职业教育的实际情况，促进农村职业教育的发展，东北师范大学农村教育研究所开展了关于农村职业教育的调查研究。吉林调查组于2005年10月22—28日赴抚松县进行了调研，听取了县教育局分管职教的局长和职教科科长的情况介绍，走访了县职业高中、抚松四中、松林高中、露林二中四所高中和东岗中学、万良中学、露水河镇初中、新屯子中学、榆树中学、抚松三中六所初中。在县就业局和农广校，具体了解了阳光工程和劳动力转移的情况。调查期间，与各校校长及部分教师和学生进行了座谈，分发职业高中教师问卷200份，回收111份，职业高中学生问卷800份，回收628份，职业高中学生家长问卷800份，回收628份，初中教师问卷120份，回收95份，初中学生问卷600份，回收328份，初中学生家长问卷600份，回收373份。

一、抚松县基本情况

抚松县位于吉林省东南边陲，白山市东北部，长白山西北麓，东西距离约87公里，南北距离约125公里，幅员6153平方公里。下辖12个镇，6个乡，130个行政村。全县总人口312705人，其中农业人口119705人，非农业人口193000人，有汉族、满族、朝鲜族、回族、蒙古族、彝族、苗族、维吾尔族、藏族、壮族、布依族等民族。

2004年全县国内生产总值实现274465万元，第一产业产值77527万元，第二产业产值94235万元，第三产业产值102703万元，教育总支出7324万元，全年城镇居民人均可支配收入5976元，农村人均纯收入3792元，县教师平均工资1100元/月。

[①] 参加本次调研的人员有：李伯玲、张力跃、高庆蓬、刘芳、孙伟、黄彤、崔燕燕、任仕君、宗晓华。报告执笔人：张力跃。本次调研得到了抚松县教育局及被调查学校的大力支持，特致以衷心感谢。

境内有着广袤的森林资源,是吉林省重要的林业基地之一,联合国长白山自然保护区大部分面积在抚松境内。全县森林总面积 502357 公顷,占全县幅员总面积的 82%,森林覆盖率为 76.4%,木材蓄积量为 8500 万立方米。抚松的野生动植物资源种类繁多,遍布山野林间,山林内生长着野生蕨类 20 科 31 属 81 种,种子植物 103 科 477 属 1161 种,药用植物 816 种,丰富的动植物资源为抚松发展医药工业、绿色食品加工业和农村的多种经营生产提供了优越的条件。目前,全县有省属大型森工企业松江河林业有限公司、泉阳林业局、露水河林业局和县属抚松林业集团等林业企业,有山菜加工企业 5 户,具有相当规模的红松籽仁加工企业 15 户,制药工业企业 2 户,其中抚松制药厂是全国 56 家重点中药厂之一。

抚松县的旅游资源丰富,旅游景观可分为"三条路、三个区和一个村",即:长白山之路、人参之路、松花江之路;白山湖区、仙人洞风景区、露水河国际狩猎区和温泉度假村。著名的景点有海拔 2691 米的中国东北第一高峰白云峰、世人皆知的长白山天池、壮丽的锦江瀑布、鲜明的四个垂直景观带、景色各异的"七峰二十景"、壮观的锦江大峡谷、神秘幽深的仙人洞等,在国内有较高的知名度。

抚松素以人参之乡闻名于世。抚松气候温凉,土质肥沃,适于人参的栽培和生长,栽培人参历史悠久,人参产量历来居全国之冠。

现在抚松已初步形成了具有长白山特色的参业、林业、制药、水电四大支柱产业和矿产、水产、山珍绿色食品加工三大优势产业和以旅游为载体的希望产业。

全县共有小学 184 所,初中 22 所,普通高中 2 所,综合高中 3 所,职业高中 1 所。有教职工 5022 人,其中,中学高级教师 153 人,中学一级和小学高级教师 1245 人,初级教师 3124 人。全县校舍总面积为 367912 平方米,已建成配套"新三室"42 所,有计算机 1427 台。1993 年通过了"两基"验收。1995 年,荣获"吉林省普及九年义务教育先进县"和"扫盲工作先进县"称号。抚松县先后被评为"吉林省教育科研先进县,吉林省教育科普先进单位",连续 16 年被评为全省勤工俭学工作先进县,县教育学会被评为"吉林省先进教育学会"。

二、抚松县职业教育发展情况

抚松县的职业教育与全国职教的发展形势有联系,又不尽相同,可以概括为"曾经很辉煌,现在是低谷,前景挺诱人"。从 80 年代起步开始,直到 1998 年,职业教育一路高歌猛进,因为就业有保障,也因为抚松独特的地理位置和优越环境。

很怀念1988年、1989年的时候，学校（林业中专）每年招二三百学生，学生一毕业就能就业。不用去外边，本地的参厂和林业公司就能吸收，学校（指职业学校）比现在兴旺得多啦。（松林高中副校长语）

90年代，抚松县建有5所中等职业教育学校，许多学生通过职教口走进了大大小小的企事业单位。进入90年代后期，受普通高校扩招的影响，普通高中招生数量大量增加，初中毕业生的普通高中入学率提高很快，大部分初中生都进了普通高中，以期3年后圆大学梦。这样就使中等职业学校和技工学校的生源不断缩小，学生的素质也不断降低。生源质量的下降，既加大了学校管理的难度，也使所培养的人才质量有所降低，进而产生就业困难，就业困难反过来又使得愿意报考职校的学生减少（见表1）。就读职业学校的学生减少的另一个原因是从2002年以来，抚松的支柱产业——人参栽培和销售的效益每况愈下，境内的许多参业公司和林业公司（国家开始加强对森林采伐的管理）惨淡经营，不能吸纳新的职业教育毕业生，严重影响了家长和学生对职业教育的信心。2004年的职业教育在校生占全县高中生（高中在校生数为3101人）的比例为8.9%，2004年的初中升学率为61.5%，升入职业类学校的比例为10.3%（见表2），普职比为4.68：1。当然，除了职业教育自身内部的原因外，国家总体的社会经济形势是主要因素。

表1　抚松县2004年职业教育学生在校生数

总　计	职业高中	抚松四中	松林高中	露林二中
276	210	40	26	0

表2　抚松县2004年初中毕业生去向调查表

	2004届初中毕业生数	升入普通高中	升入职高或综合高中中的职高班	升入师范学校及其他中专	就业
学生数	2309	1108	237	74	890
百分比	100%	48.0%	10.3%	3.2%	38.5%

现在，抚松县除农广校外（承担阳光工程等劳动力转移培训任务），境内没有纯粹的职业学校，县职高（也称职业中专）办起了普通教育班，其他的几个中专学校（县农广校除外）纷纷并入普通中学，办起了综合高中。当然，除此之外，职业教育还包括在初中课程中渗透的"绿色证书"教育，县农业局、劳动和社会保障局负责组织进行的"阳光工程"和劳动力转移培训，以及部分

乡镇与学校合作进行的农村实用技术培训等。下面简述一下这些类型的职业教育开展情况。

(一) 中等职业教育

抚松县的中等职业教育包括县职高的 7 个班，松林高中的 1 个班，抚松四中的 1 个班，共 276 名学生。从性质上来说，3 校均属农村综合高中，但 3 校的办学模式差异甚大。从总体上说，学生接受职业教育主要目的是为了对口升学，这又影响到了学校的专业设置和教学模式。全县有职业教育专任教师 79 名（见表 3），大部分接受过高等教育（见表 4）。通过调研，我们能明显发现，抚松县的职业教育基础很好，但目前的状况不容乐观。

表 3 抚松县 2004 年中等职业教育教师职称情况

总 计	高 级	一 级	二 级
79	8	39	32

表 4 抚松县 2004 年中等职业教育教师第一学历情况

总 计	大学本科	大学专科	中 专	高中毕业及以下
79	15	30	28	6

1. 职业高中

职业高中现有在校生 376 名，其中普高生 166 名，职高生 210 名。全校教师 56 名，大多获得了本科学历（多为函授进修，见表 5）。学校有 2 个实习基地，即本校的服装厂和桌椅厂，效益很差。县财政给学校的拨款除去老师的工资外，教学和办公维持费基本依靠学生的学杂费。

表 5 职业高中 2004 年教师的最后学历构成

研究生	本 科	专 科	中 专
4	42	7	3

我们学校是和县一中联合办学的，会考结束后，他们把成绩不好的学生送到我们这里来，我们再把优秀学生送到他们那里去。那些学生也愿意来，因为我们这里的对口升学已经连续 6 年是 100% 了（其实只指该届毕业生中参加对口升学的学生数与考上的学生数之比）。（职高校长语）

校长一再声称职高的办学定位就是"对口升学、联合办学"。联合办学除去与县一中的普教合作外,职高还和青岛经济技术开发区博益职业专修学院进行订单合作培养,2004年共有40名学生按订单招生,分机电技术应用、应用电子和计算机三个专业进行学制为3年的学习,青岛博益职院负责推荐就业。因为合作刚刚开始,所以现还看不出成效来。

由于农业生产的周期长,效益低,加上由于这几年参业和林业的不景气,学生的学习态度多以升学为唯一目标的,所以职高的专业设置依据就是瞄准每年省招生考试中心下发的对口招生计划,取消了农科,开设的专业包括机电、应用电子、医疗卫生、会计电算、计算机、工民建。相应的,教学中也是紧紧围绕对口升学考试这几门科目,以讲授应考为主,成了另一种应试教育。

2. 松林高中

2004年9月25日,松林高中与职业高中(原隶属于松江河林业有限公司管辖)正式合并(据王校长介绍,现在学校有10个副校长,这也说明两校合并后人员安排等还不太顺畅)。合并后的松林高中具有了普职兼容的双重教育教学职能,带有综合高中的办学性质。现有32个教学班,教职工136人,其中职业教育教师有4名,职业教育班(高三分流)学生共26名,分属计算机和旅游两个专业。

林业中专2003年并到松林高中时共转来23位带职业教育课的老师,到现在只有七八位专职的老师,其他的老师都转带普通文化课了。

学生毕业后大多自己去市场碰运气。学计算机的大多去长春。学旅游的学生去年(2004年)基本都拿到了导游证(地方),还有6名同学拿到了国家级导游证。现在学生基本全是自己找工作,学校推荐的工作学生嫌不好,不愿意去。对于学校的这种状况,分管职教的副校长作了如下描述:

我们学校原来开设的专业有计算机、旅游、美术设计、工民建、烹饪、服装设计等专业,现在只剩计算机和旅游两个专业了。合并当初,我们认为综合高中既能满足人们日益增长的"高中热"的愿望,又可从学生的实际出发,为培养多样化人才,提高综合能力和劳动力整体素质创造条件和可能。但从这几年的实际运行来看,普通高中教育仍是家长和学生的首选,是学校的主流。在1998年前,我校的职业教育开展得相当红火,规模能达到几百人,最主要的是公司(指松江河林业有限公司)效益好,能吸纳大多数的毕业生。但1998年后,高校大量扩招,学生有了更多机会上大学,即使考不上公费上自费也要上。另外,公司的业绩逐年下滑,解决不了学生的就业问题,所以学校只好与松林高中合并,招生也越来越困难,高一高二的时候学生们都是学习普通文化课,到高三觉得实在跟不上了,才转到这边来,转过来也主要是为了对口升学,说到底还是为了升学。(其间我们问他这届学生毕业后,他准备通过什么途径招收新生，他说他也不知道该怎么办）。

对于学生不愿选择上职业学校，办学者认为：一是供职业教育实习实践的基地都没了，没有场所对职业教育的开展和教学质量有很大的影响；二是职业教育中的技能培养不到位；三是对口升学的学校级别太低，学生的积极性也低，吸引不了优秀生源；四是家长和学生都觉得脸面不好看，好像觉得学了职业教育就低人一等。

3. 抚松四中

抚松四中位于东岗镇，是抚松县的一所农村综合高中，于2001年4月28日经省教育厅批准纳入省重点中学管理序列。学校现有20个班，其中职高班1个，学生33人；全校有教师102名，其中专任的职业教育教师4人。

四中生源很好，在抚松县仅次于一中。但近几年职高班分流不景气（先上2年普通文化课，高三分流），因为学生和家长都不太认同。分流时根据学习成绩，学生自愿报名，最近几年都是编一个班，前年36人，去年40人，今年33人。学校设施能够满足普通高中的教学要求，但是对职高班来说，缺乏必要的实习基地。职高班的专业课大多局限于纸上谈兵，不过他们认为在对口升学考试中，不论是文化课还是专业课，都是笔试，因此对升学影响不大。

我们曾租赁大田45亩，建立实习基地。当时建立了长白山生态植物园，引进塑料大棚、地膜覆盖技术搞了个示范性蔬菜基地。最近几年基地建设下滑，主要原因是我校职高班的对口升学率很高，对口升学招生上有一个弊端，就是很少考察学生的实际技能，总分750分，其中语数外三科就占450分，因此直接影响了我们建设实习基地的投入和热情。（四中校长语）

学校现有4名专任的职业技术教师，有2名教师专业对口，由于学校师资紧张，教师培训的机会很少，对专业课教师没有特殊的政策，和普高教师一样。

学校设置了医学、计算机、财经、旅游管理、种植5个专业，主要是依据吉林省对口升学计划和学生的要求，根据省颁纲要，选定教材，学习和考核上与普高班一样，只不过学习的科目有所差别。在专业班的5类课程中，专业实习没有安排。其他几个方面根据对口升学的要求实施，高一、高二实际上是让学生打好文化基础课的根底，高三主要学习语文、数学和英语。职业班学生每周共55节课，其中语数外各7节，专业课12节，计算机和政治各3节，体育2节，自习13节，班会1节（见附录一）。

抚松四中的农村综合办学模式在全省甚至全国都有一定影响，在经验和特色中我们将会详细介绍它的"2＋1"办学模式。

（二）绿色证书教育

开展"绿色证书"教育的初衷是对学生进行一定的现代化农业技术教育，

使其既能升学，又能为从事农业生产、经营创造必要的条件。按农业部规定，取得某岗位"绿色证书"必须学满300课时，其中180课时用于学习掌握该岗位技术所需的3－5门理论课程，120课时用于学习该岗位所需的实用技术。以国家的要求来看，抚松的绿色证书教育开展得有特色，也有不足。

全县25所初中基本都开设了绿色证书课程，开设的科目有同有异，相同的是：在初一和初三基本都开设"劳动安全卫生常识"、"农村应用文写作"、"农户经营管理"三门课，在初二大多数学校都开展了富有本地特色的校本课程，名目多样。上述三门课程的教材是由吉林省教育厅编写、全省统一使用的一套农村初中实用科技教材，教材难度适中，有一定的针对性和应用性。各校自编了很多乡土教材，紧密围绕本地的经济发展，很有特点。

一些学校设立了专门的职教办公室或相关组织，一般每校有专业老师3名左右，除少部分是科班出身外，大部分是经过短期培训的"双师型"教师，以带文化课为主，另外兼授绿证课。学生上课积极性普遍来说不是很高，不少家长认为上绿证课时间太多，用处不大，耽误孩子们升学。在这种情况下，不少老师们的上课积极性也不高，他们认为上课的意义不大，备课很费劲，教学资源又缺乏，实在是疲于应付。

表6　初中学生对职业教育教学质量的评价

	教学效果很好	教学效果一般	教学效果很差
频　数	60	220	40
百分比	18.3%	67.1%	12.2%

表7　初中学生家长对职业教育教学质量的评价

	很满意	一般	不满意
频　数	65	272	30
百分比	17.4%	72.9%	8.0%

表8　初中学生家长对学生应接受职业教育时间的意见

	初中阶段	高中阶段	初中毕业后如未能升学，在就业前进行
频　数	199	46	205
百分比	29.2%	12.3%	55.0%

现在大部分学生不干活,虽然家在农村,但平时家长们都基本上不让孩子们下田,所以学的这些农业技术孩子们都没怎么接触过,也不大乐意学。

(新屯子中学老师语)

担任绿色证书课的老师基本都去县教师进修学校接受过一些培训,但时间都很短。有些学校要求所有的任课教师(如榆树中学)都必须掌握3门以上的农业技术,这样一来,老师掌握职业技术课程的就显得很不够了。

大部分学校没有实行初三分流,有极少部分在初三开始学习职业教育课程,也有部分学校按五年制大专的招生计划(与一些职业学院签订)来进行培养。

一些绿色证书教育开展好的学校,多是有着较强的专业师资力量,实习基地也建设得很好。而大多数农村初中绿证教育目前遇到的困难,也主要是集中在这两个方面。

我们开展不好的原因:一是缺师资,绝大部分绿证教师是非专业人员,没有受过专门训练;二是学校没有实习的场地和条件,所以本是实践课的内容都按理论课上了,一些技术性很强的内容只能是在黑板上比画比画;三是管理体制没理顺,学校缺专业老师,乡镇的农推站和兽医站有技术人员,又有实验基地,但学校因资金缺乏,虽有需求,也请不来这些近在咫尺的专家们。(新屯子中学校长语)

表9 初中教师认为目前绿色证书教育中存在的主要困难

	教学参考资料不足	实验设备条件较差	实习基地建设不足	缺少实习基地	学生缺少学习兴趣	教学内容应用性差	师资水平不高
频 数	10	49	21	17	22	18	8
百分比	6.9%	33.8%	14.5%	11.7%	15.2%	12.4%	5.5%

(三)阳光工程和劳动力培训转移

抚松县的劳动力转移培训包括两种资金来源。一是省农办的扶贫基金,具体分为引导性培训(每人340元,培训期限为7—10天)和技能性培训(每人725元,培训期限为一个月左右),对象是年人均收入在825元以下的贫困人口;二是阳光工程,国家给每个培训对象下拨100元,县里匹配125元,对象是一般农村人口。

具体运作方式是,根据县里的情况国家下达培训任务(2005年的计划是700人),并按任务下拨相应的资金。县农广校负责培训,培训时间规定是

15—90天。为了更方便组织生源，规范培训农广校现在集中依靠经管站来招生，因为经管站直接跟村里的会计打交道，在农村，村长和会计的话对农民更有效力。

从1994年开始，农广校共培训了3000人。阳光工程是从2005年开始的，还没有培训过。培训的专业包括保安、餐饮服务员、宾馆、运输、建筑、木工等。多采取集中培训，缩短时间到三四天，非常简约。培训的效果不太好，用人单位要求短时间内用人，也为了省钱，但培训的员工在短时间内培训不好，存在这样的矛盾。上课多是放映电教片。另外国家编写的教材有些空泛，对希望掌握实用技术的农民来说不太合适。

另外，他们还尝试把中央电视台第七频道的一些优秀节目减短到15分钟，在新闻后的黄金时间播出，属于国家和地方的合作项目，地方给予扶持，播出不收费，以便广大农民了解最新的实用农业技术。

通过访谈我们了解到，抚松的劳动力转移培训也存在着好多问题，包括：一是农民缺乏对这个项目的了解，担心上当受骗，积极性还没有充分调动起来；二是很多农民的观念还没有转变过来，例如家政服务，有的认为受训后是去当保姆，帮人洗衣做饭，是下等的工作；三是对企业的用人信息了解较少，不能把受训后的农民及时推荐出去；四是由于对用人企业缺乏了解，推荐就业的风险较大，一旦因工种、待遇甚至人身安全等原因发生纠纷，处理的难度很大，并且给生源组织造成不好的影响。

三、抚松县职业教育发展的经验和特色

通过上边材料的介绍，我们大体了解了抚松各类型职业教育发展的概况和存在的一些问题。须要强调的是，在不尽如人意的现状之下，有些经验和特色引起了我们的注意，这不是出于辩证思维的惯性搞平衡，而是这些亮点里边孕育或昭示着职业教育明天的发展。

（一）具有相对浓厚的教育科研基础和氛围

抚松现在的职业教育虽然不是很景气，但经过调研，我们还是能鲜明地感觉到这里浓厚的教研气氛。最明显的就是：各初中编写了的大量自编教材，生动细致；各学校积极和东北师大、吉林农大等院校进行合作，创出了不少成果。这种底蕴与吉林的高教资源有着重要关系，但更主要的，是县里重视教研，建立了相关的组织和制度。

在抚松，教育科研实行"一把手工程"，教育局长任县教育学会会长，学校的校长是学校教育分会的会长。县级设科研所，学校设科研室，教师中有若

干科研小组，组织合理健全，人员各司其职，形成了自上而下、互相关联、有机结合的科学的科研网络。

每年组织教师征订《现代中小学教育》、《吉林教育》、《吉林教育科学》、《白山教育》等刊物，为教师提供了理论的教材。学会、教科所自办了《会员应知报》和《教育新视野》两个小报，定期送到教师手中，同时自编了《现代科研方法》、《教育科研基础理论》等培训教材。定期、不定期地组织各类课题研讨会，学术交流会，教育热点、疑点、难点等问题的座谈会，交流观点，探讨问题，促进提高。在条件允许的情况下，他们还走出去学，请进来讲。

抚松的教育科研以课题实验为突破口。"九五"期间，抚松县共确立课题214项，其中国家级课题2项、省级课题3项、教师小课题100项。全县各个中小学都有教育科研课题。课题立项时，教科所提供立项指南，结合学校实际加强指导。特别注重了实验的过程指导，科研员明确分工，建立包保责任制，做到"三到"，即承包到手，管理到底，指导到位。他们坚持经常性地走下去，到学校，到教师当中面对面地与学校和教师研究问题，当面指导。由于面大，实在走不过来时，他们也不放弃，而是使用《课题实验指导建议书》，与实验的学校和教师沟通实验信息，进行远距离跟踪指导。

"九五"课题实验成果不断涌现，如：抚松县四中"农村综合高中改革实验"；抚松县万良中学"课堂教学结构形成研究"等科研课题的实验均得到省、市有关领导和专家的好评，其成果对本地、本校的教育教学实践起到了有力的指导作用，有的成果在国家、省市各级刊物上发表，有的成果被兄弟市县所借鉴。

抚松县的教育科研管理，在力求科学化、规范化的基础上，构建了具有一定创新性的教育科研管理机制。比如他们客观地针对全县各中小学存在的发展不平衡，研究能力和水平参差不齐的差异问题，他们克服了教育研究上的盲目划一做法，在深入调查研究的基础上，把一些同类相近的学校组合成科研联合体，联合体内学校定期开展研讨活动，协作研究，互相借鉴经验，互相促进，共同提高。全县各层次的学校都有不同层次的科研成果，其中一些相对薄弱的学校也取得了科研的成果，积累一些科研兴校的经验。如：抚松县的七校科研联合体就是由农村小学设初中班的七所学校组成的，这些学校在办学条件相对较差的情况下，树立科研兴校的战略思想，学理论，搞科研，坚持以科研为先导，师资水平，教育质量均大有提高，逐渐甩掉了薄弱学校的帽子，步入了先进学校的行列。

自1995年以来，抚松逐步完善和实行《抚松县教育科研工作评价指标和评估体系》，对基层学校进行科研划类评价。为了解决对评价过程产生的高层次学校（即一类）的再激励问题，又构建了一类学校中"巩固、发展、创新"三个细层次的评价标准。对学校的评价信息准确，评价公正，反馈及时，进一步激活了科研。对教师科研能力的评价，划分了骨干、一般两个层次，也有明确的评价标准。他们成功地解决了学校之间和教师之间的差异评价课题。

抚松县教育学会连续多年被评为省市教育科普先进单位。抚松县教育科研所连续多年被评为省市教育科研先进单位。1999年白山市教委授予抚松教育科研先进县称号。2000年白山市科研兴教（校）经验现场会在抚松召开，抚松县的经验受到了省市有关领导和专家的好评，并在全市推广。

抚松县的高考升学率节节攀升，受到社会认可。抚松县先后被评为"吉林省教育科研先进县"、"吉林省教育科普先进单位"，连续16年被评为全省勤工俭学工作先进县；县教育学会被评为"吉林省先进教育学会"。

（二）抚松四中的农村综合高中改革实验

抚松四中的农村综合高中改革实验在全国有一定的影响，它的产生有其历史背景，现在把其单列出来介绍，有助于我们进一步深化对这一问题的认识。

1. 实验背景

吉林省抚松县第四中学坐落在长白山脚下的东岗镇，始建于1958年，根据区域教育发展需要，1988年改建为面向抚松县南片七个乡镇的初中招生的一所普通农村高级中学。由于受当时师资、生源等办学条件等诸多要素的制约，学校领导根据学生及家长的意向开始效仿城市高中以升学为主的办学模式，于是到处调教师，挖生源，试图以升学率来赢得家长和社会的青睐。但客观事实却与学校的主观愿望大相径庭。连续几年来，考入大中专院校的学生寥寥无几，而绝大部分落榜回乡后的学生一无一技之长，二无适应市场经济浪潮的本领。面对升学无望，择业无门的困境，学生泄气，家长叹气。学生招不来，留不住，学不好，学校的生存出现危机。面对困境，学校很快组成了以"农村综合高中办学模式和课程改革实验研究"为课题的研究小组，开始了对农村高中办学模式和课程改革的艰苦探索和研究。

2. 探索过程

（1）"1＋2"模式的课程结构的探索

改革的初期，高一时统一编班，共同学好高中文化课。高二后进行普高和职高的分流，普高班仍按国家教委关于调整后的普通高中教学计划进行。职高另设置语文、数学、英语、政治、体育等五门共同科目。专业课有农艺、园艺、畜牧，改革很快得到成效。首次分入职高班的34名学生中有19人升入各对口招生专科学校。没有升入上级学校的职高毕业生回乡后，应用在校所学的专业知识，有的搞起了塑料大棚进行经济作物栽培，有的办起了养猪场，有的搞野山菜加工，一方面促进了经济的发展，一方面也取得了可观的经济效益。综合高中的办学模式得到了社会的初步认可，但在操作的过程中也发现了一些问题：①思想方面：学校的绝大部分学生来自农村，而大部分农民的心理是，送孩子读书就是为了以后不让他们当农民，而分入职高后无论考上没考上，将来都注定要从事农业，所以分班时阻力较大。②两年的职高教育专业设置使对口招生的专业出现偏差，有的专业开设两年后，上级学校都没有对口招生计划。③由于分入职高的学生缺少化学和生物的知识功底，给专业课的学习带来一定困难。④由于文化课学习的时间短，基础差，造成学生理解问题的能力差，对口升学的质量差。为了解决上述问题，我校把职高的课程结构及分流时间作了进一步的调整。

(2) "2+1"课程结构模式的探索

为了解决第一轮实验中出现的问题，结合普通高中实行会考制度的实际，我校决定，从1994年暑期开始，改革分流的时间和职高的课程设置结构，采用"2+1"的模式，即94级新生入学后，用2年的时间进行普高课程的学习，课程结构按国家教委的有关计划执行。升入高三时，开始普高，职高的分流。分流的原则是：①自愿；②学习成绩；③个人愿望。由于前几届职高毕业生取得的成绩在社会上已产生影响，再加上2年的文化课学习，学生对自己的成绩心里已有数，所以分班的阻力已基本上解除。通过普高的2年学习，除语文、数学、英语、政治外其他学科均已学完，所以职高文化课开设以上4科。学校开设的专业课本着为当地经济建设培养人才的原则，除必开的农艺园艺、畜牧专业外，其他专业课视上级学校的对口招生计划而开设。通过上述一系列改革措施，1995年的职高毕业生虽然在升学数量上没有太大的进展，但在质量上都有了大幅度的提高。分入职高的30名同学在对口升学中，有8名考入吉林农大本科，14名考入农大专科。其中全省对口招生的第一名是我校的学生。随着办学模式及课程结构改革的进一步深化，虽然以前出现的问题得到了解决，但有一些新问题又摆在了面前：①师资问题。由于增加了一些专业，需要有专业教师，而我校当时没有这方面的专业人才。②动手能力问题。由于专业课开设时间只有1年，时间紧，学生没有时间进行实习操作，同时也没有实习基地，因而造成学生的动手能力差，所学的专业知识不能很好地运用到实践中去。③普高落榜的就业问题。分入普高的学生中有一部分高考落榜，而这部分学生又没经过职业教育，他们回家后还是无一技之长。④学生的心理素质问题。目前升入高中的大部分学生都是独生子女，他们的心理素质差，劳动意识淡漠，遭受挫折后不易振作等。

(3)"三年一贯渗透,二一分段,高三分流"的课程结构模式

面对一系列新的问题,我校领导经过仔细认真的研究,提出了以下新方案,即实行"三年一贯渗透,二一分段,高三分流"的课程结构。

从1998年起学校开始了三年一贯渗透职业教育,即在确保开足、开齐普通高中所有课程的基础上,在3个年部增加了选修课。在选修课中设有必选和任选两部分内容。高一的必选课为心理素质课、职业指导课、微机课,任选课为艺术欣赏课、农机驾驶课。高二必选课为职业指导课、微机课,任选为农机驾驶、果树栽培、家禽饲养、艺术欣赏。高三的任选课有农机驾驶与维修,服装设计和裁剪等。以上选修课的课时安排为每周1课时。对于高一、高二的必修课采用电视教学的方式,利用学校的闭路电视系统集体上课。任选课采取分年部集中上课的方式。为了确保学生学习选修课,学校采取了学分制管理,要求每个学生在升入高三时必须取得选修课的10个学分,否则不予毕业。

为了确保此次课程结构改革的顺利实施,学校采取了许多配套措施:①在师资方面,学校从高校毕业生中吸收了一部分专业教师,同时自己也培养一部分专业教师,保证了职高专业课和高一、高二选修课的顺利开设。②在实习劳动方面,学校1994年投资十几万元建起了实验基地,为学生提供实习和劳动场所。③在思想方面学校要求班主任老师要根据学生的爱好、特长、学习等实际情况适时地指导学生选修的内容,为高三分流打好基础。

这种普高加职高的一校两制办学体制实施了12个年头3个阶段后,学校高考的升学率、毕业后就业率和新生的入学率都有大幅度的提高。1990、1991两年的实践取得了预想不到的成果:一是普高和职高升学率分别上升到30%和52.6%;二是未能升学的学生由于在校学到了一技之长,回乡后成为当地经济发展的干骨,家庭致富的能手,受到社会的普遍欢迎;三是学校由此产生了凝聚力,生源逐年增加。第一段实验结束后,课题组在认真的总结了前两年实验的基础上,根据一校两制运行的实际需要,在第二段实验中加大了师资培训的力度,进一步调查了普高与职高的课程设置及课程结构,使一校两制的办学模式得到了不断的巩固和完善。其重要标志是进一步取得了升学和就业的双重效益,到1994年普高与职高的升学率分别达到了73%和71.4%,落榜学生回乡,就业率达到了98%以上,到2000年我校的综合升学率达到了80%以上。学校出现了蓬勃的生机,教学班由1990年初的14个班,增加到目前的20个班,在校学生增加到780多人,教职工增加到102人。

经过近几年来的改革、实践和完善,现已初步构成综合型高中课程设置的基本体系和基本框架。学校的培养目标是不求人人升学,但愿人人成材。

(三) 榆树中学的"全员选修、分班组教学"办学模式

抚松县的所有初中都实行"全员选修、分班组教学"办学模式，但榆树中学开展的较为典型，很有代表意义。

学校的办学模式归纳起来为："全员选修农村实用技术课，分班（组）教学"。具体来说，就是按照学生的志愿和需要，结合地方经济的主导产业和家庭主要经济目的要求，开设专业；打破原来班级的界限，按专业分班（组），按专业课内容统一组织教学。教学内容分共同课和选修课，初一上学期开设《劳动安全卫生常识》，初一下学期开设"农村应用文写作"，初二进行选修课教学，开设"日光棚天麻栽培技术"和"药材培植技术"；初三上学期开设"农户经营管理"，初三下学期开设专业基础知识课。选修课的开设紧紧围绕区域经济特点和产业结构现状，与本地经济发展的实际相结合，面向农村、服务农业、致富农户，为毕业生就业或自主择业拓宽渠道。几年来，学校根据农村实际开设的选修课有"西洋参栽培技术"、"药材种植技术"、"蔬菜大棚的建造及种植技术"、"日光棚培植天麻技术"等。

为使这项改革能够落到实处，他们首先在全校学生中进行了广泛深入的调查，根据学生的兴趣爱好和现有水平确定专业，同时，广泛征求了学生家长的意见，求得家长的理解和支持，使家长了解实施办学模式改革并非不要升学，而是升学与就业并重，消除了家长的后顾之忧。为使这种新的教学组织形式能充分发挥优势，他们明确了"六定"，即：

定教师：根据教师的特长确定所教学科，为便于教师研究专业，无特殊情况中途不得变动；

定学员：参加学习的学生必须确定，在学生掌握此项技术前不允许选修其他专业；

定教室：所有专业均有固定的教室；

定教材：各专业都有统一的教材；

定学时：按照绿色证书教育课程教学总时数为300课时，每周都安排相对固定的时间统一安排教学；

定目标：教师和学生从选修开始就明确自己要达到的目标。

为了保证办学模式真正有效地落实，学校大力加强了师资培训和基地建设。

学校共有4位劳技课老师，其中一位是科班出身。县里要求所有农村中学的教师都应是双师型的教师，每位老师都必须掌握2门实用技术。学校所有教

师每学期都脱产学习5—7天，参加县里组织的培训。另外，学校也主动协调，积极争取相关部门的有关技术人员现场指导，2003年4月，在镇政府的帮助下，请来了吉林农业大学的专家和教授对学校专业课教师进行了专题讲座和技术培训，使他们受益匪浅。学校教师具备了较强的编写乡土教材的能力，几年来他们相继编写了《中草药种植技术》、《西洋参栽培技术》、《野山参种植》等。

为了让学生能够较多地进行实践，学校极为重视基地建设。学校现有林下细辛基地420平方米，五味子基地400平方米，农作物基地15810平方米，川贝母基地700平方米，日光棚蔬菜（日光棚天麻培植）基地200平方米，生均实习基地50平方米以上，购置了实习所需要的设备、器材和工具，初步形成了熟地种植西洋参、中药材种植、日光棚培植天麻的劳动科技园区，校外基地与学生家庭微型基地互补的网络。

对于学校开展的职业教育，学生比较愿意学，因为这些专业较为贴近农村实际。另外家长们比较支持职业教育课，因为家长可以通过孩子反映来接触和见识这些技术。学生就是按照各自家庭的情况选择职业教育课的。

开展职业教育以来，学校绝大多数学生的文化基础知识合格，毕业生能系统掌握两项农村实用技术，有较强的就业能力。50%以上的往届毕业生回乡后，利用在校所学到的农村实用技术或种植或养殖，很快地成为农业生产的技术能手，当地农民发家致富的带头人。如学校2002届毕业生聂茂胜，毕业后利用在校学习的西洋参种植技术，回家建立了实验基地，对学校的办学模式改革工作也是一项很好的补充，真正地做到了校内、校外、家庭微型基地相互补充的基地网络。

学生积极参加体育锻炼，体质、体能有明显增强，合格率、优秀率达到要求标准，学生养成了良好的卫生习惯，学生视力不良率不超过10%，常见病率逐年下降。

在2001年和2002年初中升高中考试中，学校实现了统招生零的突破。特别是2003年学校初中升高中达到了建校以来最好成绩，升学比例在同等规模学校中名列前茅。在白山市"英才杯"学科竞赛抚松赛区，学校参赛的学生科科榜上有名，说明学校的教学水平有了质的飞跃。

通过开展职业教育，他们主要取得了如下效果：一是使学生学到了人参栽培、药用植物种植、天麻栽培、农作物、经济作物等知识，为回乡务农奠定了劳动技术基础；二是学校进行的熟地栽培西洋参、林下培植中药材、日光棚培植天麻实验已在榆树地区起到了示范辐射作用，被广大农民所认识；三是学校实验实习基地集种植、科研、创收为一体的立体开发已粗具规模，学校的勤工俭学工作多次受到市、县表彰。

四、抚松县职业教育办学中的困惑和问题

1. 整个职业教育圈内的悲观情绪让人触目惊心

把这一现象作为一个问题，是因为在抚松的所见所闻以及调研的结果都让人印象深刻。尽管抚松与西部的许多省份相比，职业教育开展得并不算太差，但包括官员和教师在内弥漫着一种悲观失望的情绪。

全县因为去年摘了国贫县的帽子，财政没钱，教师超编、老化、知识专业不对口，只能再培训。财政说了算，没钱，所以不能进人，3—5年内还是不能进人，我们这里的职业教育没指望了。（教育局某局长语）

职业教师的士气低沉也是导致职业教育举步维艰的重要原因之一。"人往高处走，水往低处流，我们的好老师都被调到一中去了（一中是全县高考成绩最好的重点学校）。抚松县在5年内没有进过一个大学生，因为县内的编制已经满了，县财政不允许再进人了。由于县政府对职业教育的重视和投入都不够，所以职业教师明显感觉到了与普通高中教师在工资和待遇上存在着巨大的差距，对本职工作十分不满。他们对职业教育充满疑虑，对工作缺乏坚定的信念。

表10　职高教师认为大部分同事选择当职高教师的原因是

	稳　定	喜欢，热爱职业教育事业	生存的需要，有合适机会就会离开	轻闲，空余时间多，可做其他事情	其　他
频　数	9	34	53	10	4
百分比	8.1%	30.6%	47.7%	9.0%	3.6%

家长和学生们都不愿意上，只是上边要检查，所以也只能按上边要求的形式来做。这都是上边的形式主义，学生学了也没啥用。（新屯子学校教师语）

2. 生源减少，招生面临很大困难，生源质量差

近几年，受普通高校扩招的影响，各地普通高中招生数量大量增加，初中毕业生的普通高中入学率提高很快，抚松也不例外，大部分初中生都希望升入普通高中，以期3年后圆大学梦。这样就使中等职业学校和技工学校的生源不断缩小，学生的素质也不断降低。生源质量的下降，既加大了学校管理的难

度，也使所培养的人才质量有所降低，进而产生就业困难，就业困难反过来又使得愿意报考职校的学生减少。

几年以来，我们招生特别困难，大家能想到的招数我们都用尽了。招不来学生，老师没饭吃呀（职高的教师是事业编制，由县财政支付工资，但大家都担心因没学生被调整到乡镇学校），实在没办法，我把任务分解给了每位老师，硬性规定每人负责招几名，招到学生有奖励，我组织教师到学校宣传发动，向家长学生许诺推荐就业……结果还是越招越少，招来的也多是些品德和文化学习都不理想的学生。（职高校长语）

3．学生质量不高，毕业生就业形势严峻

质量不高，毕业生就业形势严峻，这一方面是由我国宏观经济形势不理想造成的。国有企业的改革和产业结构的调整产生了大量下岗和失业工人，失业率上升很快。大部分失业者是不熟练和半熟练的劳动者和企业冗员。另一方面是由于职业教育培养的人才自身素质造成的。在职教发展结构上、专业设置上、人才培养目标上与市场和社会对人才的需要脱节，学校根本没有自己的特色，学生没有一技之长。再加上长期以来社会上存在着凭一个人的学历证书来判断其能力的错误价值取向，使得用人单位对学历要求盲目高移。在全国总的就业形势严峻的条件下，中职毕业生在市场上缺乏竞争力，没有优势，致使就业更加艰难。

4．办学投资严重不足，影响办学质量的提高

职业教育要比普通教育需要更大的投入，需要大量的资金进行实训基地建设和学生技能训练，经费的紧张使得抚松的一些学校连必备的教学设施也无力购买，基地无法开发，实验无法进行。职业教育因为缺乏必要的经费而难以提高办学质量，不仅造成现有人力物力的浪费，而且培养不出社会所需的合格人才。于是在抚松的许多初中就出现了以计算机课程代替劳技课；职高开展的专业教育大部分是理论讲授，实习严重不足，使得人才培养质量大打折扣，只能办些专业性不强的专业，与市场真正需求的专业人才相差太大，这些人毕业后因缺乏专业训练，最后又不得不靠出卖劳动力为生。

职业教育最重要的就是让学生掌握技术，要掌握技术就离不开实习，许多职业学校连实习基地都没有，全是理论课，我们就是在黑板上做实验呢，学生一到实践中都得从头学起，一点动手能力都没有。（职高教师语）

县里把本来就有限的教育经费更多地投入到了一中等几所普通高中，因为大家都觉得高考升学率上去是对全县教育工作质量最好的证明。

职高2004年的工作计划里有这样的一条，让我们感慨万端："我们力争在2004年之前'化缘'上微机30台……"办学之艰难可想而知。

5. 师资水平低，培训缺乏

抚松的专业课教师和普通文化课教师的比例失调，文化课教师的比例普遍偏大。教师的知识结构与职业教育所要求的知识结构不相适应，缺乏必要的工作实践能力和专业实践技能，而职业教育教学内容要随生产实践发展，教学时空跨度大，教学对象在求学目标、知识基础方面具有极大差异，这些特点客观上决定了从事职教的教师必须是"双师型"的，而事实上"双师型"教师奇缺。担任职业教育课程的教师整体素质偏低，大部分是其他专业转行过来的，而且政府或教育系统也没有为他们提供必要的培训，他们在教学中捉襟见肘，疲于应付。专门的职业教育教师缺乏，致使职业学校无法开设齐全的课程，即使开一些课程也是专业性不强、缺乏特色的专业。即使抚松职高也是以普高为主，职教学生只是很少的一部分。关键是这方面的教师缺乏，没法对学生能够进行系统的培养。

不少教师感到很大的压力，但碍于形势却不得不硬着头皮"自学成才"。他们抱怨："自己先回家学，然后按照课本上教学生，压力很大，备课的任务很重！"教师对所任教的科目掌握不足，甚至自己都未能清楚明白，根本不能符合高中程度职业教师必须具备的高等专业学校专科学历的标准。由于学校前几年生源尚且不能保证，学校在资金上十分拮据，根本不可能派老师出去培训。职业课的教师大多没有受过专业训练，对本学科目的理解能力有限，未能真正掌握课程的重点，与正规的教师的要求确实有很大的差距。任教的课程非自己本行，教师却作出了以下的反应："没问题，能教！回家自己先看一遍，再教给学生。有大纲有参考书，教几年就不累了。"

6. 人们从观念上歧视职业教育，没有形成尊重职教的良好氛围—大于一百

首先是领导从观念上还是重普教轻职教，认为只要升学率上去了，老百姓就会满意，就是振兴了教育。没有把发展职业教育上升到提高全民素质，发展地方经济的高度来认识。大部分领导没有真正把职业教育提到议事议程上来，具体的落实措施较少。把职业教育当作普通义务教育的附属物，认为只有普通教育才能出人才，才是政府的荣誉，忽视了作为振兴地方经济的职业教育。一些教育领导干部、普通教育战线上的教师也歧视职教，甚至连一些职业学校的领导、教师也不清楚职教为什么而办，对职业技术教育投入极其有限，因此办学条件很差，教学实习设备缺乏，办学经费紧张。县乡两级政府没有充分发挥统筹协调的职能，没有建立起符合职教规律的管理运行机制。

其次是群众对职业教育缺乏足够的认识。老百姓基本上是"望子成龙"、"望女成凤"的思想，希望通过普通教育"跳农门"，认为职业学校不是正规学

校，只有普通学校才是正规学校，考上大学才是光宗耀祖，上职业学校低人一等，出来也不被人重视，从而形成了在高考中"千军万马过独木桥"的现状。这在某种程度上制约了职业教育的发展。另外，吉林省的老百姓一般不愿让孩子离家太远，不愿从事服务行业工作。

除了领导和家长外，普通学生对职业学生也存在歧视。在学校里校园文化所起的作用更大。总起来讲，社会观念落后，没有形成有利于职业教育发展的社会舆论氛围。

这里特别提到的就是对口升学的误区害人不浅。抚松上到政府官员，下到普通的农民，包括职业教师本身，都认为入读大学是学生最好的选择。对于没有机会升读普通高中的学生，职业高中可以提供另一种升学方式——对口升学，即普通高中学习不好的学生在普通高中不能考入大学，就在高三的时候转到职业高中就读走对口升学的路子。职业教育本应是一种高素质的教育，提供给学生更好的生存技能，却成了升学教育的另一个变形！

学生对职业教育的态度是视职业中学为最后选择。众所周知，职业中学的学生是初中毕业生中成绩最差的。所以，进入职业中学的学生都不免有点自卑心态，他们是在无可选择的情况下才进入职业高中，而进入职业高中后，农科也是最不受学生欢迎的科目。他们认为，农业生产的周期长，效益低，镇的工业崛起落后，务农不足以为生，而且认为要学农就根本不必进学校，跟家长学比在学校学还来得实在。所以，农科地位低落已成定论。学生的学习态度也大多是以升学为唯一目标的，即使有几个短期培训班，所受的教育也与以升学为目的的班级无二。

不仅如此，对口升学也影响到了职业教育最重要的中心环节——实习基地的建设。

最近几年基地建设下滑，主要原因是我校职高班的对口升学率很高。对口升学招生上有一个弊端，就是很少考查学生的实际技能，我们上面已谈到，总分750，其中语数外三科就占450分。这直接影响了我们建设实习基地的投入和热情。（抚松四中校长语）

7. 体制不顺畅，职教资源得不到整合

农村职业教育的资源本来就很有限，而且所处地域的经济也欠发达，在这种情况下，要办高质量的职业教育，必须走规模办学的路子，因为职业教育最重要的一环就是实践教学，这需要基地建设，需要的经费投入更大。但我们从抚松看到却是支离破碎的职教现状，有限的资源散布在几所综合中学里，各自为政，而且都不兴旺。

抚松县从三年前就开始计划要建一个职业教育中心，计划把全县的职业教育合并在一起,"先办学,后盖楼",可惜没有时间表,直到现在,还是"诸侯割据",反而在各个学校尝试农村综合改革的大规模实验,场面再大,掩不住招生规模愈见萎缩的尴尬。师资也逐渐流失,日见凋零。

我们林业中专并过来时有二十几个呢,都是响当当的专业教师,因为学生太少,还赶不上老师多,现在大部分都自学地去教政治历史了,只剩下三四个计算机老师了。(松林高中王校长语)

8. 国家相应的法律和制度不健全

吉林农村有很多青壮年外出务工,但接受职业培训的很少,原因主要有两个:一是职业学校的培养质量低,青年人更多是靠出卖低级劳动力谋生,或者是选择学徒式的方式在第一线跟着老师傅学艺;另一个就是我们的劳动力市场门槛低,缺乏准入制度建设,接受职业教育与否与就业关系不大。另外,一些用人单位存在用人欺诈行为,以虚假订单把学生骗去,却不按事先的承诺兑现待遇,或者在干满一年试用期后,以种种理由把人辞退等,而相关的法律约束还没有形成,许多出外务工的学生上当受骗后有冤无处申,给学生造成了很大损失,也使职业学校对外边来的订单望而却步,增加了职校学生就业的难度。

以前我们和青岛的一个企业联系过,说好是毕业后去他们那里,每个学生都交了1万多块钱。后来事情黄了,我们也就不敢再和外边这样联系了,因为职业教育的学生都是自己同事的孩子,出了事挺麻烦。(松林高中副校长语)

除此之外,在劳动力转移培训中,有些机构弄虚作假,通过造假来冒领培训费用,使国家的政策在执行中大打折扣。为此必须完善监督机制,对阳光工程等劳动力转移培训加强监管,切实把这项利民政策落到实处。

9. 当地经济的发展水平差,职教缺乏可依托的基础,无法有效互动

使职业教育得到老百姓认可的最重要的因素是学生的就业,而解决就业与当地的经济发展水平有着非常紧密的联系。当地的经济发展势头强劲,可以创造很多的工作岗位,为职校学生的就业提供很大的可能。而且地方经济愈发达,人们对应用技术愈看重,觉得接受职业教育能学到一技之长就可学以致用,就会在地方上形成一种尊重职业教育的社会氛围。而抚松当地除了一些简单的药材种植业外,旅游业还处在酝酿筹划阶段,总体上还处于工业化初期。由于社会化分工和专业化不充分,整个地域缺乏非农就业机会,不存在工业化生产过程中预先设置的工作岗位,职业学校学生毕业后,很难在当地找到满意的工作岗位。地方经济的低迷不能为职业教育的发展提供强劲的动力,老百姓为了让子女走出农门还得依靠普教,走高考之路,职业教育是无奈的选择,所以职教并不受当地人们的重视。

五、思考和建议

要针对上述问题提出一个完整有效的解决方案来,是不切实际的,因为许多问题的原因是多方面的,不可能一蹴而就地解决。但经过调研,抚松职教发展中的许多实际问题还是引发了我们很多思考。

1. 农村综合高中该不该办

抚松的几所农村综合高中,实际上还是普通高中的办学模式,之所以办职高班,是为那些普高班升学无望的学生,开辟一条升学之路,从而提高学校的升学率。应该说,学校的做法是无可厚非的,值得我们思考的是,农村综合高中这条路可行不可行。自从1999年高考扩招后,职业教育就开始萎缩,陷入困境。今年全县有初中毕业生2400人左右,一中录取800,四中录取400,经过动员,县职业高中录取200。面对这样的现实,我们认为,农村综合高中的办学模式很难取得成效,职业教育应该走规模效益的路子。

首先,要有明确的职业教育发展思路。不论是教育发展的方向,还是国家的教育政策以及农村教育发展的现实,都需要搞好职业技术教育。就抚松来说,1999年以前职业教育发展好一些的时候,全县形成和积累了一些职业教育的资源,包括职教师资、实习基地和设施等。同时,其他部门也举办职业培训。随着职业教育的下滑,许多职业教育资源开始流失,如一些职业学校并入普通高中,专业师资流失、实习基地和设备也废弃。本来农村职业教育的基础就薄弱,仅有的一些积累也没有得到充分开发和利用。因此,政府在职业教育发展上,应树立大职业教育观,统筹规划,整合全县的职业教育资源,建立职业教育中心。教育部门应主动拿出规划,摸清全县职业教育的家底。在职业教育发展方向上,国家提倡农村职业教育应为农村服务。我们认为,农村面临劳动力转移的艰巨任务,农民送孩子读书的目的和动力都是来自于非农就业,因此职业教育的办学方向应是农业劳动力的非农化,这样才会得到农民的支持,职业教育的发展才能有坚实的基础。

其次,要有必要的资金投入。尽管我们认为发展的思路更重要,但必要的投入也是不可少的。如果政府在政策方面给予优惠,再争取上级部门的专项资金支持,有效整合职业教育资源是可能的。其中,困难是能否实现机制创新问题。因为,职业教育不仅教育部门举办,其他部门如农业、林业、劳动等都参与,各自为政。要整合,就涉及利益的分割、部门的协调和合作。因此,政府部门需要精心设计,创新机制。

2. 对社会观念该怎么看

对职业教育的歧视观念、态度，从教育官员、办学者、教师、学生到家长都有，这是我们都知道并一再斥责的。从理论上、国外尤其是德国的经验、国家产业结构调整的需求等，我们可以轻松地得出职业教育是经济发展的重要推动力，是促进农村产业结构升级、解决农村富余劳动力转移非常重要的途径的结论。问题在于，事实上，从职业教育的投资回报率来说，一个职高生甚至一个职业院校毕业的大学生，他们就业的压力要远远大于一个普通高校的毕业生，在中国这样一个特别重视学历的社会，职业技能资格证书的含金量在人们眼里是无法和大学毕业证相提并论的。如此一来，连我们职业教育工作者自己都觉得问题多多的一种教育形式，凭什么让老百姓把下一代欢天喜地地送进去呢？正如东北师大社科处刘建军处长所说，我们要真正站在老百姓的立场想问题。所以我们想说的是，我们应该更着力于改进职业教育本身，发展经济，而不是一味地对老百姓的务实的观念进行口诛笔伐。

3. 对绿色证书教育、初三分流的冷思考

绿色证书教育从1994年开始实行，初衷是在不增加学时的基础上，对学生进行一定的现代化农业技术教育，使其既能升学，又能为从事农业生产、经营创造必要的条件。我们现实看到的是，在从普通文化课学时中硬挤出来的这300个学时，是由基本上没有受过任何专业训练的教师在教室里（绝大部分学校没有实习基地）看着粗放简约的教材来进行的，下面对着一群毫无兴趣的学生。以这么少的课时量，以广大欠发达地区农村学校现有的师资和实习条件，如何能培养初中生毕业后达到"一能种、二能养、三能务工经商办工厂"的人才培养目的？许多老师甚至校长认为现在的绿证教育是形式主义，学生学到的东西有限，反而占用了不少普通文化教育的时间。这值得我们认真思考。

过去我们一直提倡农村初中学生要学一些农业技能课程，农村初中要承担职业教育和成人教育的任务，要"三教统筹"，要根据农村特点和学生的学习情况适时"分流"。我们在调查中发现，农村孩子的家长最讨厌的就是这个，农村的学生不喜欢农村学校也是这个原因。我们无法回答为什么农村的孩子就一定要像他们的父辈那样去种地。尤其是当前农村的农业技术课程在很大程度上仍然是传统的农业技术模式，缺乏现代农业技术的传授，所以很多家长认为与其让孩子在学校里学种地，还不如早点儿回家跟父亲学。我们在一些农村学校看到，那些教授农业技术课的教员，很多就是当地的农民，甚至有些就是学生的家长。这样的教育为什么还要到学校里来，学生辍学是必然的！

我们认为，初中阶段就实行所谓的"三教统筹"和让学生"分流"，根本就是不切实际的主观想象的产物。一位农村中学的校长给"分流"的定义是"分批流失"。并且，自80年代以来，党中央、国务院、教育部文献，以及国家领导人讲话，对"三教统筹"的提法不统一。

我们知道，现在农村的学生13岁以后上初中，15岁左右就让他学农业技术和其他一些东西，学生根本理解不了。再加上被"分流"又有被打入另册的感觉，所以学生的学习积极性就会受到严重的挫伤。而这种做法的直接后果就是农村学生应该受到的完整的国民素质教育被严重冲击，一个初中学生应该得到的完整的基础教育被人为地破坏。

为此，我们建议，国家要在教学内容和教学模式上制订严格的法律法规，在农村不允许初中教育阶段搞什么"三教统筹"和"学生分流"，要让农村初中的学生集中精力学好国民基本素质教育阶段的各种知识，要让农村初中的孩子和城里的孩子一样，接受完整的国民素质教育的课程，而不是额外附加的所谓生活知识和生产知识。我们认为，这是九年义务教育在农村的应有之义。

4. 由谁办，办什么样的职业教育

调研回来后，我们发现了一个有趣的案例。长春市有一家焊工培训学校，校长是个复员军人，自己在军队里当过机械工，退役后，了解到社会上尤其是一汽的附属企业亟需焊工，他马上雇用了几个师傅，购买了一些器材，在劳动局备案后，大量招收学员。收费2000元，培训半月左右，不会可以免费继续学，结业后学校负责推荐就业。这所学校现在非常红火，常年有学员100名左右。联系我们这次调研过的黎阳职高和报纸上的有关报道，我们有了这样的判断：现在我国的经济发展确实需要大量的技术人员，但最主要的是需要像黎阳职高和长春这家焊工学校培养的专业性很强的技术工人，专业性不强的面向个体服务行业的专业恐怕不是社会急需的人才。我们常能听到不少类似广州10万元年薪招不到一名熟练的焊工的消息，可见这个市场是很大的，这也正是普通大学教育的盲区所在，职业教育的专业设置、人才培养模式应真正追寻市场的需求，提升层次，这也是职教发展的光明所在。另外，许多社会办学力量对市场信息很灵敏，有着很高的办学热情，国家是否应该鼓励多主体办学，对前景看好的民办职校进行资助，让职业教育在公办、民办的竞争中热火朝天地发展起来。

5. 在欠发达地区，我们要用开放的观念来办职业教育

在广大欠发达地区，职业教育与经济之间还远没有达到良性互动关系，值

得注意的是有些职业教育的研究者以及职教工作者提出的一些见解和观点,却往往超越了这一事实,如职业教育要为地方经济发展服务的观点;职业教育要与地方经济互动发展的观点等等。不可否认,这些观点具有一定的理论价值,可就实际价值而言,可能只适合于东部沿海发达地区,不适合欠发达地区。而通过对一些有关欠发达地区职业教育发展思路的分析,则发现其中往往强调如何发展地方特色,如何强化地方政府的责任,如何争取更多的职教经费等封闭式方法多,开阔性思路少。我们认为,就目前而言,欠发达地区职业教育要取得突破性的进展,更应拓宽思路,走一条开放式的发展道路。当前,重要的是突破封闭式发展模式,主动走出去,通过与发达地区合作求发展。

一是欠发达地区职业教育除了继续服务于区域内经济外,还可以寻求与发达地区学校合作形成互信和谐双赢关系,向发达地区学校寻求需求信息,双方共同为发达地区培养技术人员,从而带动职业教育的共同发展。

二是加强与发达地区教育与经济的沟通,通过寻求支援求发展。欠发达地区政府部门应主动寻求发达地区职业学校的支援。《中国教育报》介绍新疆维吾尔自治区人民政府已先行一步,他们将实施"大中城市学校对口支援本省贫困地区学校工程"和"东部地区学校对口支援西部地区学校工程",自治区希望通过此举加快贫困地区职业教育的发展。

三是转变封闭办学的观念,除将教学基地设在当地以外,职业教育的其他环节均可以有多样化的选择;既可在本地招生,也可面向全国招生;既可在当地实习、实训,也可在外地实习、实训;毕业生既可服务当地经济,也可在外地就业。

职业教育对经济发展具有促进作用,但这种作用必须与经济体制改革等经济因素结合起来。随着欠发达地区经济发展的宏观环境的进一步改善,职业教育与当地经济发展的联系将会愈来愈紧密,职业教育最终会形成地方特色,反哺地方经济。

我们应该跳出农业来发展农村,不要以为回农村就只能种田养猪,要办一些技术含量高的、面向城镇化的专业,这样学生爱学,也能切实改进农村的面貌。否则继续学种植,他会觉得跟其他农民一样,还不如不上学跟着家长直接种田。跳出农业服务农村,转移劳动力,这才能真正促进农村产业结构的调整,有利于我国的城镇化战略。

[东北师范大学:农村教育研究所]

吉林省农安县农村职业教育调研报告

农村职业教育农安调查组[*]

一、农安县的基本县情

即使我们正在研究的问题是关于农村职业教育方面的，表面看来似乎与县域的基本县情关系不大，但是在中国此种特殊国情之下，研究职业教育如果不关注基本县情，就等于缺乏基本性的社会背景作为我们分析问题和未来解决问题的强大支撑和有力保证。事实上，也没有哪个县域职业教育的发展现状是与当地的基本县情（尤其是经济状况）毫无关联的。因此，我们有必要在这份报告的开篇对农安县的基本县情作以简要概述。

从 2004 年的情况来看，农安县的经济总量总体上运行平稳。经过初步统计，全年实现地区生产总值（GNP）1084406 万元，按可比价格计算，比上年增长 2.7％。一、二、三产业增加值分别达到 417640 万元、316491 万元和 350275 万元，按可比价格计算，分别比上年增长了 3.1％、1.8％和 3.2％。经济结构和产业结构在 2004 年的进一步调整中也取得了一定成效。第一产业的比重逐年下降，第二和第三产业的比重有所上升。在全县地区生产总值中，第一、二、三产业的增加值占全县地区生产总值的比重由 2003 年的 39.3：29.1：31.6 调整为 2004 年的 38.5：29.2：32.3。2004 年全口径财政收入 66044 万元，同比增长 23.3％，其中财政组织收入（本级财政总收入）26174 万元，剔除财政性因素和一次性税源影响，与上年基本持平，财政总支出 57791 万元。

农安县是吉林省的农业大县，特色产业是玉米深加工和鹅毛。2004 年，全县实现农业总产值 716145 万元，比上年增长 3.5％，实现农业增加值（含农、林、牧、渔和服务业）419323 万元，比上年增长 1.37％。种植业受国家

---

[*] 参加本次调研的人员有：于伟、林丹、吴华、戴军、冯茹、王海南、张释元、陈静漪、栾天。
报告执笔人：林丹。本次调研得到了农安县教育局及被调查学校的大力支持，特致以衷心的感谢。

政策影响，粮食播种面积明显扩大。农安县盛产的粮食作物主要有玉米、大豆和水稻，经济作物主要有葵花籽、蔬菜和瓜类。

农安县的工业经济结构在2004年也得到了进一步优化。全县销售收入500万元以上小型国有工业企业总户数达到56户，工业总产值达到152728万元，比上年增长19.4%，实现利税9884万元，全口径工业总产值680000万元。炼油厂、啤酒厂、合成材料厂等大企业的骨干企业支撑能力得到进一步增强。合隆经济开发区、农安镇工业园区、华家工业园区以及哈拉海工业园区均具有较大发展潜力。

2004年，全县继续把发展民营经济作为县域经济突破的发展重点。全县私营企业和个体工商户发展到20094个，从业人员达到117041人。

2004年末，全县总人口达到1120419人，比上年增长0.46%。其中，农业人口873790人，比上年增长0.72%，非农业人口246629人，比上年下降0.45%。2004年末，全县职工总人数达到46015人，比上年下降2.3%；职工工资总额373869千元，比上年增长4.9%；职工平均货币工资8077元，比上年增长9.1%；剔除物价上涨因素的影响，职工实际平均工资为7807元；县镇居民人均可支配收入5004元；农民人均纯收入3650元，比上年增长5.1%；剔除物价上涨因素的影响，农民实际人均纯收入为3506元。

二、农安县职业教育的发展现状

（一）农安县职业教育发展的基本情况

农安县全县有普通初中67所，职业初中30所，普通高中10所，职业高中2所，职业技术班（主要指初中、普高和综合高中的职业技术班）81个，共有学生3100人。全县共有初高中公办教师8000名，无初高中民办教师；职业技术教师410名，其中专职教师190名，兼职教师220名。

农安县按照《农安县职业教育发展规划》的要求，坚持"多时空入学，多平台毕业，多途径就业"的办学原则，在职业教育方面主要采用的办学形式有对口升学、职业技术学历教育和短期培训。其中，对口升学学制为3年，课程特点是以理论为主，适当配以实践教学；职业技术学历教育以实习和操作为主，理论课程与实践操作之比为4:6，学制一般为2年；短期培训主要是针对一些年满18周岁而急于就业的学生、社会青年及外出打工想要获得一定技能的农民，课程是以实践和动手操作为主。

(二) 农安县职业高中的基本情况 (以2所职业高中为例)

1. 师资现状

本次调研是以农安县的2所职业高中为例,被调查的教师中有95%以上属于在编教师,其中男教师17名,占28.3%,女教师43名,占71.7%。被调查的教师中有83.3%是普通任课教师,其他16.7%的教师还分别担任副校长、教导主任、年级组长和教研组长等行政职务。

(1) 职业高中教师的年龄结构 (见表1)

表1 职业高中教师的年龄结构

年龄	30岁以下	31—35岁	36—40岁	41—45岁	46—50岁	51—55岁	56—60岁
人数	20	18	7	11	2	1	1
比例%	33.3	30	11.7	18.3	3.3	1.7	1.7

从表1可以看出,目前农安县职业高中教师的年龄结构还算比较合理,中青年教师占到75%以上。这为优化师资队伍、提高教师教学水平、改进教育质量奠定了良好的基础。

(2) 职业高中教师的学历状况 (见表2)

表2 职业高中教师的学历状况

	层次	硕士	本科	专科	中专	其他
第一学历	人数		20	26	14	
	比例%		33.3	43.3	23.3	
最后学历	人数	3	49	5	1	1
	比例%	5.1	83.1	8.5	1.7	1.7

从表2我们得出,职业高中教师的学历状况在近年来已经得到大幅度提升。即使教师的第一学历更多集中在大专层次,但是随着终身教育体系的完善和继续学习机会的不断增加,他们中有接近90%的教师可以通过脱产、函授、自考等多种学习方式达到本科及以上学历水平,更好地保证了学校的教学质量得以提升。

(3) 职业高中教师的职称情况（见表3）

表3 职业高中教师的职称情况

级别	初级	中级	高级	未评职称
人数	5	41	7	6
比例%	8.3	68.3	11.7	10

根据表3，农安县职业高中约有90%的教师已经进入到正常的评定职称系列，并且将近80%的教师可以达到中级及以上职称。整体来看，农安县职业高中教师队伍的职称水平相对较高。然而不容忽视的是依旧存在10%的教师由于没有编制、素质较低等各种原因没有纳入职称评定进程。

(4) 职业高中教师的培训情况（见表4）

表4 职业高中教师两年内接受培训情况

培训级别	国家级	省市级	县区级	本校	未接受
比例%	1.7	16.7	38.3	10	30

事实上，教师在职前获得的学历只是他们开始工作的起点和基础，而伴随知识更新和社会节奏的加快，真正能使教师不断得到专业成长和发展的是"在职培训"。从表4我们可以看出，职业高中教师两年内接受培训的情况是不容乐观的。总体来看，他们接受培训的情况是不仅"机会少"而且"层次低"，很显然，这就不利于教师整体素质的提高。同时在调研中我们还发现，在被调查的教师中，只有43.3%的教师参加过从业资格考试，53.3%的教师从未参加过从业资格考试。

(5) 职业高中教师对职业选择的态度

我们在调研中发现，职业高中教师对于自己为何选择这一职业的态度很不一致。问及选择职高教师的原因时，他们中有10%的人认为工作稳定，有41.7%的人是喜欢并热爱职业教育事业，有30%的人认为是生存的需要，有合适机会就会离开，还有10%的人认为这份工作轻闲、空余时间多、可以做其他事情。也就是说，有将近60%的教师不是真正喜欢做职高教师，而只是迫于一些外因维持自己在这一岗位上工作。在调研中，针对"如果有合适的机会，自己不会在职高当老师"这一提法，有40%的教师持非常同意的态度。应该引起关注的是，职业高中教师对于职业选择的这种态度和思想倾向，势必影响他们在工作中的积极性和主动性,也就必然给他们正常的教育教学活动带来一定程度的消极影响。

2. 课程与教学状况

本次调研中我们得知,农安县职业高中课程的设置主要有三个依据:一是根据市场的需要设定,二是根据国家要求与学校实际相结合,三是根据学生的需要,它们的基本比例为3:6:1。学生对学校开设课程的总体感觉不尽相同,基本满意的占51%,不太满意的占18.6%。学生最满意的课程类型中,普通基础课占13.7%,专业基础课占32.1%,专业技术课占34.9%,专业实习课占12%,职业道德课占6.8%。63.6%的学生对所开专业和所学课程的态度是十分喜欢和比较喜欢,其余的学生对专业抱持一般喜欢、不太喜欢、很不喜欢甚至无所谓的态度。问及学生喜欢的课程的主要特征时,53.8%的学生认为"有用"的课程最受欢迎,26.5%的学生认为"有趣"的课程最受欢迎。问及课程不受学生喜欢的主要原因时,22%的学生认为师资水平差,6.9%的学生认为学了这个专业也没有用,67.9%的学生认为课程与学生个人兴趣不符。此外,针对学校的教育教学质量,78%的职高家长认为一般、较低、非常低甚至不了解。

课程与教学质量是一所学校的生命力所在。总体而言,农安县职业高中的课程与教学状况仍有待改善,在学校的课程内容、专业开设、关照学生兴趣等诸多方面仍然存在许多需要改进的地方。

3. 学生情况

本次调研的职高学生中,接近70%的学生家庭居住地集中在乡镇村屯,其父母的平均文化程度也比较低,初中毕业及以下的占72.2%,父母职业主要为农民的比例高达61.9%。

(1) 农村学生为何选择职业高中

一般而言,我们认为,农村学生选择职业高中有三种理由:一是农村高中学校容量不足,导致农民子弟接受普通高中的教育机会偏少;二是大学教育投资成本较高,大多数农村低收入群体接受教育的欲望受到抑制;三是高等教育的多投入和高门槛,让多数农村青少年望而却步。调研中问及学生希望接受的教育层次时,选择高中的占1.7%,选择大专的占14.3%,选择本科的占43.9%,选择硕士及以上的占39.6%。也就是说,几乎全部学生还是一心想通过接受普通高中教育进而升入大学学习,而不会在初中毕业后选择进入职业学校学习。74.5%的学生谈到在普通高中毕业后最大的愿望是升学,只有25.8%的学生选择就业。

随着普通高中的进一步扩招,职业高中到底用什么吸引学生?农村学生为何选择职业高中？通过调研我们看到，学生选择职高的初衷是各不相同的。20.8%的学生是为了能找到一个好工作，18.9%的学生是喜欢某个专业，30.2%的学生是因为毕业时能对口升学，22.1%的学生是因为没有考上普通高中而被迫来到职业学校。由此可见，50%以上的学生依旧是为了升学的目的而选择职业高中，是借助职业高中可以对口升学这一优势而选择了职业学校。当然，之所以学生会选择职业高中，62.3%的学生是自己的选择，这充分证明，学生选择职业高中主要还是尊重了自己的想法而不是被迫的行为。

(2) 学生在职业高中的学习状况

职业高中相比普通高中来说，学习节奏和过程是相对缓慢和平和的。毫不隐晦地说，由于职业高中的学生是在中考中失利的所谓的"学业失败者"，因此总体而言，学生在职业高中的学习状况也是不尽如人意的。本次调研中我们发现，职业高中学生在学习过程中有信心和感兴趣的程度比较低，对学习"非常有信心"的学生仅有35.3%，对所学专业"非常感兴趣"的学生只占37.9%。在学习过程中，学生能够"严格按照计划学习"的学生只占9.2%，其余90%以上的学生都是从不制定、偶尔制定和制定但不能严格执行学习计划。对所学内容能够坚持预习和复习的学生只有2.6%，其余97%以上的学生从不或偶尔做预习和复习。面对考试，51.4%的学生只在考前突击学习两周或考前一两天才开始准备。因此，学生对专业知识和专业技术的掌握程度"十分熟悉和比较熟悉"的学生只占27.8%，其余大部分学生只是有所了解，甚至基本不会、一点不懂。

(3) 职高学生业余时间的活动内容（见表5）

表5 职高学生业余时间的活动内容

活动内容	人数	比例%
上网聊天	84	15.8
打游戏	14	2.6
逛街，购物	96	18
打球	75	14.1
和同学聊天	129	24.2
学习	55	10.3
看课外书	46	8.6
其他	32	6

我们从职业高中学生业余时间的活动内容安排，就可以看出他们的基本生活状态。从表5可以得出，处于这一年龄阶段的学生是十分渴望与他人交流的。40%的学生选择了在课余时间聊天，无论是通过网络还是通过同学，事实上都是他们希望与外界沟通和取得理解的表达方式。逛街、购物实质上也体现了一种与他人的交往过程，因为这一活动一般都是通过集体活动的方式。这也从另一方面看出，职业高中的学生对于学习的兴趣要远远小于与外界的交往和交流。

（4）职高学生的毕业去向

调研中我们得知，农安县职业高中毕业生的毕业去向主要有：外企占到1.7%，私营企业占到25%，自谋职业占到31.7%，回乡务农占到1.7%，升学占到26.7%，参军占到3.3%，其他占到6.7%。职业学校的就业制度是："订单式"培养占46.7%，各种类型招聘会占5%，校企合作占36.7%，其他占10%。农安县从2005年初开始，各级各类职业学校通过沟通和协调，以"联合办学"和"订单培训"等形式，分别与天津天钢技校、吉林电子信息高级技术学校、青岛信息工程学校、长春医药化工工业技术学校、长春市第二中等专业学校、吉林省职业技术学校、长春市高新职业技术学校、天津移动电子、天津三星等32所院校和27家企业建立了长期关系，为毕业生提供了广阔的就业空间，以此确保"招得进"的学生也能"送得出"。

4. 实习、实训基地情况

必须承认，目前农安县的职业高中实习和实训基地是相对滞后的。比如，本次调研中我们了解到，农安县职业教育中心只有1个电工、电子、电拖实习室，2个微机室（机器老化，配置较低，不能满足教学操作要求），1个简陋的服装实习室（共有25台老式缝纫机，其中19台已不能使用），这些实习设备根本无法满足计算机专业、服装专业、机械加工等专业的实习和实训要求。而现有生源对专业的需求，却都集中于这些专业，这就造成严重的供给不匹，形成恶性循环。

（三）农安县普通初中的基本情况（以6所普通初中为例）

1. 师资现状

本次调研是以农安县的6所普通初中为例，被调查的教师中，有13.2%担任过或正在担任绿色证书课程的教学工作，其余85.3%都没有担任过此类课程的教学工作。

(1) 普通初中教师的年龄结构（见表6）

表6 普通初中教师的年龄结构

年　龄	25岁以下	26—35岁	36—45岁	46—55岁
人　数	2	73	41	12
比例%	1.6	56.6	31.8	9.3

从表6可以看出，目前农安县普通初中教师的年龄结构还算比较合理，中青年教师占到90%以上。显而易见，这为优化师资队伍、提高教师教学水平、改进教育质量奠定了良好基础。

(2) 普通初中教师的学历状况（见表7）

表7 普通初中教师的学历状况

	层次	中专或高中以下	中专或高中	大专	本科	本科以上
第一学历	人数	5	59	53	9	1
	比例%	3.9	45.7	41.1	7	0.8
最后学历	人数	3	2	29	91	2
	比例%	2.3	1.6	22.5	70.5	1.6

从表7我们得出，农安县普通初中教师的学历状况在近年来已经得到大幅度提升。即使教师的第一学历更多集中在中专、高中或大专层次，但是随着终身教育体系的完善和继续学习机会的不断增加，他们中有90%以上的教师可以通过脱产、函授、自考等多种学习方式达到本科及以上学历水平，这就更好地保证了学校的教育教学质量。

但是，我们在调研中也发现了一个不容忽视的现象，即教师的任教学科与所学专业相同的只占56.6%，也就是说，有接近一半的教师目前所教科目不是自己的原本专业。问及教师的职业技术培训情况时，只有41.1%的教师接受过相关技术培训，没有接受过相关技术培训的比例高达55.8%。

(3) 普通初中教师的职称情况（见表8）

表8 普通初中教师的职称情况

级别	初级	中级	高级	未评职称
人数	14	110	3	1
比例%	10.9	85.3	2.3	0.8

根据表8，农安县普通初中几乎都可以进入到正常的职称评定系列，并且有85％以上的教师可以达到中级职称。整体来看，农安县普通初中教师队伍的职称水平相对较高。

2. 课程与教学状况

(1) 普通初中是否应该开设职业教育课程

普通初中阶段属于国家法定的义务教育阶段，是否应该开设职业教育课程，一直是我们争论不休的议题。在本次调研中我们发现，80.4％的学生希望学校开设职业技术课程，主要理由是可以掌握一门职业技能和有助于培养实践能力；18.9％的学生不希望开设职业技术课程，其中64.7％的学生认为现在学习压力很大，学这些知识会加重学习负担。44.7％的学生认为，学校应面向对职业知识和职业技能感兴趣的学生开设职业技术课程。关于课程内容，34.5％的学生认为应该学习面向农业生产的技术知识，如果树栽培和养殖等，23.1％的学生认为应该学习进城务工的技术知识，如车工、技工和建筑装潢等，41.3％的学生认为应该学习面向服务业的技术知识，如驾驶、烹饪、美容美发、家政等。

(2) 绿色证书课程在普通初中的实施情况

教育部与农业部于2001年6月联合印发了《关于在农村普通初中试行"绿色证书"教育的指导意见》，决定在农村普通初中逐步推广"绿色证书"教育。农村普通初中进行"绿色证书"教育的原则是：在达到九年义务教育要求的前提下，坚持为当地经济和社会发展服务，为学生的发展打好基础；以学生的全面发展为目的，引导和帮助学生树立终身学习的观念，加强通用技能、职业意识、创业精神的培养，避免过早职业化；根据实施地区的地理条件、农业经济、科技、主导产业等情况并考虑到当地农民的意愿，因地制宜地选择"绿色证书"教育的具体内容；严禁增加学生课业负担和经济负担。

根据本次调研，学生对绿色证书课程的学习态度普遍存在"不太重视"，比例高达70.6%。80.7%的学生对学校绿色证书课程的评价是"一般"和"较差"，60%的学生认为学校的绿色证书课程对自己将来的发展没有帮助或者帮助十分有限。此外，被调查的初中教师对绿色证书课程的总体评价也不是很高，只有38.8%的教师认为绿色证书课程的教学质量较高，认为教学质量一般的教师占到52.7%，还有7%教师认为教学质量较差。

但是同时我们也应看到，即使在农村普通初中绿色证书课程的实施效果也不是十分理想，却有将近82.2%的教师认为农村初中有必要和应该开设实用技术方面的绿色证书课程，其主要理由是：7.8%的教师认为这有助于开阔学生视野，64.3%的教师认为这有助于学生习得一技之长，为就业打好基础，4.7%的教师认为这有助于培养学生热爱家乡的情感，还有19.4%的教师认为这有助于培养学生的实践能力。教师普遍认为，绿色证书课程主要学习的职业技术知识应包括：面向农业生产的技术知识，如果树栽培和养殖等；进城务工的技术知识，如车工、技工和建筑装潢等；面向服务业的技术知识，如驾驶、烹饪、美容美发和家政等。与之相反，还有14.7%的教师认为没有必要、也不应该在农村初中开设绿色证书课程，他们的主要理由是：40.3%的教师认为升学考试不考，这加重了学生的学习负担，9.3%的教师认为学这些东西用处不大，34.9%的教师认为学校缺乏开课条件。

关于绿色证书课程的开设时间，教师们说法不一。26.4%的教师认为应在学生入学后贯穿初中三年全过程，9.3%的教师认为应在初二年级开始到学生毕业，26.4%的教师认为应在初三年级开始到学生毕业，31%的教师认为应在初中一、二年级。

3. 学生情况

本次调研中，被调查的普通初中学生的家庭居住地主要集中在乡村镇屯，比例占到98.1%，父母职业为农民的占到60.9%。总体而言，初中学生对职业教育的兴趣和愿望比较平淡。93.3%的学生毕业后的最大愿望是进入普通高中继续升学，只有6.4%的学生可能会选择职业学校。而如果毕业后不准备进入普通高中继续升学，主要原因也是因为家庭生活困难，希望早点工作，这样的学生比例达到49.6%。此外，家里不支持升学的占到2.1%，对学习不感兴趣的占到12.9%，还有学生想到外面闯一闯的占到34.3%。同时，在调研中我们还发现了一个不容忽视的问题，即如果学生没有考入普通高中，40.4%的学生不会选择进入中等职业学校，主要原因是：15.3%的学生认为没有自己喜欢的专业，21.4%的学生认为毕业后不好找工作，36.7%的学生认为学费太多，家里负担不起，24.5%的学生会复习一年后再考普通高中，还有1.6%的学生感到上中等职业学校没有面子。

三、农安县职业教育的发展特色

农安县职业教育的发展特色十分明显，即在农村普通初中设立"职业教育预科班"。由于农安县地处经济状况并不发达的省份，基于"普九"工作有一定难度，所以从2005年3月1日始，县教育局根据县委、县政府的精神在全县30所农村初中成立了"职业教育预科班"。科学合理地设置初中职业教育预科班，是做好初中分流工作的重要保障，也在一定程度上缓解了初中学生的失学和辍学现象。全县预科班共招生1685人，其中初三分流1371人，流失返校184人，往届回读130人。

（一）分流形式

农安县的"职业教育预科班"实行"2.5+0.5"的分流形式，即在初中学生三年级上学期期末实行分流，部分学生进入职业教育预科班，接受职业预备教育。也就是说，职业教育预科班实质上只对初三下学期分流班的课程作出一定调整。

（二）招生方式

学生在初三下学期坚持"自愿性"原则到职业教育预科班学习，同时还动员初二流失生及往届没有升学的初中毕业生参加职业教育预科班学习。

（三）课程设置

1. 基础文化课

基础文化课除了语文、数学、外语、物理、化学和计算机应用基础六门必修课外，还要保证开设一定学时的体育、音乐、美术和活动课程。

2. 职业通识课

职业通识课分为必修课和选修课两个模块。具体而言，包括职业道德与职业指导、礼仪课、应用文写作、劳动安全常识、法律法规以及种植、养殖基本技术。

3. 开课比例

基础文化课与职业通识课的课时比例大致为1∶1。（详见表9：初三下学期分流班课时安排）

表 9 初三下学期分流班课时安排

科目＼课时	周学时	周数	实际授课
语 文	4	15	60
数 学	4	15	60
物 理	2	15	30
化 学	2	15	30
外 语	4	15	60
体音美及活动	4	15	60
班团会	1	15	15
职业通识	12	15	180
计算机应用基础	2	15	30
总 计	35	15	525

在此需要说明的是，无论是基础文化课还是职业通识课的教学，职业教育预科班都非常侧重培养学生形成以下三方面素质：（1）正确的人才观和职业观，热爱家乡、建设家乡的思想观念，较强的市场经济意识，良好的职业道德；（2）与当地生产发展适应的文化知识，包括基础文化知识和农村基本实用知识；（3）具有基本的农村致富实用技能，初步学会或掌握一门技术。

（四）师资安排

农安县职业教育预科班的师资主要采用专职和兼职相结合的方式。具体做法是：基础文化课的教师由本校调剂，打破年级界限，选择较优秀的教师按照初中职业教育预科班的课程指导意见进行专题授课。职业通识课是选用一名专职教师负责，同时担任班主任工作，由教师进修学校责成教研室统一培训。农村实用技术课程可以根据当地情况由绿色证书教师担任。

此外，在职业教育预科班的发展进程中，农安县教育局还组织专业人员根据课程需要编撰了 60 万字的《农村初中职业教育预科班课程指导纲要》和《农村初中职业教育预科班通识教材》，并组织 352 名预科班教师进行了为期三天的集中培训。教育局专门下发了《全县职业教育预科班管理办法及细则》，并专门召开了全县职业教育预科班工作现场会议，在有效促进教学质量提高的同时，也为进一步做好职业教育工作积累了一定经验，建构了职业教育的创新模式。目前，在这些预科班毕业生中，已有 910 人到上级职业学校继续完成职业教育学业，剩余的 775 名学生除了部分已经进入普通高中就读外，多数都通过短期培训加入了劳务输出队伍。

四、农安县职业教育发展的困境

（一）职业教育的合格师资匮乏

必须看到，职业教育不同于普通教育最重要的一个特点，就体现在对教师的素质要求方面，即要求教师既具有扎实的理论功底，还应有娴熟的职业技能，也即我们所说的"双师型"教师。本次调研中，被调查教师中的"双师型"教师只占 41.5%，而将近 56.6% 的教师仍然是"非双师型"教师。在对职高学生的调研中，我们还特别发现，目前职高学生最喜欢的教师类型是不仅要讲课好，更重要的是要有亲和力以及与他们有共同语言。学生对教师期望和要求在不断升高，而职业教育领域可以让学生满意的教师少之又少，合格师资极度匮乏。

（二）职业教育的仪器设备和实习、实训基地缺乏

职业教育相对于普通教育而言，办学成本之所以偏高，正是因为职业教育的技术载体是一些非常昂贵的仪器设备和实习、实训基地。显而易见，没有必要和充足的仪器设备和实习、实训基地，职业教育发展的生命力根本无法焕发，只能受到遏制。调研中我们看到，有 31.2% 的职高学生对选择职高无所谓、有些后悔和十分后悔。而他们感到失望的主要原因便是"学校条件较差"，也就是我们所说的仪器设备和实习、实训基地缺乏。许多农村青少年宁可通过学徒方式习得职业技能，也不会选择进入职业学校。

必须看到，长期以来我国政府一方面对教育投资总体不足，教育开支只占全国生产总值的 2.3%（还不如低收入国家平均 3.3% 的水平），另一方面政府的教育投资又偏向城市，全社会的教育开支有 77% 被城市使用，农村仅占 23%[①]。各级政府对农村职业学校的经费投入严重不足，导致学校必要的教学设施无力购置、基地无法开发、实验无法进行。经费不足还直接制约了农村职业学校适应市场需要和调整培养方向等诸多方面的健康发展。

（三）职业教育的经费投入严重不足

目前，农安县的实习、实训基地建设和发展中存在诸多制约因素，其中来自经费投入不足的制约力量就占了 68.2% 以上。职业教育以培养良好的职业技能为宗旨，必然要以一定的物质技术设备和实验实习基地为根本点和支撑点。职业教育的这一办学特点，充分决定了职业学校的办学成本非常昂贵，一

---

① 曹晔. 政府履行农村职业教育职责的理论依据与实现形式. 职业技术教育，2004 (22).

般来说是普通教育的三倍。而目前，农村职业学校发展最重要的经费来源仍然是政府财政拨款。即使国家有《职业教育法》及相关政策的规定和保障，农村职业教育的经费投入依旧严重不足。职业教育的成本远远高于普通教育，本需更多投入，但政府对职业教育的投入却远远少于对普通教育的投入。职业教育的经费投入严重不足，大大制约了农村职业教育的持续发展。

正如调研中我们所了解到的，由于农安县的地方财政困难，对职业学校的经费投入微乎其微，许多农村职业学校无力购进必备的教学设施，很多学校教学设备陈旧落后，无法满足教学需要，教学实践环节薄弱，实践、实习基地不能重点建设，实验实习设备陈旧，数量不足，质量不高，严重影响了教育教学质量。此外，由于经费紧张，教师培训、进修不能得到兑现，教育教学信息化、现代化更是无力实现，教师的生活得不到改善，严重制约了农村职业教育的改革和发展。

（四）职业高中学生的基本素质普遍较差

职业高中的学生大部分是在中考中失利的所谓"学业失败者"。在调研中我们发现，这些所谓的学业失败者不仅在学业方面的确潜力有限，在日常生活、思想品德、行为举止等各个方面都表现出不同程度的不良意识和消极态度。总体而言，职业高中学生的基本素质是不容乐观的。本次调研中，被调查的职高教师普遍对目前所教学生的评价是"不大满意"或"很不满意"，这样的比例占到48.3%。同时，在职高教师对学校的改进建议中，认为"生源素质应该得到改善"的教师占到61.7%。这些结果都说明了职业高中学生普遍较差的基本素质是影响职业学校发展十分重要的制约因素。

（五）各方对职业教育的重视程度仍然十分不够

农村职业教育在生存和发展中困难重重，与全社会、各级政府、学校教师及学生家长等各个方面对职业教育的认识和重视程度不够有着密切关系。

首先，各级政府观念滞后，没有对普通教育和职业教育一视同仁，在一定程度上存在"重普教，轻职教"的思维误区。即使各级政府都对职业教育的发展出台过相关文件，但始终限于文件，流于形式，落实缺位，停留于一般性的号召和提倡。由此而来，职业教育的发展便很自然地缺乏总体规划，目标不明确，责任不落实，措施不到位，致使其办学艰难、发展缓慢。

其次，调研中我们发现，即使是任教于职业高中的普通教师对职业教育的认同感也是极低的。问及职业教育与普通教育相比之下的重要性时，他们中认为"更加重要"的只有48.3%，50%的教师认为"无所谓"、"不重要"甚至"一点也不重要"。作为职业高中的教师，他们对职业教育感兴趣的程度也不是很高，"非常感兴趣"的教师比例只有41.7%。作为切身工作在职业教育领域的职高教师对职业教育的重视态度尚且如此,又如何奢望其他人能对职业教育高度重视?

第三,职高家长对职业教育的认识和重视相当不够,绝大部分送子女上职业高中的家长并不是抱着让子女学习技术、增长本领的初衷。被调查的职高家长中,希望子女读本科以及硕士以上的占到94%。问及家长送子女读职高的原因时,28.1%的家长认为职业高中可以对口升学,虽然子女不一定能考上大学,但职高更容易考上大专或其他学校;54.7%的家长希望子女能够通过职业高中考上大学,脱离农村;14.1%的家长是因为子女没有考上普通高中,而只能选择职业学校。总体而言,家长仍然把读职业高中看成通往大学的一种选择,对职业教育本身的功能和价值没有考虑或考虑很少。此外,虽然在我们调查的职高家长中,家庭年收入主要用于教育的支出会占到65.6%的高比例,但是认为教育程度与经济收入成正比的家长只占25%,约72%的家长认为教育程度越高,收入不一定越高。在调查初中学生家长时,我们也有同感,46.3%的家长并不认为教育程度越高,收入也越高,只有44.1%的家长认为它们二者成正比。从这一点来看,家长在子女教育投资方面是存在一定矛盾心理的。

(六)职高学生的家庭经济负担过重

表10 职高学生家庭人均年收入

收入(单位:元)	500以下	500—1000	1000—2000	2000—3000	3000—5000	5000以上
人数	9	11	19	4	8	11
比例%	14.1	17.2	29.7	6.3	12.5	17.2

表11 职高学生家庭年教育支出

支出(单位:元)	1000以下	1000—1500	1500—2000	2000—2500	2500—3000	3000—3500	3500以上
人数	4	16	14	16	8	3	2
比例%	6.3	25	21.9	25	12.5	4.7	3.1

根据表10和表11,我们可以看到,职高学生的家庭年教育支出集中在1000—2500元,而职高学生家庭(按照每个家庭2人的人均收入算)的年均现金收入大多集中在1000—3000元,这已大大超出了家庭的全部支付能力。当然,我们也看到,有将近30%的家庭年均现金收入可以达到3000—5000元甚至更多,但是即使在这样的家庭里,年教育支出也会占到全部家庭收入的

1/3—1/2 的高比例。这种教育"高消费"对于这些普通农村家庭来说是实难承受的。同样的情况也出现在我们对普通初中学生家庭的调研结果中。在被调查的普通初中学生家庭中,年教育支出占年家庭支出的比例为：1/2 以上的占 15.6%,1/2 的占 18.9%,1/3 的占 28.7%,1/4 的占 15.3%,1/5 的占 9.4%,1/6 的占 6.8%,更低的占 5%。也就是说,年教育支出占年家庭支出的比例同样大多集中在 1/3—1/2。

农民增收困难,无力支付过高学费,这是摆在我们面前的实际情况。然而,农村职业学校投入不足,学校也只有采取自筹经费,必然增加学生学费和家庭负担。学生接受职业教育的培养费用居高不下,使许多农村初中毕业生无法进入农村职业学校学习。从全国的情况看,在对职业学校毕业生的货币收益分析中发现,中专生学费年均 1500 元左右,加上食宿和其他费用,3 年累计高达 13000—20000 元。而目前农村的年人均收入全国平均仅为 1700 元,如果毕业后不能正常就业,还要承担找不到工作的风险,而且在贫困地区求学投入的回报更低。因此,农民不愿接受职业教育也就在所难免了[①]。而且,愈是经济不发达地区,职业教育的发展就愈加艰难。应该说,农安县的职业教育目前就正面临这样的发展困境。

(七) 农村初中绿色证书教育遭遇尴尬

在农村初中升学率还不可能达到很高的情况下,让农村初中既发挥文化育人功能又发挥服务地方经济功能,让所有初中在校生都接受职业渗透教育,应该说这是从实际出发在农村初中实行绿色证书教育的一个良好初衷。从初一到初三的教学过程中,有计划地适量渗透职业教育,根据学生家庭所从事的主要生产项目和学生兴趣来确定渗透的技术内容,按学生不同的爱好兴趣和家庭生产需要组成不同兴趣小组,使学生在校学技术,回家能实验,这的确增强了普通初中的学校吸引力,一定程度上激发了学生的学习兴趣。

然而,绿色证书教育在实际的实施过程中,确又遭遇层层阻碍。调研中我们发现了以下一些问题：来自"经费投入不足"的制约力量大约占到 25.9% 的比例,来自"教学内容脱离实际"的制约力量大约占到 10% 的比例,来自"专业教师不足,教师业务能力低"的制约力量大约占到 14.3% 的比例,来自"对职业教育不重视"的制约力量大约占到 20.9% 的比例,来自"缺少教学设施与设备,实习基地缺乏或建设不足"的制约力量大约占到 28.8% 的比例。此外,农村初中绿色证书课程教学存在的困难主要有：教学参考资料不足,实验设施和设备条件较差,实习基地建设不足,缺少实习基地,学生缺乏学习兴

---

① 王清连,等. 小康社会建设与农村职业教育制度创新. 职业技术教育,2004 (22).

趣，教学内容不符合学生和经济发展的要求，师资水平不高，需要专业培训。这些阻滞因素的顽固存在，已经严重制约了农村初中绿色证书教育的正常实施。

五、农安县职业教育发展困境的成因分析

(一) 职业教育发展困境的内部原因

1. 农村职业教育的发展取向不明

发展取向，主要是指以何种价值模式作为事物的发展方向，既是事物的发展方向，也是事物正常发展所必须坚持的前提。没有切合实际的发展取向，事物的发展不仅会受阻滞，而且有可能造成破坏性影响。任何事物的发展取向，直接关系着这一事物能否健康有序发展。农村职业教育到底应该如何发展？是为城市输送人才还是为农村培养人才？其发展取向是什么？

20年来，农村职业教育为国家的建设和农村的发展培养了大量实用性人才。但时至今日，它还基本游离于农民培养之外，从未脱离以学历教育为主的轨道，造成了农村职业教育资源的浪费。我们不得不承认，"以输送人才为目标"的职教办学观的树立，是一种办学观念的错位。农村职业教育本应为当地培养具有较高思想素质、科技文化水平以及熟悉现代经营管理的农村干部和农业劳动者。但是，目前的农村职业教育现状却无法承担这一重任，还没有从根本上摆脱传统计划经济模式。这主要表现在职业教育的办学观念仍然是以脱离农村或升学为目标，没有树立为农村服务、为农村经济建设服务、为提高农业劳动者素质服务的办学方向，这就必然使办学走入困境。因为无论从哪方面看，农村职业教育与普通教育或发达地区和发展中地区的职业教育条件都不能相比，质量和规格也必然带有地区条件的局限性。此外，农村职校毕业生的流动成本较高，流动的可能性较小，往相对发达地区的输送难度较大，即使能够找到一些工作，也多属社会地位和待遇较差的岗位，所以农村职校毕业生的就业机会必然受到限制。因此，农村学生获得美好生活的唯一希望，就必然是把目光投向普通教育，通过升学走出农村。由此而来，农村职业学校在发展过程中就必然会出现生源匮乏、办学困难等诸多问题。

因此，农村职业教育的办学取向也应是为推动当地经济发展、为当地现代化建设服务。也就是说，农安县农村职校的办学更应实行"本土化"，着眼于本地经济发展，落脚于本地流动就业。由此，其农村职业教育才能真正找到现实土壤，获得长久生命力。

2. 社会及地方政府对农村职业教育的重要地位认识不足

不容忽视的是，社会及地方政府对农村职业教育在农村现代化建设中作用

的认识依然很不到位，工作中没有给予足够重视和支持，存在着"重普教，轻职教"的思想倾向。比如，农安县地方政府存在着对技能人才培养和培训的忽视，造成农村劳动者的职业技能和创业能力与劳动力市场需求有较大差距，由此农村职业教育也受到极大挤压和扭曲，形成了职业教育的严重滑坡局面。同时，"重工轻农，重商轻农"的传统思想也在侵蚀着农村劳动者的头脑，使农村劳动者甚至农村地方政府对农村职业教育缺乏参与热情，导致农村职业学校生源严重不足，甚至面临生存危机。

进而言之，社会及地方政府对职业教育认识不足的主要根源在于对职业教育的宣传力度较差，社会民众对职业教育存在认识上的偏见。这主要体现在对党和国家有关职业教育的政策、法律、法规宣传力度不够，特别是对《职业教育法》的学习、宣传、贯彻、落实不到位，对构建学习社会和终身教育缺乏足够认识，没有在全社会营造起重视、关心、支持、参与职业教育的良好氛围。目前，社会民众对职业教育的重要性认识依旧不深、理解仍然不够，还是一味认为子女"读了初中读高中，读了高中读大学，读了大学有工作"是理所当然和顺理成章的事，认为子女读了职高没有出路，花了钱也难找工作。

3. 农村职业学校的教育质量普遍不高

农民是最讲求实惠的一个群体。他们送子女到农村职业学校学习的目的，就是希望他们能够真正获得有用的知识和有用的技术，增加生存技能和本领。而通过这次调研我们得知，69.8%的家长认为农村职业教育的教学质量"一般"或者根本怀有"不满意"的态度。究其原因，主要就是因为学校教育条件较差、教育内容陈旧、无法满足职业教育的实践需要、与就业市场联系不紧、学生无法学习一技之长。总之，农村职业学校的教学质量普遍低下引起了家长的强烈不满。虽然目前农村职业学校同时具有对口升学的功能，但却并不能因为这样削弱职业学校本应具有的和更加重要的办学宗旨——为农民、农业和农村服务。这才是农村职业学校存在和发展的基础。然而，当前农安县一些农村职业学校的教材过于陈旧和落后、技术过于传统和常规，已不能适应当前农村经济发展的需要，这大大减弱了农家子弟选择职业学校的积极性，从而造成职业学校生源缺乏和流失严重的现象。农村职业学校的教育质量普遍不高，已经严重阻碍了农村职业教育的健康发展。这就要求农村职业教育在加强理论教学的同时，突出实践性教学环节，强化学生实践技术的培养，真正使每个学生能够学有所长，成为致富一方的好手和科技兴农的带头人。

(二) 职业教育发展困境的外部原因

1. 农村社会的经济发展缓慢

中国的改革肇始于农村，首先取得改革成功的也是农村。自从我国农村实行以家庭经营为主的联产承包责任制后，农民长期被压抑的生产热情在政策的拉动下被充分激发出来，从而使我国农业在上世纪末出现了"世界经济奇迹"。这不仅初步解决了农民的温饱问题，而且为整个国家经济与社会的发展提供了必要的物质基础。而随着农民生产热情的消退，农村经济发展显现出速度减慢甚至徘徊的状况。以家庭为经营单位的中国农村生产与逐步走向市场化的社会经济发展之间的矛盾越来越突出，主要表现为单户独干、自给自足与生产规模化和现代化之间的矛盾。矛盾冲突形成的直接原因包括：一是建立在直接经验和手工工具为生产基础的中国农业，缺乏对现代科学技术、先进生产资料和管理方法的需求。这是根植于中国农村这块土壤上农村职业教育难以茁壮成长的根本原因。二是以直接经验和手工工具为基础的传统农业在快速增长的整个国民经济和社会发展中显得相对滞后。这是中国农村职业教育与其他教育类型相比难以获得均衡发展的另一重要原因。

农安县地处农业大省，普遍存在的"增产不增收"、"卖粮难"、"农民负担过重"等诸多现实问题，直接影响了农民从事农业生产的积极性，也直接影响到了农村职业学校的发展。我国农村实施的职业教育实质上是一种就业教育，市场需求、就业前景如何直接关系到该专业的存在与发展。归根结底，农村职业教育就业渠道不畅，就业后发展前景黯淡，在很大程度上影响了农村职业教育的发展。这里不妨把农村经济与农村职业教育比作"水"与"鱼"的关系，有多深的水就能养多大的鱼。农村社会经济发展的滞后，不仅不能提供教育充分发展所需的人、财、物，而且不能充分消化、吸收既有毕业生，进而加剧了农村职业教育发展的迟缓。

2. 中国社会的传统观念问题

受到中国社会几千年来传统观念的影响，职业教育一向备受歧视。在人们心中，普通教育能为社会培养"精英"，被视为"正规教育"，而职业教育却只是针对那些升学无望的学生的"次等教育"，被称为"匠人教育"。目前，农安县的经济水平还很不发达，农民生活水平依然不高，经济地位的差距和社会地位的悬殊，造成了城乡间现实生活中如就业、医疗、住房、养老、保险等诸多方面的不平等。由此看来，农民不愿意让自己的子女就读于农村职业学校，"上大学，留城市，找份体面工作"才是他们真正所希望的。职业教育常陷入比普通教育低一等的无奈和尴尬：职教"不正规"、"没前途"、"不情愿上"是较为普遍的社会认识；考分低、品行差、落榜生、失败者是给多数职校生的社会定位；职校教师们常为职称评定、工资待遇、社会地位不如普高教师而烦恼不已；"升学率"至上的评价标准让职校校长们屈居次位；在发展规模上，职业教育似乎是高中阶段确保普高数量之后的缓冲带或蓄水池；在办学经费上，高成本的职业教育反而投入很低；在收费标准上，门庭若市的普高学费大大低于门前冷落的职业学校，而职业学校绝大多数学生又来自于低收入家庭；在招生机制上，分批次录取也是先普高、后职教；在升学机会上，普高上大学的比例越来越高，中职学校上高职升大学的通道却还很狭窄……诸多教育不平等现象，其根源都是职业教育的弱势地位。

我国虽是一个农业大国，但从历史角度看，却有着悠久的"轻农"意识。在封建社会，由于崇尚官僚士大夫，所以整个社会中就有"万般皆下品，唯有读书高"的观念。那个时候，只要稍有条件的农民，就会千辛万苦培养自己的子女读书，让子女出人头地，摆脱耕作的劳苦。到了现代社会，工业化的推进使城乡之间的差距开始拉大，城乡居民的生活水平也出现很大差距。此外，我国实行的户籍制度，人为将农民和城镇居民划分为社会地位不同的两个阶层，那么，中考和高考就自然成为农民改变自己身份和社会地位的主要途径。尽管近几年我国的户籍制度有所改变，但长期以来形成的由户口标签带来的社会对农民身份的定位和农民对自己身份的厌恶，加上高校招生政策的逐步放宽使得农村学生能够有更多机会进入更高学府学习，从而彻底摆脱农村生活和农民身份，在入学选择时，他们更多会选择"普高"而不会选择职业学校。有目共睹的一个重要事实就是，为了获得更多生源，农村职业学校增加了"对口升学"的功能。这从一个侧面反映出，职业学校为了维持自身的生存和发展，这也是不得已而为之。

农民的传统择业观念是农村职业学校萎缩的重要原因。随着农民生活水平的不断提高，多数农民家长希望自己的子女能受到更高层次教育，毕业后离开农村，找到理想工作。"官本位"、"学而优则仕"等传统观念虽然一直受到批判，但事实上这些观念非但没有遭到彻底清算，反而更加根深蒂固。事实上，教育分流①本来符合社会分工和个体差异的要求，也有利于全面实施素质教育。特别是普通高中教育和中等职业学校教育，类型和特色不同，不存在高低好坏之分。然而，初衷良好的"选择性分流机制"在现实中扮演的却是"淘汰性分流机制"的角色，它不自觉地变成了"一流"和"二流"教育的分水岭。职业教育在学历社会、精英教育、高考制度等浓厚的大众情结之下自然地被"边缘化"了。

3. 社会就业准入制度不健全

到目前为止，我国尚未形成规范化的就业准入制度和就业机制。《职业教

---

① 教育分流是世界各国普遍存在的现象，是在接受一定年限的基础教育后，根据个人意志和社会需要进行学习途径的选择。我们所指的"教育分流"，一般是指初中后普教和职教的分流。

育法》规定:"国家实行劳动者在就业前或者上岗前接受必要的职业教育的制度。"《国务院关于大力推进职业教育改革与发展的决定》中也明确提出:"大力推行劳动预备制度,严格执行就业准入制度。用人单位招收、录用职工,属于国家规定实行就业准入控制的职业(工种),必须从取得相应学历证书或职业培训合格证书并获得相应职业资格证书的人员中录用;属于一般职业(工种),必须从取得相应的职业学校学历证书、职业培训合格证书的人员中优先录用。从事个体工商业经营的,也必须接受职业教育和培训。劳动保障、人事等部门要加大对就业准入制度执行情况的监察力度,加强监督管理,对违反规定,随意招收未经职业教育或培训人员就业的要责其纠正并给予处罚。"然而,由于执法力度不够等多种原因,现实中的劳动准入制度一直处于失控状态。一些用人单位,特别是私营企业,可以肆无忌惮地继续招聘未经职业教育和职业培训的低素质劳动力。"无证就业"大量存在,不仅占用了农村职业学校毕业生的就业机会,也对农家子弟接受职业教育的欲望、热情和积极性产生了一定的压制作用和消极影响。

六、农安县职业教育发展的可能路径

职业教育发展的可能路径问题,是最为重要也是最难的一个问题。因为任何问题的真正解决,都不能依靠"纸上谈兵",而是有赖于现实情境中的"实践智慧"。在本报告即将结束的时候,有必要对农安县以及其所能代表的一些地方的共同现实问题尝试性地作以解困。即使它的力量可能十分微弱,而只希望能为农村职业教育的真正发展提供一些有益的参考与借鉴。

(一) 社会全员观念的转变

说到底,重视农村职业教育追求的是社会稳定,体现了一种底层关怀意识。进入21世纪,随着经济增长方式的转变,世界经济大门的敞开,我国劳动力素质的薄弱将成为经济发展的最大障碍。这必然要求我们在制定社会经济发展规划中要充分认识到"提高农村劳动力素质是社会经济发展的治本之策"。社会全员都应解放思想、转变观念,倡导多样化的人才成长之路。我国是一个70%人口在农村的农业大国,这一国情决定了我国优先发展农业的重大意义。发展农村职业教育,是教育合理分流的需要。必须承认,个人的天赋和特长不尽相同,客观上决定了不可能每个人都能上大学、当白领。社会在不断发展,国家需要各行各业、各种各样的人才,更需要形成一个相对稳定的多元人才结构。"三百六十行,行行出状元。"因此,各级政府和教育行政部门要通过多种途径,宣传多样化的人才观,制定优惠政策,创造在农村就业的良好环境和必要条件。如果农民子弟可以通过进入农村职业学校学到真正有用的生存本领,

由此为其生活带来了实实在在的收益和好处，农民也就会自觉而主动地让其子女进入职业学校学习。

（二）职业教育教师素质的提升

高质量的教师队伍是学校生存和发展的根本点和立足点，更是全面提高教育质量和办学效益的基本保证。而教师素质问题却始终是制约农村职业学校发展的关键问题。问题的难点就在于，职业教育合格教师的标准不同于普通教育合格教师的标准，他们是既需要有扎实理论素养又需要有娴熟职业技能的一个群体，即我们所说的"双师型"教师。实现职业教育教师的素质提升，可以从以下三方面入手。

首先，关于教师的学历达标问题。一是不断补充合格师资，选拔优秀师范院校毕业生，尤其是职业技术高师院校毕业生不断充实到教师队伍中，解决教师的学历达标问题；二是在职人员的进修与培训，应建立教师培训进修机制，对农村现有职业学校教师进行在职培训，制定相关政策鼓励而不是压制在职教师进修学历的热情和积极性，提高学历达标率。

其次，关于专业课教师不足的问题。除选择职业技术高师优秀毕业生留校任教外，还要积极创造条件，进行校内外实习基地建设，培养教师的实践动手能力。学校应制定政策鼓励教师参加实践活动，把实践动手能力作为教师必备的条件之一。同时，可以聘任农业和科技部门的专业技术人员兼任专业课教师，采取措施吸引城市企事业单位及社会各方面技术人才到农村职业学校任教，以此补充专业师资的不足。

第三，实行教师资格证书制度和教师准入制度，完善教师聘任制，使合格教师到学校任教。其一，可以从政府部门、企事业单位、高等学校聘请专家教授来讲课，建立一支由政府公务员、专家学者、专业教师及基层农业科技人员组成的职业教育兼职教师队伍。其二，打破身份行业界限，使一批非师范专业的毕业生通过参加职业资格考试取得教师资格证书，充实到农村职业教育队伍中来。

（三）职业学校教学质量的提高

教学质量是职业学校教育质量的终极体现，也是职业学校工作的永恒主题。农村职业学校要想在社会立足并得到社会的认可与肯定，关键是看其能否培养出适应社会需求的高质量人才。而这一切的实现，必然取决于学校教学质量的提高。

首先，适应社会需求，调整专业结构。在办好传统农业专业的基础上，应适当灵活地拓宽专业口径，开办社会上的急需专业，以此适应社会经济发展之需、适应市场对人才多元化和动态化之需。

其次，建立实践教学基地，培养学生的实践动手能力。加强实践性教学、强化学生的动手能力是提高职业学校学生专业技能的重要途径，也是职业学校的特色所在。农村职业学校必须把实践能力培养放在至关重要的地位，强化实践技能训练，建立专业技能考核制度，推行双证书制，培养合格的实用性技术人才。

第三，加强科学研究，提高办学水平。学校应制定相关政策鼓励教师结合教学进行科学研究，科研兴教、科研兴校，不断提高职业学校的教学质量、办学水平和社会知名度。

（四）家长观念的再造

本次调研中，当我们问及学生家长对职业学校情况的了解程度时，只有7.9%的家长"非常熟悉"，83.2%的家长只是"些许熟悉"、"不太知道"甚至"不知道"。由此也给我们一个十分重要的警示，家长们普遍的落后观念和意识在职业教育发展中对子女潜移默化的影响也是造成职业教育发展困难的重要根源。应该说，目前学生家长的子女成才观并不理性。在"望子成龙"的观念下，许多家长将子女能否"出好成绩——上好大学——找好工作"看作子女能否出人头地的唯一标志。所以，他们千方百计让子女"上重点小学——挤重点中学——争名牌大学"，甚至不惜花费大量金钱与时间陪读、陪练或送进各种"培优"班、补习班。更有甚者，有的家长逼迫其子女在普高里为考取理想大学进行"持久战"，一年考不取再来第二年。这种思想倾向在农村的家长身上体现得更加明显和严重，他们鄙薄职业教育的思想观念和意识更为普遍。因此，家长观念的再造在改观农村职业教育和农村职业学校的进程中所起的作用是不可估量的。

（五）就业准入制度的严格实行

必须看到，目前职业教育发展出现症结很大程度上是由于国家的就业准入制度"不准"导致。倘若就业本身无需职业资格的话，当然为职业资格做准备的职业教育就不可能受到应有重视。因此，国家要尽快制定和完善各行业、各工种的职业资格标准，并且严格执行"凡是国家实行就业准入控制的工种，一律实行持证上岗"。只有这样，职业资格才会成为一种强制性的教育准备而得到社会民众的高度重视。当然更重要的是，各级劳动保障和工商部门要加强监督检查，对违反规定的用人单位依法予以处罚。也就是说，只有把农村职业教育和职业资格标准挂钩，"迫使"从业人员走进职业学校，引导农民接受农村职业教育，才会真正促使农村职业教育逐步走向规范化和法制化的轨道。

（六）就业服务工作的加强和就业渠道的拓宽

职业学校若想真正焕发出生命活力，最重要的支柱就是"良好的出口"。农民的思维比较务实，即使有再好的过程、如果没有良好的出口，职业学校也不会具有任何说服力。因此，对于职业学校来说，要切实做好就业服务和就业渠道的拓宽工作。

首先，加强就业服务的信息沟通，为农村职业学校开通本地乃至全国的就业通道。各级公共就业服务机构要对农村职业学校开展专项职业介绍工作，提供即时的岗位信息，有条件地组织专场招聘会。

其次，进行职业和就业指导，即职业道德、劳动保护、安全生产、职业选择等方面的指导，提高农村劳动力的心理素质和对城镇生活的适应能力，增强他们的法制观念和运用法律武器保护自己权益的能力，为他们在新环境下的生存、创业、发展奠定良好基础。

(七) 就业教育与升学教育并重

农村职业教育的办学指向是"就业教育"，这是由它的职业性所决定的。而由于职业教育同时还具有基础性的属性，因此在职业学校适当增加"升学教育"也尤为必要。这种必要性主要体现在：其一，有政策依据。《国务院关于大力推进职业教育改革与发展的决定》明确提出："扩大中等职业学校毕业生进入高等学校尤其是进入高等职业学校继续学习的比例，适当增加高等职业教育专科毕业生接受本科教育的比例。"其二，有实践效果。近几年农村职业学校的一批毕业生进入高职院校，对农村职业教育的稳步发展作出了突出贡献。这表明，把升学教育作为农村职业教育的一项任务是合民心、顺民意的。其三，经济社会的发展需要。学生升学是高等教育大众化的需要，是现代人全面发展和终身学习的需要，是大量转移农村新生劳动力、延长就业年限、缓解就业压力的需要。因此，实行就业教育与升学教育并重是农村职业学校获得重生和持续发展的重要途径。

(八) 学费减免政策的实行和助学贷款体系的建构

应该看到，农村职业学校的生源主要来自社会弱势群体和经济收入较低的家庭子女，他们基本上并不具备足够的教育支付能力。目前的职业教育处于不断滑坡的境地，为了扶持其健康持续发展，作为必要的扶持性和抢救性措施，对于农村职业学校的学生应该实行一定程度的学费减免政策，以此保证他们能够正常入学，防止这些刚刚成年或未成年人对社会构成潜在危害。比如，可以对职业学校学生减免 20%—30% 的学费，对部分家庭严重困难的学生可以减免 50% 的学费。当然，各级政府财政有义务向学校支付减免部分，而不是像现在这样"光打雷不下雨"。此外，我们可以借鉴大学生助学贷款体系建构的经验，对农村职业学校有实际生活困难的学生给予必要的贷款服务，为其安心学业、顺利获得一技之长提供必要的经济保证。

[东北师范大学：农村教育研究所]

吉林省舒兰市农村职业教育调研报告

农村职业教育舒兰调查组[*]

东北师范大学农村教育研究所于 2005 年 10 月 23 日至 10 月 27 日，以农村职业教育的发展为主题，在吉林省舒兰市进行了调研。在为期 5 天的调研中，调查组走访了舒兰市职业高中，舒兰市二中和舒兰市实验中学 2 所普通高中，舒兰市三中、四中、八中、二十三中、二十六中、三十一中 6 所农村初中，舒兰市第二实验小学和舒兰市第四小学 2 所小学。

一、舒兰市基本情况

舒兰市位于吉林省东北部，幅员面积 4557 平方公里，辖 4 街、9 镇、12 乡、3 个吉林市级开发区，总人口 65.9 万，农业人口 46.1 万。1910 年设县，1992 年撤县设市，为吉林市辖县级市。2004 年全市国内生产总值 70.4 亿元，舒兰主要产业是农业，三大产业产值分别为 18.8 亿、22 亿、29.6 亿。特色产业是林蛙养殖、甜黍玉米加工、烤烟。2004 年全县财政总收入 12301 万元，本级财政总收入 7426 万元，财政总支出 66182 万，教育总支出 13933 万。城镇年人均可支配收入 5631 元，农村年人均纯收入 3105 元。

舒兰市地矿资源丰富，分布面广，可利用性大。主要有褐煤、泥炭、黏土、花岗岩、硅石。经济动植物品种多，利用价值高，有长白参、天麻、川贝、细辛、鹿茸等名贵药材，蕨菜、薇菜、山野菜资源取之不尽且大量出口，白瓜籽、豆粕、小麻籽、蘑菇、木耳、蜂蜜、林蛙油等土特产品十分丰富。农业经济发达，盛产水稻、玉米、大豆，年粮食产量 60 余万吨，是国家商品粮基地县（市）之一，又是国家绿色食品生产基地。森林面积 28 万公顷，活林木蓄积量为 1.96 亿立方米。养鱼水面 5000 公顷，拥有年产 3 亿尾的东北鱼苗良种孵化基地。

---

[*] 参加本次调研的有：洪俊、刘冰、曲正伟、王建亭、邵奎燕、李秀杰、王艳。报告执笔人：刘冰、曲正伟、王建亭。本次调研得到了舒兰市教育局及有关学校的大力支持，特致以衷心的感谢。

舒兰市地处黑吉两省边界，西部为平原，东部为山区，土地肥沃，矿藏丰富，无水旱之灾。近年来随着政府农业补贴政策的落实，农民收入较为殷实，但是可支配性收入依然相当有限，致富渠道狭窄。与人多地少、气候条件差的地区相比不同的是，这里的农民从农业收入中能够解决温饱问题，因此外出务工的积极性并不是非常高。

二、舒兰市职业教育发展历史与现状

舒兰全市（县）有小学（中心校以上）40所，在校生有39600人；初中30所，在校生19600人；普通高中6所，在校生7651人；职业高中1所，在校生980人，实际在校生800人；农广校1所，学历在校生100人左右，其中专科80人，中专20人。全市通过引导性培训5000人次，职业技能性培训500人，转移劳动力400人。劳动就业培训中心有指导性质，每年完成3000人培训。2004年"阳光工程"启动，全县共培训5271人，实现劳动力转移5020人。

（一）舒兰市职业高中教育发展历程

1. 大力发展阶段（1983年—1996年）

这一时期在普通高中设置职业初中，有5所职业高中改制，在校生1996年底接近2000人，成立两所职业教育中心。舒兰职业教育的大力发展与国家的相关政策扶持紧密相关。1980年10月7日国务院批转教育部、国家劳动总局《关于中等教育结构改革的报告》，把改革中等教育结构，大力发展职业技术教育作为教育改革的重要内容之一。政策措施是，国家强制性地让一批普通中学改制为职业中学，并且强制性地让一些单位和学校联合办学。因为学校所招收的学生大都能分配工作，所以这一阶段的职业教育呈现出异常繁荣的局面。1981年11月18日教育部发出通知：凡"文化大革命"以来参加工作的青壮年职工，其语文、数学、物理、化学的实际水平不及初中毕业程度者，一般都应补课。1982年1月21日，全国职工教育管理委员会、教育部、国家劳动总局、中华全国总工会、共青团中央发出《关于切实搞好青壮年职工文化、技术补课工作的联合通知》。此后，各地及企业开展"双补"工作。这些后续的政策做法，极大地促进了中国职业教育的发展。舒兰也按照国家的这些规定，通过对普通高中进行改造，建设了5所职业高中，招生人数达到2000多人，职业教育繁荣一时。1996年，这些学校获得了300人的培训任务，其中包括200人的技术培训，他们主要由国家统一进行分配，学员毕业不需要考虑就业去向问题，还有近100人的师资培训，这些接受培训的人员主要被分配到农村从事音乐、体育和美术教育。

2. 调整改革阶段（1996年底—2001年）

这一时期全国职业教育发展呈滑坡趋势，舒兰在校生不足300人。这里有经济原因，也有教育自身原因。此时将两所职业高中合并成一所，纯在校生不足300人。随着国有企业改革的不断深化，企业里出现了下岗工人，职业中学的毕业生无法安置工作。因此，随着职业教育学生的计划订单政策寿终正寝，学生对职业高中毕业后的就业情况产生不确定的期待，也使学生不再把进入职业学校学习作为一种首选。另外，1995年以来出现的"普高热"，致使中等职业学校招生困难，在中等教育结构的比例上徘徊不前。2001年与1996年相比，中等职业教育占高中阶段教育招生和在校生的比例分别下降了17.4%和11.1%[①]。舒兰职业高中的发展同样也陷入了困境，投入不足，生源人数急剧下降，原来的农村和城市的2所职业教育中心被合并，只剩下现存的1所职业高中，但在校人数不足300人。可以说，这是计划经济向市场经济进行转型的必然过程和结果，也使职业教育需要自我去面对未来的劳动力市场。这一时期职业教育萎缩存在的一个客观原因就是，20世纪90年代进行的高等学校扩招政策直接带动了普通高中教育的迅猛发展，而职业高中教育的发展则受到了严峻挑战。从1996年到2001年，普通高等学校招生增长2.78倍，普通高中招生增长1.98倍，职业高中招生却降低了2.06%。（见表1：数据来源：国家统计局. 中国统计年鉴：2002年. 北京：中国统计出版社，2002.）

表1 1995—2001年各类学校招生人数对比表

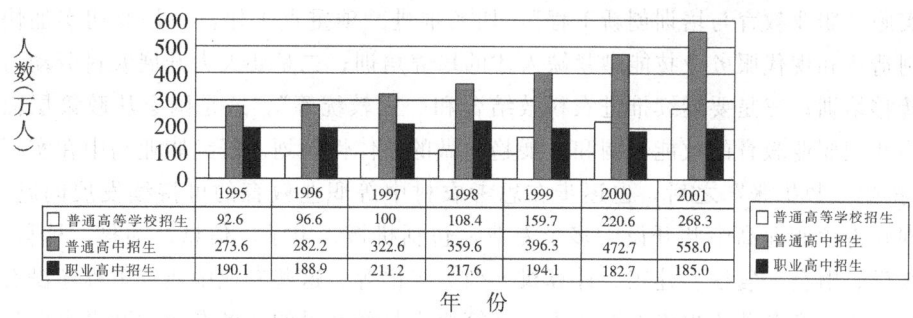

年份	1995	1996	1997	1998	1999	2000	2001
普通高等学校招生	92.6	96.6	100	108.4	159.7	220.6	268.3
普通高中招生	273.6	282.2	322.6	359.6	396.3	472.5	558.0
职业高中招生	190.1	188.9	211.2	217.6	194.1	182.7	185.0

面对职业教育萎缩的困境，舒兰教育部门逐渐认识到面对劳动力市场，主动争取发展机会的重要性。根据国家"大力发展高等职业教育"规定，职业高中的学生同样具有继续升学的权利和机会，即进行"对口升学"。在实践中证

---

① 黄蔚. 实施五载成效显　来日腾飞更有时：记《职业教育法》颁布实施5周年. 中国教育报，2001-09-14 (3).

明,"对口升学"对于舒兰职业高中而言,不仅仅是增加了一条学生的毕业出路的问题,而且是成为维系职业教育发展命脉的关键。大多数进入职业学校的学生,一个首要的原因就在于可以继续到高等职业教育院校接受教育,而且这种印象越来越得到强化;三分之一有发展潜力的、还认真学的学生吸引到对口升学这一条路,可以接受高职业教育。

舒兰职业高中面对市场的另一个做法就是找准职业高中的招生定位。舒兰教育部门在招生对象上主要有两个面向:一是面向学习成绩较差的学生群体,他们升入普通高中的机会很小,而且没有养成好的学习习惯,用当地职业教育工作者的话说,职业教育的生源"不是向上挖,而是向下挖",有的地方的职业教育甚至是"零门槛"入学。二是面向家庭经济条件较差的学生群体,学生的个人家庭经济条件直接影响学生的教育历程。就舒兰职业高中而言,按照国家和省市财政收费标准,职业高中每年可以收取学杂费1800—2000元,而舒兰职业高中实际每年收取的学杂费是800元,相比较普通高中的收费达到2000元,差距两倍之多。出于这种教育成本负担的考虑,学生家长在学生没有机会升入普通教育系统的前提下,通常可以考虑让自己的孩子进入职业学校学习。这两种做法或者措施在一定程度上缓解了舒兰职业高中发展的一些实际困难。也正是在这样一种思路下,舒兰职业教育进行了一系列调整,招生累计增长,舒兰职业高中处于一种规模集聚的时期,2001年招生人数为180人。

3. 创新发展阶段(2001年至今)

2004年国务院批转的《2003—2007年教育振兴行动计划》提出,要大力实施"职业教育与培训创新工程",切实推进三项重点工作:一是要切实加快制造业和现代服务业技能型紧缺人才的培养培训;二是要大力开展农村劳动力转移培训;三是要继续推进农科教结合和"三教统筹"。这是国家从政策层面为我国职业教育的效能范围和发展趋向做的整体性规划。舒兰职业高中在实现"招生人数扩张"之后,也逐步在思考农村中等职业教育的可持续发展问题。现在舒兰职业高中共开设十多个专业,包括机械、电子、信息、动科、植科、医学、财会、餐饮、建工、计算机、商务英语等。这些专业中建筑工程还没有毕业生,商务英语也没有毕业生,计算机也是新开设的。各专业的开设主要是根据学生的愿望和社会需求,"能开的专业都开了"。其中很有特色的是,舒兰职业高中开设了一个综合技能(素质)班,主要是针对不能或者不愿意继续升入高一级院校的学生而开设,由学生自主选择,在课程安排上主要坚持"保护兴趣"、"针对实用"的原则,不拘泥于国家统一的课程计划和内容,主要根据学生的学习兴趣和面对就业的实用知识和技能的培训,第一年的15名学生已经入班学习。另外，学校还承担了吉林省"阳光工程"对农村劳动力转移的任务，2005年承担300人的培训，可以说是行动上支持和参与到了农村劳动力转移的培训工作之中。而且承接培训，可以得到国家每人次100元的资金资助，省市政府也相应配套资金50元左右。这笔资金对于日常办公经费仅仅有20万左右的舒兰职业高中而言，在没有扩大相应资源支出的前提下，实现了资源使用上的更大效益，而且增加了学校的办学经费。可以说，随着国家对职业教育发展的关注和重视程度的提高，中等职业教育的发展将面临更多的机遇，在功能上也将日趋完善，不再仅仅局限在"对口升学"，它将更多的投入到国家整体的经济发展和改革之中，并承担起其应有的必要责任。目前招生在累计增长。2001年招生180人，2002年至2005年逐年递增。2005年春季招生360人，夏季招生80人。现在在校生有400人。当然有一部分学生流失，原因是多方面的，实际新招生320人左右。就目前的学生毕业情况来说，2002年以后职业高中学生升入高校的比例一直高达90%以上（见表2）。近些年随着招生人数的增加，这一比例会有所下降，但"基本保持三分之一的学生升入高职院校"。可以说，"对口升学"是职业高中发展的核心政策。

表2 舒兰市职业高中毕业生流向表

年份	毕业生总数	参加高考人数	生入高校人数	务农人数	外出就业人数	当地就业人数	复习人数	参军人数	自主创业人数
2002年	49	49	48			1			
2003年	85	85	75	1	3	2	1	1	
2004年	165	154	138	3	11	8	5		
2005年	68	68	65		1	1	1		

(二) 舒兰市职业高中发展的现状分析

1. 选择职业高中的动机

学生选择职业高中的主要动机是毕业时能够对口升学，占55.1%（见表3）。父母让子女上职业高中的理由主要也是可以升学，占41.9%（见表4）。教师眼中学生选择职业高中的原因主要也是升学，占39.8%（见表5）。可以说，升学是职业高中发展的出路，同时也是发展的瓶颈。离开"对口升学"，职业教育无法维系，抓住"对口升学"，又需要迅速向职业教育方向转化。

表 3　学生选择职业高中的初衷

原　因	能找好工作	喜欢这个专业	对口升学	没有考入普通高中	没有找到适合的工作	没想过
比例%	12.4	6.3	55.1	18.5	1.3	6.3

表 4　父母支持子女选择职业高中的初衷

原　因	能学一技之长	可以升学	要文凭	不管，由子女决定	在家呆着也是呆着	其　他
比例%	38.2	41.9	4.0	9.9	0.8	5.1

表 5　教师眼中学生选择职业高中的原因

原　因	没有考上普通高中	学生不愿来，家长送来的	学门技术谋生	升学	脱离农村的途径之一	其　他
比例%	20.4	35.4	39.8	4.4		

2. 学生专业学习兴趣

学生对所学专业态度还是比较满意的，有48.1%的学生比较喜欢，有23.8%的学生十分喜欢，有22%的学生感到一般。在学生不喜欢所学专业的原因中，有69.3%的学生认为是因为与个人的兴趣不符合，有20.9%的学生认为是师资水平差，有9.1%的学生认为是所学专业没有用。学生对入学时的专业选择有57.3%的学生还是比较满意的，18.3%的学生十分满意，另有8.8%的学生认为无所谓，有13.5%的学生有些后悔，有2.1%的学生非常后悔。感到失望的主要原因是专业不对口，就业机会少、学习条件较差、对口升学的人数少、教师水平不高，所占比例分别为38.2%、23.8%、22.2%、13.6%。学生对所学专业的兴趣还是比较大的，38.8%的学生非常有兴趣，37.2%的学生比较有兴趣，20.3%的学生一般。

3. 职业教育课程满意度

学生对职业教育课程的满意度处于较满意状况。认为满意的有62.3%，不太满意的有15.6%，认为很满意的有15.1%，非常满意的有5.3%，很不满意的有1.3%。学生最满意的课程是专业基础课，占49.5%，其次是普通基础课、专业技术课，分别占16.2%、15.2%。在喜欢某类课程的原因中"有用"取向是主导，占53.9%，兴趣占18.8%，教师教得好占18%。应当注意的是，虽然学生的满意度较高，但是这里很重要的因素是与升学主导有密切的关系，正是"有用"观念主导的结果。一定程度上，文化课代替专业技能课的现实并没能反映对职业教育本身的真实评价。

4. 家庭收入与教育支出

学生家庭的人均年收入主要分布在 1000—2000 元、500—1000 元、2000—3000 元（见表 6）。每学年教育支出情况主要集中在 2000—2500 元、1500—2000 元、3500 元以上，分别占 23.1%、20.2%、18.1%（见表 7）。

表 6　家庭人均年收入

人均年收入	500 元以下	500—1000 元	1000—2000 元	2000—3000 元	3000—5000 元	5000 元以上
比例%	7	18.7	27.8	17.1	16	12.8

表 7　舒兰市职业高中学生每学年教育支出

教育支出	1000 元以下	1000—1500 元	1500—2000 元	2000—2500 元	2500—3000 元	3000—3500 元	3500 元以上
比例%	1.3	9.6	20.2	23.1	14.4	13	18.1

从家庭人均收入与学年教育支出对照看，整体上家庭的教育供给能力处于饱和状态，家庭基本能够承受职业教育的支出。同时，这样的教育支出也处在界点附近，继续提高的空间与可能不大。

5. 职业高中教师对职业教育的态度

职业高中教师对职业教育的认同感相当强，在职业教育与普通教育的比较中，有 61.7% 的教师认为职业教育更为重要，有 32.2% 教师认为重要一些，仅有 3.5% 教师认为无所谓。同时教师对职业教育的兴趣也非常高，占 46.1%，仅有 11.3% 的教师不太感兴趣。在职业教育教师职业选择原因方面，52.2% 的教师出于对职业教育事业的热爱，有 26.1% 的教师是生存的需要，有合适的机会会离开，有 19.1% 的教师认为稳定，有 2.6% 的教师认为清闲，空余时间多可以做其他事情。从中我们发现，尽管教师对职业教育充满兴趣和关切，但是面对个人生存与发展问题的时候，还是有教师会重新思考职业选择的。对于这样的现状，我们认为是正常的社会现象，是社会流动的正常心态；另一方面则说明职业教育教师地位需要提升以及职业教育事业需要切实得到重视与发展,这样才能留住人才,培养人才。

(三) 初中绿色证书教育实施概况

自1994年农业部门实施"绿色证书工程"以来,一些地方的教育部门根据当地实际需要,在农村初中引进"绿色证书"教育经验的基础上,教育部与农业部于2001年6月联合印发了《关于在农村普通初中试行"绿色证书"教育的指导意见》[①],决定在农村普通初中逐步推广"绿色证书"教育。提出农村普通初中进行"绿色证书"教育的原则是:应在达到九年义务教育要求的前提下,坚持为当地经济和社会发展服务,为学生的发展打好基础;以学生的全面发展为目的,引导和帮助学生树立终身学习的观念,加强通用技能、职业意识、创业精神的培养,避免过早职业化;应根据实施地区的地理条件、农业经济、科技、主导产业等情况并考虑到当地农民的意愿,因地制宜地选择"绿色证书"教育的具体内容;严禁增加学生课业负担和经济负担。要采取有效措施,积极、稳步、扎实地推进。在课时安排上,适当调整现行九年义务教育初中课程,在初中阶段的劳动技术课时和地方安排课时中安排"绿色证书"培训课程,使学生在初中阶段有300课时左右的教学时间,其中60%用于理论课,40%用于生产实习课。县、乡两级教育行政部门与农业行政主管部门可根据当地实际确定两三门专业课程,使学生比较系统地了解、掌握某种岗位生产、经营管理的基础知识和技能。在教育内容上,为使"绿色证书"教育更适合农村普通初中学生的需要,教育部、农业部将对"绿色证书"教育的有关教育内容和要求进行修订,省、地(市)两级教育行政部门可据此组织、委托有关人员编写有关教学资料,教学资料可以活页形式发行,供不同地区的农村初中学校选择使用。在师资建设上,根据进行"绿色证书"教育的需要,充分利用当地成人教育、职业教育的师资资源,调整教师队伍的结构,可采取内调外聘、专兼结合等形式,逐步解决专业课师资来源和水平提高等问题。同时应大力推进师范教育改革,发展高等职业教育,为农村初中培养"一专多能"的新型教师。

本次调查研究抽样采取随机抽样与目的抽样相结合的方式,在5个乡镇初中抽取89位教师、482名初三学生、261位初三学生家长。

1998年以来,舒兰市绿色证书教育课程包括必修课和选修课,必修课为"农村应用文写作"、"农户经营管理",选修课为"劳动安全卫生常识"、"绿叶类蔬菜栽培"、"庭院经营"、"家禽饲养技术"、"温室蔬菜栽培技术"、"食用菌栽培技术"、"果树栽培技术"等。绿色证书培训采取分班组教学形式,以班级

---

① http://www.moe.edu.cn/edoas/website18/info6894.htm

为单位进行选修学习，每周两课时，通过两年半的时间达到 300 课时。分班组教学形式能够更大限度的调动学生的积极性，充分尊重学生的自尊，因此全县都采用分班组教学的形式进行绿色证书教育①。目前，绿色证书课程属于综合实践活动课的一部分。调查过程发现，对于农村初中绿色证书课程开课时间，44.1%的学生和 36.8%的教师认为绿色证书课程开课时间应当是初一、初二，另有 38.9%的学生、32.2%的教师认为绿色证书课程开课时间应当贯穿三年全过程。学生并没能理解绿色证书教育的初衷，学生对所开设课程也普遍缺乏兴趣。主要原因有三方面：一是准备升学的学生认为绿色证书课程耽误时间，影响其他课程的学习；二是课程内容严重脱离实际，绿色证书课程效果一般；三是实训场地和设施无法配套，主要停留在理论知识学习上，并不能实现绿色证书教育设立目的。

1. 对农村职业教育的态度

接受调查的各类群体，包括校长、教师、学生和家长，普遍认为应当重视农村职业教育。教师、学生和家长中分别有 66.7%、31.8%、41.4%认为应该开设实用技术方面课程最主要的原因都是"有助于习得一技之长，为就业打基础"。认同农村职业教育的同时，也存在反对开设实用技术课程，其原因如下表：

表 8　教师认为不应该开设实用技术课程的原因

原　因	加重学习负担	学习内容用处不大	升学考试不考	学校缺乏开课条件
比例%	6.1	10.6	10.6	72.7

表 9　学生不希望开设职业技术课程的原因

原　因	城市学生不学这些课程	加重学习负担	毕业后再学不迟	学习内容用处不大	教师教得不好	升学考试不考	学校以前没有开过这类课程
比例%	2.6	60.2	9.6	3.6	4.5	10.5	9.0

---

① 绿色证书教育另外还有"3+1"模式和"2+1"模式。"3+1"模式指在学生初中毕业后继续学习 1 年绿色证书教育内容。这样增加教育成本，也影响学生毕业后的正常安排，客观上也无法再留住学生。"2+1"模式指学生在初中二年级毕业后根据其成绩和个人意向进行分流，这样也会造成大量学生的流失。

表 10　家长认为开设职业技术教育课程不必要的原因

原　因	影响子女升学	用处不大，学习后依然不好找工作	职业教育走形式实际效果不大	师资水平不高	教学内容与实际相脱节	学习费用高
比例%	20	27.9	22.1	6.4	15	10

从调查结果我们发现，教师、学生、家长在认同职业教育的同时，又都从不同的角度对目前的职业教育状况作出了回答。教师的视角主要是学校实施职业教育的能力，学生的视角是个人学习的身心承受能力，家长则是从目前职业教育的实际效果对子女未来影响的角度考虑。与其说他们反对职业教育本身，不如说他们反对的是职业教育的低效。

2. 家庭教育投入情况

来自学生和家长的问卷显示，家庭年人均收入 500—1000 元为最多人群，分别是 27.9%、38.8%，其次是 1000—2000 元各为 22.2%、19%，500 元以下各为 15.6%、19.4%（如图 1）。尽管学生和家长对家庭人均年收入的判断不同，但是其整体趋势却是相同的，也就是说，家庭人均年收入主要集中在 500—2000 元之间，然后向两极逐渐递减。

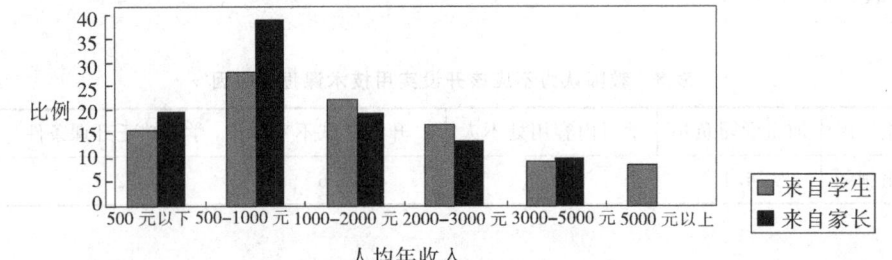

图 1　来自学生与家长的家庭人均年收入对照图

在家庭收入支出中教育占 74.6%，生活必需品支出占 23.8%，住房支出占 1.5%。33.7% 的学生认为学习费用占家庭支出的比例为 1/3，有 18.6% 的学生认为占 1/2（如表 11）。

表 11　学生认为学习费用占家庭支出的比例

学习费用占家庭支出的比例	1/2 以上	1/2	1/3	1/4	1/5	1/6	更低
比例%	17.8	18.6	33.7	13.6	9.0	4.8	2.5

对辍学原因的调查显示，无论是男孩还是女孩辍学的主要原因都是经济困难，学费太高，分别占54.7%、44.4%。社会上流行的读书无用论影响接受教育的论断没有得到证实，农村家长并不认为读书无用，相反有66%的家长认为要多学知识，提高子女素质，有28.2%的家长认为读书将来找好工作。同时值得注意的是，学生自身的学习成绩则是影响辍学的第二重要的因素。（如图2）

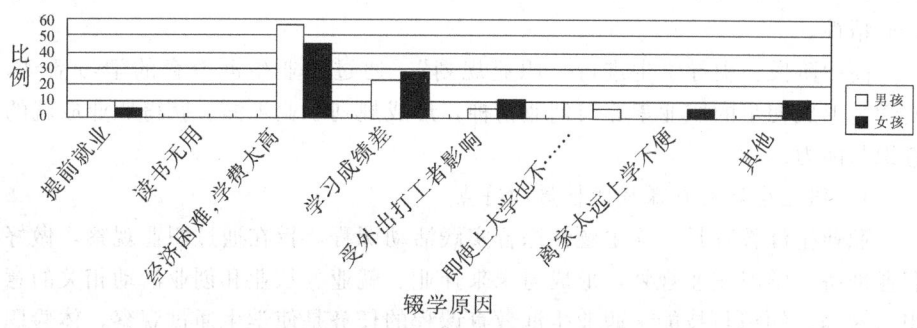

图2　基于性别的辍学原因对照

三、舒兰市职业教育特色——职业生涯教育

职业生涯教育是在全面实施素质教育的大背景下，在推进新一轮基础教育课程改革进程中，由教育部针对基础教育改革发展需要，本着更加关注学生的个体需要，着眼于学生终生发展而开展的实验项目。舒兰市作为全国首批实验区，已于2004年12月在全市各级各类中小学全面开展了职业生涯教育实验，并取得了初步的效果，得到了教育部总课题组的充分肯定和高度评价。

（一）职业生涯教育实验的基本理论

1. 职业生涯教育的含义

职业生涯教育集中体现"以学生的生存与发展为本"的思想，侧重激发学生的职业兴趣、职业理想和职业志向，帮助学生了解社会职业生活发展的要求，树立积极的职业意识与职业态度，认识自我发展的潜能和条件，寻求自身的职业发展方向，逐步形成职业生涯设计与人生规划能力，做好专业学习和职业选择的准备。

2. 在农村中小学进行实施职业生涯教育实验的原因

农村中学需要对学生进行职业生涯教育，能够使农村学生形成现代职业意识与工作态度，了解现代社会的职业知识和从业要求，培养学生分析、预测市场与职业变动信息的能力，初步形成根据自身实际情况科学合理规划未来职业生涯的能力，通过师生互动、学生与家长互动、学校与社会的互动，切实促进实验区农村学生的健康成长与发展。

3. 职业生涯教育课程的目标

小学阶段：初步了解社会职业分工，初步培养学生的职业意识和职业情感。

初中阶段：引导学生了解社会发展与职业变化的关系，理解职业要求与职业选择的关系，思考职业素养和职业成就的关系，初步培养学生的职业态度和职业精神。

高中阶段：引导学生进行"职业规划"，通过职业生涯教育的学习活动，使学生形成初步的职业素养与创业精神，形成规划职业生涯、获得职业成就的意识与能力。

4. 职业生涯教育课程的性质和特点

职业生涯教育是一项主题性综合实践活动课程，旨在通过职业观察，做好职业准备，学习职业规划，形成与未来择业、就业、从业和创业活动相关的意识与素养、知识与技能。职业生涯教育课程的任务是使学生通过观察，体验职业态度，认识了解职业精神，学习掌握职业发展规划知识，明确未来的发展目标、努力方向和行动方案。作为一项主题性综合实践活动，职业生涯教育课程特点十分鲜明，主要包括综合性、开放性、实践性、发展性和人文性。

（二）舒兰市职业生涯教育进展情况

目前，舒兰职业生涯教育尚处于起步阶段。通过职业生涯教育地方课程资源的开发、建立"职业生涯教育资源库"、引进校外辅导力量、开发和利用家庭与家长等教育力量策略，职业生涯教育稳步进行。职业生涯教育注重学生自主探究的引导，运用案例分析进行开放式教学，利用小组讨论深化学生的职业认识，运用情境教学，进行调查访谈。通过社区服务和学科渗透的方式综合的开展职业生涯教育。

职业生涯教育进入舒兰市各中小学后，人们在实验探索中逐渐认识到实施职业生涯教育是有益于国家、有益于社会、有益于素质教育改革、有益于青少年学生成长的一件大事。认识到在农村开展职业生涯教育的必要性、紧迫性和可行性。虽然人们在认识和理解的角度上有所不同，但都普遍认为：职业生涯教育重视学生多方面能力的培养，拓展了学生的学习空间，增强了社会适应性，改变了学校单纯追求分数的应试教育倾向，体现了素质教育精神；职业生涯教育能够关注学生未来发展，体现了"以人为本"的教育思想，极大地培养了学生的自信心，让学生明确自己的优势，明确明天的我能做什么，今天的我该做什么，使学生能够根据自己的兴趣、爱好、个性、特长和社会需求，科学、合理地规划自己的职业人生，促进自身一生的发展。一位任课的教师认为:"职业生涯教育对学生非常重要,可以尽早培养学生的职业意识、职业素质和职业精神,使学生在职业观察、体验中丰富职业情感,在职业的准备中端正职业态度,在初步的职业规划中明确了自己将来的发展方面。"许多学生更是对"行行出状元"有了新的认识和理解,在一个小学的学生座谈会上,一名学生说:"社会上的人们从事什么行业的都有,但只要认真做,他们最后都能成功,通过学习,我真正明白了'三百六十行,行行出状元'的含义。"一名初中生说:"学了这门课程后,使我清醒地认识到自己的将来不一定是都要压在考重点高中上,发展的路还很多。"一名高中生说:"通过对职业生涯教育课程的学习,无论报考什么专业,还是走向社会就业,心里都已有个规划了。"许多家长也表达了他们对职业生涯教育的期望。一位家长说:"如果大女儿能够早点接触到这门课程,当初报考大学时就不会盲目地选择目前的这个专业了。"

四、舒兰市职业教育发展的问题

(一)办学规模与国家要求不相适应

《教育部关于加快发展中等职业教育的意见》指出,今后一个时期,要采取强有力的措施,加快中等职业教育发展,力争2005年中等职业学校招生人数在2004年的基础上增加100万,达到650万,经过几年的努力,到2007年,中等职业教育和普通高中教育规模大体相当,实现中等职业教育快速健康持续发展。普通高中教育总体上要把握发展节奏、控制发展规模,把工作重心放到提高质量上。目前,舒兰职业教育有学生近千人,办学水平、办学规模与舒兰经济发展现状,国家的要求不相适应。今年职高招生400人,在校生不足千人,比例是不合适的。县普通高中今年招生近3000人,可以看出职高招生少。而每年初中毕业生达7000人左右,还有3600人无去处。可以说,职业教育生源潜力巨大,但是并不具备配套的职业教育办学水平与规模。按照《国务院关于大力推进职业教育改革与发展的决定》的要求,实现"保持中等职业教育与普通高中教育的比例大体相当"这一政策目标,在舒兰市短时间内迅速扩大职业教育规模确实是任重而道远。

(二)资金投入不足

制约职业教育发展的重要因素是资金投入严重不足,主要依靠政府财政投入,而舒兰作为欠发达的农业市,地方财政收入有限,在"吃饭财政"难以维系的情况下,对非义务教育阶段的中等职业教育的投入就是更加不足了。目前教育经费投入依靠的是财政转移支付,这部分转移仅仅只能支撑教师的工资,而且只能是基础教育教师的工资。城市教育附加费,每年不足100万,用于职业教育的就 20 万。近两年每年投入职业教育 50 万元以上，而且是多方筹集资金的结果，可以说是杯水车薪。职业高中目前招生全部是寄宿生，现在新校区建筑面积 2000 平方米，可以住宿 340 人，容纳学生 400 人，两个校区共容纳 1000 人，达到国家要求的与普通高中发展相当的水平还是相去甚远的。

(三) 师资不足，缺少高水平的专业教师

现在维持开课的教师都很缺。六七年来，全市没有新进教师，而好的教师均已外流。针对职业高中缺少专业教师的情况，由市教育局进行县内调剂，多是从初中教师中选任。目前职业高中教师共有 85 人，专业教师 72 人。勉强维持十个专业的教学任务。在教师紧缺的同时，教师素质不高也是相当突出的问题，教师的专业背景与所教科目有相当大的差距，势必也影响教学质量。职业教育教师的专业发展更是处在边缘状态，他们不仅缺少对外交流的机会，而且缺乏舒兰市范围内的专业对口交流的机会，完全出于教师自然发展的境地。师资问题是影响职业教育持续发展的关键问题。

(四) 以就业为导向的技能型培训比较滞后

农村劳动力转移，就业渠道不是很宽泛，很畅通。同时，人们的意识也相对较为保守，但是从舒兰市农民的现实情况来看，固守土地也是理性而且现实的。每年在外打工的有 15 万人，包括下岗职工，能在岗前接受培训的基本没有。"阳光工程"也刚刚开始，技能型人才的培养效果并不突出。外出务工带有很强的盲目性，都是自发的。职业高中就业培训滞后，现在还要靠对口升学来吸引学生，这不是中等职业教育应有的办学方向。

五、舒兰市职业教育发展的问题成因分析

(一) 市场经济不完善导致的体制原因

目前，计划经济体制还存在巨大影响，特别是消极影响。很多现状都在计划体制下运作，职业教育大环境不是很乐观。该剥夺的剥夺了，而该给予的并没有给予。职业教育的发展处于很尴尬的境地，如学生人生定位不准，企业用人机制没有建立，职业教育发展长期处于政策盲点中，受"学而优则仕"思想的文化排斥等等。所以，计划经济向市场经济过渡所产生的矛盾，制约着职业教育的发展。

(二) 传统的人才观念和现实政绩观的认识误区

传统的"学而优则仕"和"跳农门"的教育，以及应试教育观念目前仍是家长、社会、教师、学生的思想主流，短时间内很难改变。这对职业教育的影响特别大，家长们都会把学生送到普通高中去。而打工子女的教育，人的观

念、意识不强。所以，要使学生接受中等职业教育，引导学生树立正确的人才观。当今社会需要三类人才：一类是数以亿计的劳动者；二类是数以千万计的专门性人才；三类是一部分拔尖创新性人才。其实，真正推动社会经济发展的是第一类人。而现实中，家长和学生对这方面很漠然，都认为只有考学和"跳农门"才是出路。当然，对于扭转社会公众对职业教育认识的误区，前提还是要让职业教育所培养的学生在社会上真正具有实力。对学校来说，政绩观很强，要考虑社会以及教育行政部门对他们的评价等等。

（三）欠发达地区的农村县域经济导致的投入原因，政府无力保障职业教育的正常发展

职业教育发展主要依靠地方财政的投入，而舒兰作为欠发达地区的农业市，经济实力薄弱，地方财政捉襟见肘，从现实情况看也不可能为职业教育持续提供发展的充足资金。2004年全县财政总收入12301万元，本级财政总收入7426万元，财政总支出66182万，教育总支出13933万。在赤字财政的情况下，教育支出已经高于全县一年的财政收入，进一步提高职业教育投入力度可行性极其有限，这也将成为舒兰职业教育发展的重大阻力。

（四）职业教育与市场经济发展步伐尚存在较大距离

从办学理念来说，目前职业教育仅处于从"对口升学"向发展职业教育过渡的阶段，还谈不上系统完善的职业教育发展理念。从培养目标来说，培养方向与市场对人才的需求还有较大差距，当然相当大的程度上受师资水平和办学条件的限制。再者，联合办学之路也受制于地方经济发展，校企联合办学尚需地方经济的快速发展。

六、关于舒兰市职业教育发展趋势的思考

（一）转变政府观念，切实为职业教育服务

近百年世界发达国家发展的历史表明，一个国家、一个地区在实现工业化的过程中，无不把大力发展职业教育作为重要的战略措施。特别是进入20世纪80年代以来，世界许多国家和地区更加注重发展职业教育。欧盟从"里斯本战略"、"哥本哈根宣言"到"马斯特里赫声明"都反复强调职业教育在新世纪对于提高欧盟的核心竞争力具有重要作用。

目前，我国中等职业教育优质资源偏少，多数学校办学条件差、培养能力弱。近年来又有700多所骨干中等职业学校被升格为高等职业院校或并入了高等学校。虽然教育部下发通知，今后中等职业学校不再进行升格，但现有的中等教育资源流失严重，已很难发挥其应有作用，这也客观上造成了普通高中教

育和中等职业教育"一条腿长，一条腿短"的不协调现象。《教育部关于加快发展中等职业教育的意见》显示，2004年普通高中招生820多万人，中等职业教育招生550万人，中等职业教育在高中阶段教育招生总数中的比例仅占40%，有些地方不足30%。因此，造成这一局面产生的一个很重要原因就在于我们的政策取向，在于我们传统的政绩观。当我们现在提出"抓经济必须要抓职业教育、抓职业教育就是抓经济"的口号时，我们对职业教育的理解仍然是一个被动服务的过程。相反，对于职业教育的发展，政府应当承担主要责任，要多思考"政府可以为职业教育做点什么"，切实为职业教育的发展服务，而不是"职业教育可以为政府获取点什么"，更不能将这种责任转嫁到某所学校甚至某个人身上。

（二）建立地县两级政府的协调共建机制

根据《中华人民共和国职业教育法》的规定，县级及县级以上人民政府是职业教育主要的办学主体。按照《国务院关于大力推进职业教育改革与发展的决定》要求，省级人民政府要制定本地区职业学校生均经费标准，并依法督促各类职业学校举办者足额拨付职业教育经费。应当说，县级及县级以上各级人民政府是职业教育的主要办学者和投入者，基本坚持"谁举办，谁投入"的原则。然而以舒兰市为例，作为县级市，或者说事实上属于农业县，办学经费紧张是既定的事实，作为舒兰职业高中的办学主体，它的投入能力是极其有限的，因此，急需上级政府的财政支持、政策指导与监督。就全国的一般情况而言，"县级"政府是我国行政管理的基础单位，农业县是广大农村的基础行政组织，农村和西部地区职业教育又是今后一段时期职业教育发展的重点。因此，要发展农村职业教育首先就要解决农业县作为职业教育办学主体的办学经费与管理的问题。要充分实现"发展职业教育主要责任在地方"的政策目标、要从根源上解决县级政府办学财力匮乏、办学水平低下的问题就必须尽早建立地县两级政府发展职业教育的协调共建机制。

（三）更新成材观念，"行行出状元"

对于家长和学生而言，上普高、考大学是首选，而上职业高中，进行职业技能培训则是无奈之举。目前，我国高中阶段毛入学率仅为44%，中等职业教育在校生约占高中教育阶段在校生总数的39%[①]，中等职业教育是高中段教育的半边天。但根据舒兰市初中生升学人数和升入职业高中人数的统计，职业高中的生源逐年下降，不容乐观（如表12）。

---

① 朱治德. 我国职业教育改革和发展进入"快车道". http://news.xinhuanet.com/newscenter/2005-04-29/content_2892966.htm

表12 舒兰市职业高中生源状况（1995—2002年）

年 度	1995	1996	1997	1998	1999	2000	2001	2002
初中升学人数	2169	2056	2350	2119	2112	2039	2115	2344
升入职高人数	654	484	471	481	348	316	299	273
所占比例%	30	23.5	20	22.7	16.5	15.4	14.1	11.6

这一局面出现的原因，正如我们前面提到的那样，"学而优则仕"、"跳农门"是当前农村教育的主流成材观。但随着社会的发展，社会越来越需要与21世纪现代化建设要求相适应、具有综合职业能力和全面素质、直接面向生产、管理和服务的高中级实用型人才。加之严峻的就业形势，"劳动力数量急剧增加，农村富余劳动力向非农领域和城镇转移，城镇的下岗和裁员"，三股力量综合作用，加剧劳动力市场供求矛盾。据《中国经济时报》报道，2000年以来，我国城镇登记失业率分别为3.1%、3.6%、4.0%和4.3%，呈明显的上升状态①。因此，发展职业教育是满足经济社会发展对高素质劳动者的需求和人民群众对多样化教育的需要的必要选择。同时，职业教育的专才教育与通才教育相结合、职前教育与职后培训相贯通、初中高等职业教育与技能培训相衔接的"一体化"教育体系，也可以满足以专业为基础、以能力实际操作为中心的未来劳动力市场的要求，真正成为对社会有用的人才，真正实现"行行出状元"。

（四）建立统一的劳动力市场，实行就业准入制度

建立城乡统一的劳动力市场，将农村职业培训与户籍制度改革配套实施，建立"职业资格证书"制度，使职业资格证书成为农村劳动力进入城市就业的通行证，从而调动农村劳动力对人力资本投资的积极性。组织农村未能继续升学并准备进入非农产业就业或进城务工的初高中毕业生参加必要的转移就业培训，使其掌握一定的职业技能并取得相应的培训证书或职业资格证书。

用人单位招收农村劳动力，属于国家规定实行就业准入控制的职业（工种），应从取得相应职业资格证书的人员中录用。对用人单位因特殊需要招用技术性较强，但尚未参加培训的特殊职业（工种）的人员，可在报经劳动保障部门批准之后，先招收后培训，取得相应职业资格后再上岗。对进入小型分散用工单位的外来农民工，通过制定相关政策，相应抬高对其进城务工的"素质门槛"，分层次、多渠道的系统培训，可引导农村劳动力积极参加培训，减少

---

① 转引自：平谷小李. 职业教育能解决就业吗//K12中国中小学教育教学网，2004-06-28.

盲目流动。

须要注意的是，考虑到劳动权益保障以及社会应有的生机与活力，就业准入制度实施应以社会行业组织组织实施为主导，政府在职业准入制度方面应当谨慎介入、以宏观指导为宜。

（五）均衡和谐发展，协调职普教育规模

1999年8月，教育部为改变高中阶段教育事业不能满足社会发展和人民群众需要的状况，为缓解初中升学压力，减轻社会就业压力，维护社会稳定，提高民族素质，促进经济增长，下发的《关于积极推进高中阶段教育事业发展的若干意见》。文件中提出要处理好五对关系，其中第五点就是"要处理好普通高中的发展与中等职业教育发展的关系。要从本地经济、社会发展实际出发，促进普通高中教育与中等职业教育的协调发展"。

在调研过程中，人们通常把普通高中和职业高中对立起来研究问题，认为普通高中将职业高中的生源都"抢"走了，而且不仅仅是生源、师资、物质资源还有教育声誉也是如此。其实，作为教育系统中的两个类别是应当均衡和谐发展的，在统计数字上所反映出来的普高招生人数和在校生人数会大大超过职业高中的人数，我们决不应当简单作出判断：普通高中是影响职业高中发展的干扰因素。相反，只能说明"不是普通高中太快了，而是职业高中太慢了"。2005年，舒兰市初中毕业生总数达7000人左右，其中县普通高中招生3000左右，还有近4000人的教育资源可以供职业高中等其他类别学校进行"选择"，可招收的学生人数永远多于实际超收的名额，而今年职业高中招生人数仅有400人，可见仍有很大的扩容空间。因此，普高和职高的发展，不是对立的，不是此长彼消的。我们要发展职业教育不应当以限制普通高中的发展为代价，而且普通高中的发展也会给职业高中带来很大的发展机遇，比如普高学生的"回炉"、学分互换等。当然，面对普通高中非理性的大发展，进行必要的控制和监管也是必要的。我们所要做的是如何在意识缺位的前提下，做到行动补位。

（六）内塑外联，进行模式创新

正如前面分析的那样，职业学校的办学方向绝不能只是中职升高职，高职升本科，也不能盲目转向普通教育。一些学校办学思想不端正，办学目的不明确，至今还沿袭普通教育的办学模式和思路，特别是开通升学渠道后，竟转为以升学为目标，教学以考试为指挥棒，有悖职业教育的初衷。职业学校要以就业为导向，办出职业教育特色。目前许多职业学校却忽略了自身特长与特色，反而舍本逐末地去羡慕、追逐普通学校的办学思路和方式，使职业教育走入误区。舒兰的做法是，加强技能性培训，加强专业建设，加强劳动力转移的工作力度,根据地区和学校优势,形成区域品牌和学校的骨干专业。

职业学校应该密切关注区域产业结构的变动,分析就业市场的变化,按订单培养的要求推动职业学校运行机制的改革。舒兰先后同北京、大连、青岛等进行联合办学。行业也应当帮助职业学校与企业掌握市场需求信息,制定培训规划,指导项目学校广泛开展行业联系,促成职业学校与企业开展多种形式的联合办学,为职业学校与企业共建实习、实作、实训基地牵线,协调职业学校与企业共同研制新的职业能力标准,开发新的职业教育课程和教学材料,推进职校与企业共同建立新的职教师资队伍,以及推进职业学校学历教育与劳动保障部门的职业资格培训的相互协作与互认。

〔东北师范大学:农村教育研究所〕

黑龙江省农村职业教育的问题、原因及对策

刘雨红

目前黑龙江省农业和农村经济由传统农业向现代农业转变,由粗放型经营向集约型转变,走可持续发展的道路,迫切需要大批有技术、善经营、会管理的初中级人才,迫切要求农民具有市场意识、科技意识、竞争意识和竞争能力,这其中的关键是提高劳动者素质。要很好完成这一任务只能依靠职业技术教育。本文即对黑龙江省农村职业教育的问题、原因及对策作以分析。

一、黑龙江省农村职业教育存在的问题及原因分析

黑龙江省农村职业教育、成人培训和科普教育薄弱,许多农民终身都没有受到职业培训,也没有获取专业技能的信息渠道,而现在的一般农村普通初中、高中没有开设与职业相关的课程,回乡青年,既不会务农也不能从事其他专业技术工作。据 2004 年农村社会经济调查大队对 14 个村的调查结果显示,在 8023 个农村劳动力中接受过职业教育和培训的人数有 442 人,占所调查劳动力总数的 5.5%,有专业技术职称的人有 581 人,占所调查劳动力总数的 7.2%。农民科学文化素质的提高缺乏开发计划和组织保证,某些地区实施培训只为完成任务,同时缺乏对农村劳动力素质提高的紧迫感、主动性和自觉性。从事农村工作的领导干部和广大农民中比较普遍地存在重物质投入、轻智

力投入；重政策威力，轻文化科学作用；重眼前，轻长远；重治穷致富，轻治愚脱贫等倾向。人才培训无计划、盲目性以及人才使用脱节，既浪费经费，又得不到良好的社会效果。农村职业教育在社会潜在需求日益旺盛的新形势下走入低迷，其症结在于指导思想、工作措施、社会经济制度等诸多方面存在问题。

1. 农村职业教育功能办学方向与职业教育的时代要求相背离

"以服务为宗旨，以就业为导向"是包括农村职业教育在内的当前我国职业教育的办学方向。农村职业教育的指导思想要转轨，即从对口升学教育转移到主要为两个文明建设服务和大面积提高农村劳动者素质的轨道上来，应当说已经越来越明确。但在我省农村职业教育的办学方向上存在错位现象，相当数量的学校以对口升学作为办学的主要目的，这也成为大量学生接受职业教育的直接目的。这种现象与国家和社会发展赋予职业教育的任务严重背离。我国传统文化以及人才观念，直接影响对教育的选择，观念的落后和陈旧，是农村职业教育难以快速发展，难以跟上社会经济需求的重要原因之一。由于接受高等教育可以改变地位和身份、提高收益，所以不少农民及其子女仍然抱着升大学的愿望到职业学校学习。但是，对口升学的学校水平和数量远远不能满足学生和家长的需要。职业学校以此作为办学定位，不仅无法发挥转移农村富余劳动力、促进产业升级的功能，也给自己的办学带来了极大的负面影响。同时，一些学校的办学思想僵化，对"农"字的理解狭窄，对培养目标的定位落后，往往局限于传统农业；对农村职业教育的划分不科学，仍然局限于县及县级以下，实际上城市里许多职业学校、中专学校、民办学校主要招收的都是农村学生；对就业市场信息不敏感，对农民和就业市场的新需求不适应，仍然在开办一些市场需求过剩的传统专业，造成就业市场人才需求与职业学校人才培养脱节。

2. 农村职业教育办学规模小、数量少，其有效需求没有充分发挥

职业教育与地方经济的发展状况联系非常密切。由于全省各地区经济发展的差异，我省44所中等专业学校有23所集中在哈尔滨市，其他12个地市除齐齐哈尔有4所外，其余的地市只有一两所。目前，我省的产业结构特别是农村地区的产业结构，仍然以传统农业为主，对职业教育毕业生吸纳能力低。最主要的是由于我省甚至我国就业市场准入机制不够健全，大批没有接受职业教育培训的廉价劳动力进入第二、三产业，使得从农村地区转移出来的劳动力缺乏接受职业教育的内在动力。因此，我省的农村职业教育长期得不到发展，办学规模日渐减小。据2005年黑龙江省统计年鉴记载，我省2004年共有初中毕业生549422人，其中农村初中毕业生数有308627万人，占全省初中毕业生总

数的56.17%。普通高中的招生数量占所有毕业生的37.01%，其中农村学生的高中升学率只有6.53%。而我省中等职业学校招生之和只有8万余人。全省各地区情况大致相同。也就是说，全省有26万多初中毕业生，其中农村学生占90%，没有接受任何培训就直接进入了社会。从图1可以看出，职业学校的招生规模与普通高中相差悬殊，近几年普通高中的招生数量不断上升，而职业学校与之相比却成萎靡之势，招生数量不升反降。职业学校数量也越来越少。我省现有中等职业学校44所，职业中学166所，技工学校135所，而全省有普通高中479所。初中毕业生的主要去向是升入普通高中，升入职业学校的学生很少。因此，必须加快农村职业学校办学规模，加快职业教育发展，实行教育合理分流。最大限度地满足经济社会发展对多层次人才和劳动力的需求，缓解我省中等职业教育现有的教学规模和数量与庞大的教育潜力和现实的人才需求之间的矛盾，促进我省经济的发展和和谐社会的建设。

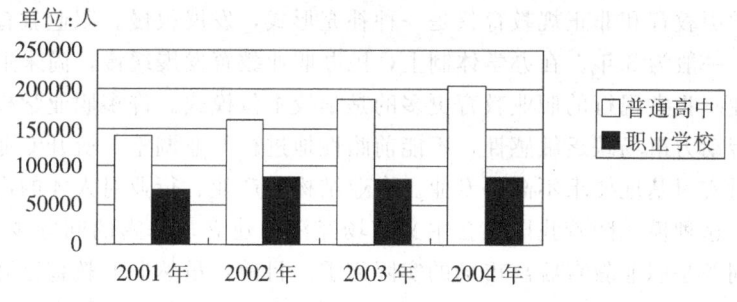

图1　普通高中与中等职业学校招生数量比较

3. 农村职业教育经费投入严重不足且缺乏制度保障

从经济角度讲，职业教育具有"准公共产品"的性质。职业教育除受教育者本人外，最大的受益者是社会和企业。从投入角度讲，按照"谁投入，谁受益"的原则，应该实行学生受益学生缴费，企业受益企业出资，社会受益政府投入的政策，合理分担职业教育成本。在这种情况下，由政府加大投入、支持职业教育发展，成为世界各国的普遍选择。而我省有关方面对职业教育办学成本相对较高未能给予充分重视，缺乏相应的政策补偿，政府功能发挥不足。

研究表明，职业教育培养成本是同级普通教育的2.6倍，主要用于实训基地建设和学生技能训练。但近几年我国职业中学生均预算内事业费支出和公用经费支出与普通高中大体持平，无法体现培养应用型人才的要求。而且教育的投资主要取决于当地经济发展水平和领导的重视程度，如果地方经济发展水平低，政府没钱，教育自然就失去了经济保障。其直接后果是，导致农村职业教育办学条件差，教学质量不高，社会影响和吸引力不大，自我发展能力弱，为农业和农村经济发展服务的能力不强,很难办出特色和水平。同时,由于来自各级政府的投入远远不能满足职业学校办学的需要,学生的学杂费顺理成章地成为学校办学经费的重要来源,直接导致了农村职业学校学生接受职业教育的成本居高不下。在我省,农村职业学校的学费一般在2000元/年左右,占农民年均收入的近70%。如果加上食宿等其他费用,3年大约需要支出15000—20000元。如果按照2004年我省农村居民人均年收入3005元计算,三年的机会成本近10000元;如果按照流动人口的年收入计算,三年的机会成本要15000元左右,直接支出与间接损失两项相加,三年之间投入高达25000—35000元。高昂的受教育成本极大地限制了广大农村家庭子女的教育需求,庞大的教育潜力没有转化为现实的有效推动力。

4. 办学模式僵化,师资实践技能缺乏,人才培养水平低

现阶段我省农村职业教育的办学功能单一,正规教育、学历教育占绝大多数,非学历教育和非正规教育只是一种补充形式,发展很慢。职业教育教学周期较长,一般为3年。在办学体制上,民办职业教育发展缓慢,尚未形成一定的规范性。我省现行的职业教育更多的是学校本位模式。许多职业学校的专业设置对劳动力市场缺乏敏感性,不能前瞻性地进行专业调整,所开专业多为成本小、对实习基地要求不高的专业。专业结构与产业、行业对人才的需求结构不协调。这种模式随着我国社会主义市场经济的建立,暴露的问题越来越多,最大的问题是职业教育脱离市场的实际需求。目前,虽然职业教育已开始面向经济,面向市场,但其内部运行机制与计划经济制度下的学历教育并无真正区别,从组织领导、办学制度、教学管理制度,到教材、教学活动等都还沿袭着计划经济体制下的学历教育模式和应试教育模式,许多职业学校教学仍是从书本到书本,从理论到理论,缺少与社会实践的紧密联系。

农村职业学校教师队伍总体上数量不足,学历达标率偏低,素质不高,而且许多职业学校的专业课教师缺乏。专业课教师与普通文化课教师的比例失调,文化课教师的比例普遍偏大。教师的知识结构与职业教育所要求的知识结构不相适应,缺乏必要的工作实践能力和专业实践技能。职业教育教师参与继续教育机会少,层次低,培训形式单一,培训内容与教学实际相脱离,追求学历达标而忽视内在质量。

二、黑龙江省农村职业教育发展对策研究

(一)政策制度支持

从政府功能的公共性出发,针对我省职业教育特别是农村职业教育发展的迫切需要,建议政府部门为我省农村职业教育的发展创造一个良好的外部环

境，主要包括：政府、企业对职业教育的投入，产业结构的调整及劳动力市场准入机制的真正建立，以及在就业、研究、规划方面的支持。以强化政府行为为核心，加大职业投入为保障，完善就业市场准入制度和改革人才培养模式为突破口，作为我省在新形势下对农村职业教育发展的政策制度支持，促进农村职业教育更好地为我省农村经济发展服务。

1. 加大政府对农村职业教育的投入，建立中等职业教育补偿机制，向企业开征教育税

我省的各级领导部门应转移教育投资重点，加强对农村教育的投资，按照科学发展观的要求，统筹城乡教育结构，促进农村职业教育与普通教育均衡发展。农村职业教育发展要适应建设社会主义新农村的需要，既要担负起培养新型农民的重任，更要在农村富余劳动力向非农产业转移中发挥重要作用。要更新农村职业教育观念，充分发挥城市职业教育资源的优势，通过制定相应的优惠政策，支持和鼓励城市职业学校积极吸纳农村生源，为农村富余劳动力与劳动密集型产业向技术密集型产业转移创造条件。

对企业来说，由于技术在相关行业的普遍适用性，使得职业教育的效益具有一定的外溢性，使一些企业缺乏投资中等职业教育的积极性，但根据教育成本分担的能力原则和受益原则，企业作为重要的受益方应有效分担相应的中等职业教育成本，企业具有分担职业教育成本的义务。为了使职业教育获得足够的发展资金，我省甚至我国应尽快通过立法对企业开征职业教育税。依据职业教育的经费需求确定合理税率，税收由省级政府和各地市政府共享。在此基础上建立教育的转移支付制度，对贫困地区的中等职业教育实施成本补偿。

2. 建立有效的职业教育评价机制，完善就业市场准入制度，充分发挥行业协会的作用

农村职业教育评价机制还没有完全建立，督导机构还没有很好地履行督导职责，因此，对各学校之间出现的生源大战之类的问题都没有解决办法。要发展农村职业教育，必须建立有效的职业教育评价机制，健全督导机构，督促政府将职业教育纳入当地教育和经济社会总体发展规划，督促政府依法落实职业教育经费，特别要认真抓好农村职教的统筹规划、综合协调、规范办学等工作。同时，引导职业学校依据本地生源的特点，结合市场需求，深化办学体制改革，打造富有地方特色的职业学校品牌；引导有条件的地区整合校际优势及职业教育资源，充分挖掘企业中潜在的职业教育资源，适度扩大兼职教师的比例，实现师资共享。加强对现有教师的培养，以"双师型"教师培养为导向，不断提高教师队伍整体素质。督导机构还要督促职业教育研究部门从事职业教育的宏观研究、教学研究，制定合理科学的评估指标体系，对农村职业学校进

行质量考核，对职业学校教师进行职称考核、评定等。只有加大政府的执法力度，充分发挥政府的督导作用，才能为农村职教的健康发展创造有利的社会环境。

现阶段，由于就业市场准入机制不够健全，大批没有接受职业教育培训的廉价劳动力进入第二、三产业，使得从农村地区转移出来的劳动力缺乏接受职业教育的内在动力。对大多数劳动密集型企业来说，由于技术要求低，几乎存在劳动力的无限供给。就业市场准入机制不够健全必然会使接受中等职业教育的必要性显著降低。因此，国家应完善就业市场准入制度，保证"职业资格证书"制度的执行。它仅仅得到政府认可，在市场却没有得到切实的认可。许多企业、公司没有严把职业资格证书关，为了降低成本，不论求职者是否经过职前培训，是否获得职业资格证书，便给予聘用，这使得这一制度无法真正执行。应充分调动和发挥行业的作用，把职业技能资格认证权限授予行业协会。由行业协会组织职业技能资格认证，有利于更好地贯彻行业标准，可以使职业学校毕业生获得的职业技能资格证书成为就业市场的专业与权威凭证。

3. 建立完善与职业教育相关的法律政策并严格执行，为农村职业教育发展提供服务与支持

虽然国家颁布了多部职业教育相关法律法规，但由于制度建设滞后且执行不力，职业教育运行仍然缺乏软环境支持。如企业用工时存在"就业陷阱"、"虚假订单"等不规范现象。一些用人单位以"虚假订单"把学生骗去，却不按事先的承诺兑现待遇，或者在干满一年试用期以后以种种理由把人辞退。而相关的法律约束还没有形成，许多外出务工的学生上当受骗后无处申冤，给学生及其家庭造成很大损失，也使职业学校面对外面来的"订单"望而却步，增加了职业学校毕业生的就业难度，严重影响了家长、学生和学校对职业教育发展环境的信心。因此，政府必须不断完善相关的法律政策，加大执行力度，为职业教育的发展创造有利条件。对于职业学校的办学者来说，来自政策和制度的一些不公平更使他们的积极性受到严重挫伤。如职业学校教师晋升职称比例偏低，接受继续教育与培训的机会也远远不如普通学校教师，这使职业学校教师感觉职业教育不受重视。

另外，面向市场办学是职业教育发展的方向，但市场信息、中介服务、研究机构尚未跟上职业教育发展的需要。一些专业的职业技术人才短缺，而另一些专业的职业技术人才过剩，造成了职业技术人才结构性不合理。现在，我省的大部分地市还没有专门的职业教育教学研究机构，学生就业也主要靠民间组织或自我服务。由于体制分割，一些地方劳动部门只向技工学校提供就业市场信息；以供求信息为主要内容的地方职业教育统计、调查资料奇缺，职业教育

的发展规划和调控方案缺乏相应的基础数据支持。由于缺少公共支持，使得农村职业教育筹资和服务成本控制的问题难以解决，而且造成资源配置和使用效率低下。

4. 整合教育资源，优势互补，做大做强职业教育

加强统筹，调整资源分布，集中力量做大做强示范性学校。各级政府和教育管理部门要重视农村职业教育的发展，要明确对农村职业教育资源统筹和管理的责任，要根据当地经济发展和产业结构调整的需要，本着现实性原则和统筹性原则，打破部门之间，城乡之间的界限，调整职业学校布局结构，优化资源配置，对那些规模小、效益低、质量差的学校进行合并，使闲置的教育资源得到充分利用，把那些办学条件好，教育质量高的示范性职业学校不断做大做强。

新时期农村职业教育的发展要全方位、多角度、多层次地来考虑问题。过去农村职业教育是在一个市县域内统筹，局限性较大。市场经济的发展决定了农村职业教育的统筹范围需要扩展，特别是专业设置优化问题、师资问题、毕业生就业问题，可以在省域内统筹协调，这样会更有效地配置教育资源，节省教育成本。市县职业教育中心要积极探索新形势下，农民、乡镇企业、村民委员会、高等院校、科研院所合作的新方式；要探索如何形成一个利益的共同体、优势互补、共同发展的新途径，使之能够继续有效地发挥"教学、科研、生产、技术推广、服务"五位一体的作用。

（二）农村职业教育自身改进

1. 转变办学观念，增强农村职业教育的服务意识

（1）为"三农"服务，培养生产、服务、管理一线需要的高素质劳动者和初中级应用型专门人才。

为"三农"服务表现在三个方面，一是促进农业分化。总体上看，我省目前的农业仍处于一种初级分化甚至未分化状态——农业生产是混合在一起的，没有像工业、建筑业和第二产业一样，细分成不同的专门行业，随着社会的不断进步，农业也该进一步细化。二是促进农民职业化。农村中等职业教育的一个重要使命就是促进"农民"由身份向职业过渡。三是促进农村城镇化。农村问题最终要靠城镇化和现代化来解决，因此，农村中等职业教育培养出来的人才要致力于加快城镇化进程。

改革开放以来，我省社会经济发展迅速。但是，占我省总人口近50%的农村地区与城市比较，差距依然很大，而当前，农村人力资源丰富但人才资源匮乏，把农村丰富的人力资源转化为雄厚的人才资源，是农村经济和社会发展的根本问题，解决这一问题的根本措施，是大力发展农村职业教育。农村职业

学校如果没有为我省经济结构调整和技术进步服务的指导思想，培养的人才不适应我省农业经济的需要，没有很好服务农村这个广大的市场，学校也就失去了存在发展的基础。

（2）为升入职业学校的学生做好服务

升入中等学校的学生大致分为三类，一是毕业后留在农村从事农业生产经营的学生。通过劳动力转移和土地规模经营，农村将涌现大量专业农户和先导农户，他们是支撑和繁荣农业发展的中坚农民。现在对农民提出更新更高的要求，不仅具有规模经营和提高附加值的能力，还要具备根据市场变化和国际竞争的要求，能自觉创新的农民。职业学校应对这些立志学农，毕业后愿意务农者，提供这方面的教育。

二是毕业后准备就业的学生，也就是职业教育要为农村劳动力转移服务。当前，我省农业产业结构调整正在不断进行，农村城镇化建设发展迅速，农民增产增收愿望十分迫切。我省每年有几十万农村劳动力需要转移到非农产业，农民迫切需要第二、第三产业的专业技能。针对这一部分学生的专业设置要按市场需要设计，教学计划、教学内容要按择业的要求设计，同时要提供就业指导，提供信息服务，直至直接与用人单位联系，推荐就业。

三是一部分愿意继续深造的学生。随着人民生活水平的提高和社会对人才需求知识结构的高移，家长对高层次教育的希望值越来越高。现在农村人均生活水平提高，独生子女增多，家长更渴望自己的子女接受高等教育，社会就业也是知识结构越高就业机会越多，毕业后工资待遇也越高，从这方面出发，许多家长认为不必要自己的子女过早的挣钱，而是先多充电再就业。

如果职业学校真正做好了这三类学生的服务工作，这样既可学技术又可升学的职业教育前景就更广阔了。这是发展农村职业教育思想上和组织上的保证。

2. 以就业为导向，改革人才培养模式

在职业学校办学中，"以就业为导向"，试行多种人才培养模式，大力推行工学结合、校企合作，进一步推动职业学校与企业建立紧密地联系。变"输出地"培养为"输入地"培养，依托企业发展职业教育，有效增强职业教育的实践性和针对性，使职业学校学生更多地了解企业生产情况，毕业生就业也更加有保障。从我省情况和需求出发，应建立一个初等、中等、高等职业教育相互衔接，专业配套，形式多样，结构合理的现代教育体系。要统筹规划普通教育与职业教育，学校职业教育与成人职业培训，正规职业教育和非正规的职业教育等多种教育方式的发展，使有学历的职业教育和非学历的职业教育共存，学历文凭和职业资格证书并重，相互沟通和衔接，变教育的"独木桥"为"立交桥"。

3. 提高农村职业学校教学质量

（1）加强职业教育的教师队伍建设

提高职业教育的质量，关键在于提高教师的整体素质。提高职业学校的教师素质，应从三个方面着手：一是加大对现有职业教师的培训，制定切实可行的培训计划、措施和方案，注重对专业技术骨干教师的培养，建立激励教师不断加强业务、技术学习的机制；要努力为教师创造进修和学习的条件，提升教师的知识水平、教学水平和实践能力。二是优化职业教育师资结构，加强"双师型"师资队伍建设；积极培养双师型教师，鼓励教师到企业或其他单位进行学习和锻炼。三是建立合理的人才流动机制，根据职业教育办学规模和发展需要，不断充实专业技术人才，逐步建立一支高水平的师资队伍。注重专兼职教师队伍的结合，聘请农业生产能手或其他技术人员任教。通过这些措施，力争形成专兼职相结合并且充满生机与活力的高素质农村职业教育教师队伍。

（2）合理设置各门课程

农村中等职业教育课程设置要以培养学生的就业、创业能力为核心，以培养学生搜集、选择和处理信息的能力为重点。在课程的整体设置与实施上，要强调实际工作岗位和工作过程中职业实践能力的培养；教学内容丰富，专业学习与一般社会行为能力发展相结合，全面提高的综合素质，以适应劳动市场和社会快速变化的要求，强调跨学科和跨职业的学习。

（3）实行分层教学，满足每一个学生的需求

根据学生学习成绩、知识基础、学习态度和个性特点等综合情况，把学生分成若干小组，制定适应不同层次学生的本课程基础知识和认知水平的课程教学目标，教学中实行同步授课，分组学习，分层练习，分层作业，让选择较高层次的学生有可能获得更大的提高，让选择较低层次目标的学生达到必需的教学要求。同时，培养学生的学习兴趣，开发学生的特长，鼓励学生参加社会各类证书的考试，为学生特长的发展和职业定向创造条件，让学生自己做能力开发的主人。

（4）搞好农村职业学校的德育教育

德育定位上，重视学生的主体要求，发挥学生的主体作用。把每一个学生当作教育对象，确立和尊重学生在教学活动中的主体地位，尊重他们的个性特点，着力培养他们的自信心，全面和谐的素质，鲜明的个性和创造力。建立一支全员参与的德育工作队伍。要加强德育的常规管理，从制度上确保德育在学校的首要地位。

（5）重视素质培养，实施创富教育

学校在注重技能教育的同时，要保证一定的课时，充分利用学校的图书馆，提高图书的借阅率，以满足学生对各方面知识追求的需要，扩大学生的知

识面。要充分利用国旗下的讲演、校园之声广播、主题班会、德育课、知识竞赛等形式,提高学生的学习人文知识的积极性。同时开展创富教育,教育学生实干致富,引导学生认识到只有去尝试、通过实干才能创造财富。教给学生在创富方面的创造性思考方法和技巧,介绍新颖独特的创富经验和事迹等。

4. 加大宣传力度,强化纵横向沟通,走出"招生难、就业难"的困境

各职业学校要加大宣传力度,使新的求学观、择业观和成才观在全社会蔚然成风,形成全社会都来关心、支持、参与职业教育的良好氛围。在招生方面要转变职业学校招生工作的指导思想,树立"大招生"的观念,在招生时间上不拘泥于年度的常规招生,把定期招生和常年招生结合起来,在招生空间上不局限本县、本市,而应积极创造条件,面向临县、市招生。在招生对象上,可以把应往届初中毕业生全部纳入被招生范畴。同时要利用国家正在逐步实施终身教育的契机,加大短期培训的力度,视短期培训为扩大生源空间的途径。

在就业方面要面向市场合理设置专业,专业设置要考虑区域经济发展、产业结构调整和劳动就业结构、科学技术进步对专业设置的影响;要长年与经济部门和劳动力市场的联系,建立人才需求分析、预测机制;加强就业指导,要开设职业生涯指导课,一方面要教育学生树立新的就业观念,使他们明白现代社会职业是有高度流动性的,另一方面,我们要积极引导学生通过劳动力市场去选择适合自己的工作岗位;各职业学校应成立专门招生就业指导办公室,把学生的就业推荐看成是与招生工作同样重要的工作。

[黑龙江公安警官职业学院]

山东省平度市农村职业教育调研报告

农村职业教育平度调查组*

一、平度市的基本市情

平度市是山东省面积最大的县级市,是青岛的后花园和青岛最大的卫星城市,总面积3166平方公里,占青岛总面积的1/3,辖26个镇、4个街道办事处、1个省级经济开发区、1788个行政村,总人口135万。2002年全市实现

---

* 参加本次调研的人员有:于伟、林丹、吴华、栾天。报告执笔人:林丹。本次调研得到了农安县教育局及被调查学校的大力支持,特致以衷心感谢。

国内生产总值 156.3 亿元，地方财政收入 46857 万元（新口径），社会固定资产投资 41.5 亿元，城镇居民人均可支配收入 7240 元，农民人均纯收入 4038 元。在全国县域经济基本竞争力评价中心评出的第二届全国县域经济基本竞争力百强县（市）中列第四十一位，居山东省第八位。

平度市农产品和矿产资源丰富。先后被国家农业部确立为商品粮、优质果品、优质棉、商品瘦肉猪等 25 个生产基地，油料总产连续 9 年居全国第一，是全国唯一一个粮、棉、油、肉、果均进入百强的县（市），是"中国葡萄之乡"、"中国花生之乡"、"中国大姜之乡"、"中国肉牛之乡"。国家级常设农业技术市场——江北农业技术市场，已成为立足江北、辐射全国的农业和企业技术、产品、人才、信息集散地和交易交流中心。矿产资源得天独厚，其中石墨、黄金、花岗岩等储量均列全国前茅。

平度市投资环境日臻完善，外向型经济发展迅速。全市规划建设了国家级海峡两岸农业合作试验区、省级经济开发区和工业新区、同和工业园、南村工业园、香店工业园等重点工业园区，培育了青岛市出口食品加工区、汽车配件工业园、石材工业园、橡胶工业园等一批特色工业园区。形成了以电子机械、纺织服装、化工橡胶、食品加工、矿产建材等行业为主的工业体系。对外开放推动了平度经济的发展。1992 年以来，平度工业投入的 2/3 来自于外资，从而为工业经济的长足发展注入了生机和活力。在引进外资的同时，配套引进了先进的技术设备和现代化的管理经验，提高了产品的技术含量和档次，促进了产业、产品结构的调整优化，增强了经济发展后劲。通过扩大对外开放，新建扩建了机电、铸造、矿产品加工、农副产品加工、纺织、服装、化工等 10 多个行业，并已形成一定规模。2002 年，全市 220 家已投产的三资企业完成工业总产值 37.6 亿元，实现利润 1.47 亿元，增长 12.3%，上缴税金 1.69 亿元，占全市工商税收总额的 24.1%。涉外税收比上年增加 500 万元。三资企业从业劳动力达到 1.8 万人。全年实际到位国内外资金占全社会固定资产投资的比重达到 80% 以上。

对外开放也加速了农业产业化进程。近年来，通过扩大对外开放，平度市成功地引进了 70 多家从事农副产品加工的外资企业，并以此为依托，逐步培育壮大了果品、蔬菜、畜牧、葡萄等 100 多个农业主导产业。如爱德牛业有限公司，租赁当地奶牛，拉动了当地经济发展；青岛兆丰农产有限公司、青岛翔龙食品有限公司依托仁兆、张戈庄等地发展蔬菜生产，带动全市蔬菜总产达到 253 万吨。这些"农"字号外资企业上联市场、下联农户，在全市形成了市场牵龙头、龙头带基地、基地联农户、产加销、种养加一体化的产业化生产格局，实现了农副产品的加工增值，增加了农民收入。同时，国外先进的农业技术和新成果的引进，提高了农业技术水平及农产品的质量和档次，增强了市场竞争力。

此外，对外开放促进了对外贸易的繁荣。2002年，全市对新兴市场出口额达到了1800万美元，同比增长135％。截止2002年底，全市共批准外资项目785家，其中外商投资达到1000万美元以上的有25家。国际知名的三星电子、LG制冷设备、日本三井株式会社、TDK电子、三和电子、统一企业等大集团、大公司先后落户平度。外商投资项目主要集中在机电、矿产品和农副产品加工、纺织、服装、食品、机械等行业。

所以要在本报告的开篇首先对平度市的基本市情作以简要概述，主要基于我们在本次调研中的发现，平度市职业教育的发展状况与当地的社会经济发展水平是密不可分的。事实上，也没有任何一个地方的职业教育发展状况可以脱离当地的基本地情（尤其是当地社会经济的发展水平）。

二、平度市职业教育的发展现状

(一) 平度市职业教育发展的基本情况

改革开放以来，与其他县市不同的是，平度市在落实基础教育战略地位的同时，还始终坚持把发展职业教育作为科教兴市的重要措施，实现了普职教育均衡的健康发展。全市现有各级各类学校283所，在职教职工14266人，在校学生20万人，其中各类中等职业学校9所，在校生近2万人。全市现已初步形成了门类齐全、配套合理、上下衔接、整体服务功能较强的职业教育体系，在全市的经济发展中发挥了越来越重要的作用。

1. 办学质量不断提高

目前平度市职业学校发展到9所，共有教职工1157人，在校生19000多人，2004年招生人数达到8600人，占整个高中段招生总数的50.7％。现在平度市职业教育已经形成机电、建筑、财会、农业、服装、社会服务等15个门类、60多个专业的发展规模。职业教育的师资力量也在不断壮大，全市既有学历证书又有技术等级证书的"双师型"职业教育教师已经达到509人，占到教师总数的44％。职业学校毕业生中持有"双证"（毕业证和职业资格或岗位合格证）的学生达到86.6％，一次性就业率达到90％以上。

2. 办学效益明显增强

平度市职业学校通过联合办学、产教结合、产企合作等办学形式，拓宽了自身发展渠道，取得了良好的经济效益和社会效益。比如，平度市职业教育中心与"德国赛德尔基金会"实施合作办学以来，已争取到德方资金投入2500多万元，同14所省内外学校达成联合办学意向，并在梁山县设立了分校。平度市崔召分校果品加工厂、畜牧养殖教学实验场不但为学生提供了实训、实习基地，而且取得了可观的经济效益。

3. 服务"三农"作用突出

平度市的职业教育立足农村,积极开展技术服务和劳动力培训,为转移农村剩余劳动力、促进当地经济发展都起到了重要作用。比如,平度市崔召分校免费为当地果农传授果树种植技术,教师经常无偿帮助果农嫁接剪枝,每年能为群众增收几十万元;奶牛养殖场项目仅饲料一项每年就为当地消化秸秆十几吨。由此可见,职业教育在充分开发农村劳动力资源、培训农民技术人才等方面都发挥了积极作用。目前,全市各类中等职业学校已累计培养合格毕业生7.25万人,累计实施职业培训56万人次,职校毕业生从业后所创造的经济价值对全市GDP的贡献率已达到20%以上。

4. "双元制"办学模式显著

"双元制"被称为德国"二战"后经济腾飞的"秘密武器"。自1991年"德国赛德尔基金会"与平度市实施合作办学以来,办学专业已达15个,年招生能力达2500多人,共培养输送了5900多名毕业生。"双元制"办学模式培养出来的学生综合素质较高、理论联系实际能力较强,实践操作能力普遍受到企业欢迎,成为平度市招商引资的一大优势。正因如此,在一定程度上,"双元制"已成为平度市职业教育的代名词。

(二)平度市职业高中的基本情况(以4所职业高中为例)

1. 师资现状

本次调研是以平度市的4所职业高中为例,被调查的教师中有87.2%属于在编教师,其中男教师65名,占38.9%,女教师102名,占61.1%。被调查的教师中有88%是普通任课教师,其他12%的教师还分别担任年级组长和教研组长等行政职务。

(1)职业高中教师的年龄结构(见表1)

表1 职业高中教师的年龄结构

年 龄	30岁以下	31—35岁	36—40岁	41—45岁	46—50岁	51—55岁	56—60岁
人 数	20	18	7	11	2	1	1
比例%	28.1	26.9	25.1	16.2	0.6	1.8	1.2

从表1可以看出,目前平度市职业高中教师的年龄结构比较合理,中青年教师占到95%以上。这为优化师资队伍、提高教师教学水平、改进教育质量奠定了良好基础。

(2) 职业高中教师的学历状况（见表2）

表2 职业高中教师的学历状况

层次		硕士	本科	专科	中专	高中	初中
第一学历	人数		50	88	20	8	1
	比例%		29.9	52.7	12	4.8	0.6
最后学历	人数	2	143	17	1		
	比例%	1.2	85.6	10.2	0.6		

从表2我们得出，职业高中教师的学历状况在近年来已经得到大幅度提升。即使教师的第一学历更多集中在大专层次，但是随着终身教育体系的完善和继续学习机会的不断增加，他们中有接近90%的教师可以通过脱产、函授、自考等多种学习方式达到本科和本科以上学历水平，更好地保证了学校的教学质量得以提升。

(3) 职业高中教师的职称情况（见表3）

表3 职业高中教师的职称情况

级别	初级	中级	高级	未评职称
人数	64	64	9	30
比例%	38.3	38.3	5.4	18

根据表3，平度市职业高中约有82%的教师已经进入到正常的评定职称系列，但是只有将近45%的教师可以达到中级和中级以上职称。整体来看，平度市职业高中教师队伍的职称水平相对较低。同时我们也不容忽视，依旧存在18%的教师由于没有编制、素质较低等各种原因没有纳入职称评定进程。

(4) 职业高中教师的培训情况（见表4）

表4 职业高中教师两年内接受培训情况

培训级别	国家级	省市级	县区级	本 校	未接受
人 数	9	28	27	62	38
比例%	5.5	17	16.4	37.6	23

事实上，教师在职前获得的学历只是他们开始工作的起点和基础，而伴随

知识更新和社会节奏的加快,真正能使教师不断得到专业成长和发展的是"在职培训"。从表 4 我们可以看出,职业高中教师两年内接受培训的情况是不容乐观的。总体来看,他们接受培训的情况是不仅"机会少"而且"层次低"。特别是还有 1/5 的教师两年内没有接受过任何在职培训和进修。很显然,这就不利于教师整体素质的提高。同时在调研中我们还发现,在被调查的教师中,只有 46.7%的教师参加过从业资格考试,52.7%的教师从未参加过从业资格考试。

(5) 职业高中教师对职业选择的态度

我们在调研中发现,职业高中教师对于自己为何选择这一职业的态度很不一致。问及选择职高教师的原因时,他们中有 12%的人认为工作稳定,有 40.1%的人是喜欢并热爱职业教育事业,有 37.7%的人认为是生存的需要,有合适机会就会离开,还有 10.2%的人认为这份工作轻闲、空余时间多、可以做其他事情。也就是说,有将近 60%的教师不是真正喜欢做职高教师,而只是迫于一些外因维持自己在这一岗位上工作。在调研中,针对"如果有合适的机会,自己不会在职高当老师"这一提法,有 40%的教师抱持"同意"态度。应该引起我们关注的是,职业高中教师对于职业选择的这种态度和思想倾向,势必影响他们在工作中的积极性和主动性,也就必然给他们正常的教育教学活动带来一定程度的消极影响。

2. 课程与教学状况

课程与教学质量是一所学校的生命力所在。本次调研中我们获知,总体而言,平度市职业学校的课程与教学状况还是比较令人满意的。调研中 84.8%的学生对学校开设的课程总体感觉满意,而最满意的课程是"专业课"和"实践课",这恰恰迎合了职业学校的最大优势就在于对学生实践动手能力的真正培养。由此我们也可以看出,平度市职业学校的课程资源还是比较丰富的,尤其在硬件建设方面比较到位。即使这样,平度市职业高中的课程与教学方面仍然存在许多有待改善的地方。比如,本次调研中 83%的学生认为如果学校开设的专业得不到学生的喜欢,主要原因就是"专业与个人的兴趣不符"。也就是说,职业学校在课程内容和专业开设方面,还应更多关照到学生兴趣。

3. 学生情况

本次调研的职高学生中,接近 91%的学生家庭居住地集中在乡镇村屯,其父母的平均文化程度也比较低,初中毕业和初中毕业以下的占 71.2%,父母职业主要是农民的比例高达 67.5%。

(1) 农村学生为何选择职业高中

一般而言,我们认为,农村学生选择职业高中有三种理由:一是农村高中学校容量不足,导致农民子弟接受普通高中的教育机会偏少;二是大学教育投资成本较高,大多数农村低收入群体接受教育的欲望受到抑制;三是高等教育的多投入和高门槛，让多数农村青少年望而却步。但是除此之外，在本次调研中我们还发现了一个非常重要的原因，即平度市职业学校的学生"出口"较好。有目共睹，青岛集中着大量国际知名品牌企业，平度作为其县级市便占据着一定的地理优势。由于平度市的职业学校与很多国际知名品牌企业都有常年的校企合作办学项目，因此进入平度市的职业学校在一定程度上就意味着未来可以在青岛的很多大型企业公司工作。可以说，这对于大部分经济条件并不富裕的农村家庭来说是一种巨大的吸引和诱惑。因此，平度市职业学校的生源一直可以保持比较好的水平。调研中我们看到，有91.7%的家长对于子女选择职业学校是抱有希望的，90.2%的家长认为上职业学校对子女来说是很有前途的。

(2) 学生在职业高中的学习状况

职业高中相比普通高中来说，学习节奏和过程是相对缓慢和平和的。毫不隐晦地说，由于职业高中的学生是在中考中失利的所谓的"学业失败者"，因此总体而言，学生在职业高中的学习状况也很一般。在调研中31.7%的教师认为学校特别需要改进的就是"学生素质"问题，47.9%的教师对现在所教的学生抱持"不大满意"和"很不满意"的态度。但是鉴于现行制度，职业学校的生源录取只能在普通高中录取之后进行，没有任何优先权。因此，生源情况较差也是职业学校不愿目睹却必须面对的客观事实。然而，即使只有43.7%的学生经过职业学校的一段时间学习可以达到对专业知识和技术"比较熟悉"的程度和水平，可是这对于学习能力不是很强的职业学校学生来说，已经是很大的进步。整体来看，78.3%的学生对选择职业学校比较满意，虽然仍有48%的学生内心依旧希望自己接受本科层次的教育，但是74.3%的学生在职业高中的学习过程中对学习"非常感兴趣"和"比较感兴趣"。

(3) 职高学生业余时间的活动内容（见表5）

表5 职高学生业余时间的活动内容

活动内容	人数	比例%
上网聊天	53	7.3
打游戏	11	1.5
逛街，购物	60	8.2
打球	76	10.4
和同学聊天	189	25.9
学习	32	4.4
看课外书	175	24
其 他	134	18.4

我们从职业高中学生业余时间的活动内容安排，就可以看出他们的基本生活状态。从表5可以得出，处于这一年龄阶段的学生是十分渴望与他人交流的。33.2%的学生选择了在课余时间聊天，无论是通过网络还是通过同学，事实上都是他们希望与外界沟通和取得理解的表达方式。逛街、购物实质上也体现了一种与他人的交往过程，因为这一活动一般都是通过集体活动的方式。

（4）职高学生的毕业去向

调研中我们得知，平度市职业高中毕业生的毕业去向主要有：外企占到22.8%，私营企业占到38.3%，自谋职业占到15%，升学占到7.2%，参军占到4.8%，考公务员占到0.6%，其他占到11.4%。职业学校的就业制度主要有："订单式"培养占15.6%，各种类型招聘会占10.8%，校企合作占43.1%，自主就业占16.8%，其他占13.8%。应该看到，总体而言，平度市职业教育的学生出口情况还是不错的。此外，调研中问及学生对于自己的未来预期时，15.9%的学生选择"自己创业"；问及学生毕业后不想升学的原因时，除了26.2%的学生是因为"家庭生活困难，希望早点工作"之外，"想自己创业"的比例也高达47.4%。这是本次调研的一个重要发现。究其根源，应该说主要还是得益于平度市在职业教育领域采用的"双元制"办学模式，一方面学生在上学期间就可以到实践中锻炼自己的实际工作能力，另一方面他们在这一过程中由于可以接触到实际工作岗位上的很多优秀人才，潜移默化之中也受到了难得的创业教育，在创业意识方面明显高于同龄人。

三、平度市职业教育的发展特色

（一）政府真正在"思想上"和"行动上"重视职业教育的发展

平度是一个传统的农业大市，农业在整个国民经济中占有相当大的比重。这就充分决定平度市必须立足农村劳动力资源丰富的实际，全面提高劳动者素质，切实将"人口负担"变成"人才优势"，以丰富的人才资源作为经济发展和招商引资的重要条件。多年来，平度的教育不仅为国家输送了大量高素质的后备人才，也培养了一大批技能型的实用人才（年均培养8000余人次），在服务当地经济建设的同时，也支援了其他地区的经济建设。但与此同时不可忽视的是，农村劳动者素质不高、人才短缺的问题也越发成为制约经济社会发展的关键因素。因此，"大力发展职业教育"成为政府始终坚持、决不动摇的方针政策。当更多的地方正在如火如荼大量盲目地发展普通教育而彻底忽视职业教育的时候，平度市一直在坚持协调均衡的普职教育发展战略，并将职业教育纳入全市经济社会发展的总体规划。当然，单凭"思想上"的务实表达是远远不够的，更为重要的是，平度市能够脚踏实地在"行动上"体现出对于职业教育的真正重视。

自 1996 年以来，市政府先后多次召开全市职业教育工作会议，出台了《关于大力发展职业教育的实施意见》等多个配套文件，为职业教育发展营造了良好的政策环境和社会氛围。20 多年来，全市职业学校学历教育培养学生 7.9 万人，面向农民和企事业单位在职人员培训 55.6 万人次。全市 73% 的农村劳动力接受了长短期实用技术培训，农村技术人员 85% 是职校毕业生，1788 个行政村中由职校毕业生担任三职干部的占到总数的 45%，企业中 70% 以上的职校毕业生已成为技术骨干或领导，全市 23.5% 的个体私营业主是职校毕业生或是受过职业技术培训。据初步统计，职校毕业生从业后所创造的经济价值在平度市 GDP 中的贡献率已达到 20%。

一般来说，政府对于职业教育的重视并不能算得上所谓的发展特色，而对于平度市来说，这些年正是因为政府确实身体力行地做到了在"思想上"和"行动上"真正地重视了职业教育的发展，而不像其他更多地方只把对职业教育的重视体现在"口号"里和"文本"中，因此取得了职业教育健康发展的大好局面。因此，我们认为这应该是平度市职业教育的发展特色之一，也是平度市职业教育得以发展起到根本性决定作用的重要因素。

（二）大力实施和推广"双元制"办学模式

所谓"双元制"办学模式，一元是"学校"，一元是"企业"，"双元"有机结合，共同完成对学生的培养和培训。这是一种以培养高素质的技术工人、技术农民为目标，以实践为核心，以企业为重点的世界上较为成功的职业教育办学模式之一。

1. 当前德国"双元制"职业教育的突出特点

（1）同生产紧密结合

双元制职业教育形式下的学生大部分时间在企业进行实践操作技能培训，而且所接受的是企业目前使用的设备和技术，培训在很大程度上是以生产性劳动的方式进行，从而减少了费用并提高了学习的目的性，这样有利于学生在培训结束后随即投入工作。

（2）企业的广泛参与

大企业多数拥有自己的培训基地和人员。没有能力单独按照培训章程提供全面和多样化的职业培训的中小企业，也能通过跨企业的培训和学校工厂的补充训练或者委托其他企业代为培训等方法参与职业教育。

（3）互通式的各类教育形式

德国各类教育形式之间的随时分流是一个显著特点。在基础教育结束后的每一个阶段，学生都可以从普通学校转入职业学校。接受了双元制职业培训的学生，也可以在经过一定时间的文化课补习后进入高等院校学习。近年来，有许多已取得大学入学资格的普通教育毕业生也从头接受双元制职业培训，力求在大学之前获得一定的职业经历和经验。

（4）培训与考核相分离的考核办法

这种考核办法体现了公平原则，使岗位证书更具权威性。

2. 我国职业教育从中获得的启示

第一，相对于"学校制"职业教育，"双元制"职业教育更注重实践技能的培养并使之得到确切保证。这使得以培养生产第一线实际操作人员的职业教育真正成为受企业欢迎的教育。虽然我国目前也已非常重视学生实际操作技能的培养，但"学校制"的培养模式客观上使学生远离了生产第一线，而集中安排的生产实习又不利于学生及时将所学的理论同实践相结合。

第二，在双元制职业教育体制下，由于学生在特定的工作环境中学习，使得学生和企业有了更多的交流机会，大大降低了培训后失业的风险。这对我国多年难以解决的对口录用问题有一定的借鉴意义。

第三，同我国现行的偏重系统理论传授的职业教育教学内容相比，以岗位要求为培训目标的双元制职业教育更受企业的欢迎。以工人技术等级考核标准的要求为培养目标并构建与之相适应的教学大纲和教学内容体系，应当是我国职业教育教学改革的重要内容。

第四，由于跨企业培训中心具有其他形式无可比拟的优势，在前东德地区被越来越多地用来作为培训机构不足的补救措施。对于我国而言，众多的中小企业难以单独举办职业教育中心，因此，组织企业联合举办或者由行业主办跨企业培训中心是一个非常重要的发展职业教育的途径。

3. 平度市职业教育的"双元制"教学模式

为经济发展提供高素质的后备劳动力，是职业教育服务经济建设的根本手段。但是我们也应看到，传统的职业教育模式重理论、轻实践，培养出的学生动手能力差、技能单一、综合素质低，根本无法适应实际工作的岗位要求。所以，平度市从1991年开始就积极引进和借鉴实施德国的"双元制"办学模式，以此强化职业教育的人才培养功能。应该说，平度市在"双元制"办学模式的探索方面已经积累了许多经验，在此方面已经形成了一定的发展特色。

总起来说，平度市职业教育的"双元制"培养复合型人才，适合于大农业生产对各类合格人才的需求。随着社会的进步，农业生产的概念和内涵在不断扩延，农业产业结构的进一步调整和规模经营已呈必然趋势。"双元制"培训在理论上讲究广而浅，专业技能上要求熟而精，这样就使学生毕业后具备"一广三强"的特点，即知识面广，动手能力强，适应能力强和应变能力强，具有明显的复合型人才特征。这显然是适应经济建设飞速发展所必需的。如农学、果林专业,以作物种植、栽培为主体,兼学木工、钳工、机修、果品深加工和酿造等基本知识原理和技能,使学生获得综合的谋生能力,有效地克服了传统职业培训中重理论、轻实践,甚至专业技能培训单一的偏差。"双元制"培养学生不是以获得学历为目标,而是利用独特的教学手段,培育技术熟练的工人或农民。广而浅的理论学习,熟而精的实践操作,这种教学模式对我国职教改革具有普遍意义,有利于端正职业学校办学的指导思想。

(1) 制订切实可行的教学计划

在教学计划的制订上,对于德国的"双元制"模式不可能照搬移植。但既然是引进,又不可能脱离。因此,专业的工种设置、专业理论的内容、理论讲授与实训的课时比例等方面必须具有中国特色。吸收德国"双元制"精华,结合中国国情和平度实际,平度市研制了一套具有中国特色、融理论与实践于一体的农村"双元制"教学大纲和教学计划。如原有机电专业设有16门专业课程,贪大求全,既繁杂又缺乏实用性。而"双元制"农机电专业中,仅设置专业理论、专业计算、专业制图、专业实训四门必需的专业主修课,与技能培养相关的内容讲深学透,与之无关的就不列入计划,目标集中,针对性强,既简练易行,又指向明确,操作方便。在实施教学过程中,坚持阶段性总结交流,对已有计划内容及方式进行修订、补充和完善。三年学制中,第一年的任务是进行职业的基础培训,第二年开始专业培训,随后是专门化培训。

(2) 自编系列教材

根据符合中国国情的"双元制"教学计划的教学要求,不能照搬德国教材,可是国内又无现成教材可用,所以平度市就组织"双元制"教师根据教学计划,参考中德双方的有关教材开展教材自编。自编的系列教材突出了对平度市当地经济社会发展的适应性,富有很大的弹性及灵活性,具有以企业及实践为主的特点,内容丰富、知识面广、实用性强,改变了我国传统职业教育以学科为中心的单元结构,代之以能力为本位的模块结构。

(3) 采取"三点一线"的教学方法

"三点"即课堂、实习车间和实习企业。传统的职业教育中,理论讲授与实践训练是分离进行的,往往是在专业理论讲完后组织统一的专业实习。而"双元制"教学实行"三点一线",与教育家陶行知先生"教、学、做合一"的主张有相通之处。由此而来,在课堂教学中解决了"应知"的问题,包括广阔的基础知识、专业知识及为进修准备的知识等,其目的是告诉学生为什么这样做和为什么这样做是正确的;在实习车间中解决了"应会"的问题,即掌握技能的问题,包括实际技能、知识应用、解决实际问题的能力及互相协作的能力等，主要目的是让学生清楚怎样做；在实习企业中解决技能的熟练问题。成一"线"是这三"点"的有机结合。实践证明，"三点一线"在培养学生技能方面的一体化效应是非常显著的。

（4）层层递进的螺旋式提高

我国传统的职教模式中，教学步骤为单科独进、分科教学、分阶段实习、单科结业，明显地表现出理论与实践在教学上的脱节，也影响了专业理论与实践技能由浅入深的不断深化与提高。而平度市在"双元制"教学实践中，采取了融理论与实践为一体，循环往复，滚动式前进和螺旋式提高的教学步骤。在教学过程中，形成了小模块、大模块反复进行的运转过程。这与我们传统职业教育的分科教学、分阶段实习、单科结业有"质"的区别。可以说到目前为止，我国传统的职业教育在教学上还没有从根本上脱离普教的教学模式，虽然职业教育实践课时比普教多，但仍然存在理论与实践教学相脱离的问题，而"双元制"教学克服了这一弊端。

四、平度市职业教育发展的动力

谈到平度市的职业教育发展问题，可能更多的都是需要我们借鉴的地方。我们不得不反思：为什么作为一个并不起眼的县级市，可以有这样良好的职业教育发展局面？背后支撑它的动力到底是什么？平度市职业教育之所以可以走到今天，其依托力量是什么？

通过调研，我们深有感触，也对这一问题有了进一步的发现。平度市之所以可以在职业教育方面率先获得一些成功经验，正是因为有了"政府统筹"。也就是说，平度市政府义不容辞地承担起发展职业教育的重大责任，真正重视了职业教育发展，不断为职业教育创造良好的发展环境，从宏观方面给予职业教育发展持续的支持力度。

（一）统筹专业设置与设学布局调整

职业教育的性质决定了它必须根据市场需求来开设专业、调整布局和培养人才。结合青岛市职业学校"双名牌"建设工程的实施，在专业设置上，平度市实施了审批制，较好地解决了专业重复开设和资源浪费的问题，促进了专业布局的合理化和办学的特色化。目前全市已拥有青岛市级骨干专业12个，其中3个专业成为全省重点专业，1个专业成为全国示范专业。在布局调整上，平度市本着"撤弱扶强"的原则，自1999年以来先后撤并了4处职业学校，集中资金用于发展重点学校。目前全市5处局属职业学校中，有4处成为青岛市级以上重点职业学校，其中"平度市职教中心"被推荐为青岛地区唯一的全国重点建设示范性职业学校。

（二）统筹经费投入

"巧妇难为无米之炊"。职业教育的健康发展，无法脱离相对稳定的经费投入。应该看到，平度市作为一个县级市，经济状况并不是最好的，但是却能真正做到在及时拨付职业学校专业经费的同时，还专门设立职业教育专项经费，每年将城镇教育费附加的 25% 用于发展职业教育。仅 2004 年平度市用于职业学校基建和教学设施配置的投入就达 1600 多万元。此外，政府在资金的使用上能够突出重点，自 1991 年以来，平度市仅用于"双元制"项目基础工程建设的资金就达 4000 万元，2000 年以来用于扶持和发展重点骨干专业的资金达 990 多万元。

（三）统筹师资培养配备

平度市在统筹师资方面一直坚持"多渠道培养和配备教师"的办法，定期安排在职专业教师到市内各大中型企业及省内高校脱产进修培训，并选派部分专业教师到德国或全国各地的"双元制"企业进行培训。政府除了对教师培训工作搞得好的学校从经费上给予支持，同时为了解决专业教师不足的问题，政府从全市 20 多个单位选聘了 70 名技术人员担任了首批兼职教师，制定了《关于职业学校兼职教师管理的意见》，实行全市统一管理，按需调配授课。

（四）统筹实习基地

实习基地是职业教育发展的基本前提和基本保证，是职业学校学生巩固专业理论知识、获取实践经验、实现产教结合的重要场所。基于此，平度市先后命名了 33 家效益较好、设备先进、管理严格的企业作为职业学校的挂牌实习基地。通过建立实习基地，有效地缓解和解决了教学与生产、学校与企业、培训与使用严重脱节的难题。

（五）统筹招生和毕业生安置

为了能使更多的农村新增劳动力实现顺利转移，平度市始终将不断扩大职教办学规模作为加快发展的重要措施。政府一直坚持普高、职高不低于 5∶5 的招生比例，不断修订和完善招生管理办法，实行了两考两取和学生提前分流，并统一宣传、考试、录取和收费标准，建立招生督查和奖惩制度，把三率（即报考率、录取率、入学率）作为考核镇（处）教育工作的重要内容，使招生工作更加规范化和制度化。近年来，平度市的中职招生人数年年有提高，仅 2004 年就达到 11000 多人，占整个高中段招生总数的 54%。为搞好毕业生安置工作，平度市成立了职业学校职业介绍所，统一管理全市职业学校毕业生的就业指导和工作推荐，形成了"立足青岛、面向全省、辐射全国、延伸国外"的就业安置格局，毕业生安置率多年来一直保持在 95% 以上。

（六）统筹技术等级考核

实施严格的技术等级考核，是保证职校毕业生具备较高专业技能的关键环节。结合就业准入制度的实施，平度市职业学校要求所有学生必须参加各级劳动部门组织的技术等级或岗位合格考核，不合格者不予毕业。近五年来，全市职业学校毕业生"双证"（毕业证、职业资格证或岗位合格证）持有率已达到 86.6%。

五、平度市职业教育发展的困境

虽然平度市职业教育的发展取得了较大成绩，但这并不代表它的发展就一帆风顺，其发展中存在的一些问题和困境仍然值得和需要我们深刻关注。

（一）人们对职业教育仍存偏见

即使在平度市这样一个十分重视职业教育发展的地方，我们在调研中仍然发现：受传统观念影响，人们对职业教育仍存较大偏见。"高中教育才是正规教育"、"读职校没有发展前途"、"劳力者治于人"等轻视劳动、鄙视操作的传统观仍旧一定程度上存在着，也阻碍着人们对于职业教育的正确看待。正如有的校长抱怨："我们干了社会上别人不愿意干的事，收了社会上别人不愿收的学生，并把这些学生培养成高素质的劳动者和合格的实用技术人才，但学校却得不到社会的认可。"此外，社会各界对职教的关注和认识程度也存在偏差，"重普教、轻职教"的思想观念依然普遍存在。

（二）设学布局调整不到位

目前平度市 9 所职业学校中，局属学校 5 处，行业部门办校 3 处，镇办成人中专 1 处。由于办学主体不一和各自立场不同，学校之间经常围着"小蛋糕"，存在为生源等问题恶性竞争的不良局面。这样做的结果是既损害了职教声誉，也造成了办学资源浪费，从而严重制约了职教资源的合理整合。

（三）法规的履行责任缺失

《职业教育法》规定："行业组织和企业、事业组织应当依法履行实施职业教育的义务。"然而由于受到各方面因素影响，社会各界参与职业教育的积极性并不是很高，职教学生普遍缺少实践的机会和条件，"黑板上开拖拉机"的可悲现象依然存在。特别是企业观念亟须转变，有的企业只知道职教毕业生实践操作能力高，愿意接受使用，但在学生实践阶段却不愿让学生实地实习。不可否认，部分企业对职业教育的态度还停留在"说起来重要、做起来次要、理论上必要、实践上不要"的阶段。

此外，《职业教育法》还规定："实施职业教育应当根据实际需要，同国家制定的职业分类和职业等级标准相适应，实行学历证书、培训证书和职业资格证书制度。""国家实行劳动者在就业前或者上岗前接受必要的职业教育的制度。"但在实际运作中，许多用人单位特别是私营企业一味追求短期利益，主要招聘未经职业教育和培训的低素质劳动力。由此而来，劳动准入制度和职业资格制度在企业中就难以得到贯彻实施，这既占用了职业学校和培训机构毕业生的就业机会，也给企业带来了管理不规范和生产不安全等一系列问题。

（四）政府资金投入不足

《国务院关于大力推进职业教育改革和发展的决定》中提出："职业学校按规定收取的学费实行收支两条线管理，地方各级财政部门要确保全额返还职业学校，不得冲抵财政拨款，任何部门不得截留或挪作他用。"必须看到，受平度市财力状况的制约，生均公用经费处于难以保障的困境。2004年，政府财政拨给9所主体职中的教师人头费连同事业费，只占实际所需资金的40%多，其他资金缺口只能用招生经费来补贴。由于教育费附加中用于发展职业教育的经费不足，各种所有制企业承担职业教育经费的机制没有建立，加上学校自身"造血"能力差，所以除了部分职业学校可以通过兴办实体取得一定经济收益外，大多数职业学校经费仍只能通过收取学费来弥补。而职业教育办学成本较之普通教育本来就高，可是职业学校学生的学费数额又与普通教育大体相当，因此学校办学经费不足就成为一种无奈的必然。

（五）职业学校的师资力量薄弱

不能忽视，目前平度市职业学校的教师数量严重缺乏，质量水平也不高，师资力量仍显薄弱。目前全市职业学校共有教职工839名，仅5所局属学校就缺少教师92人（其中文化课教师42人，专业课50人）。此外，职业学校中还普遍存在着教学内容陈旧、教学手段落后、专业设置和教学内容与市场需求不相适应等问题，一些新兴产业，如信息、旅游等专业设置依旧处于空白状态。显而易见，师资力量薄弱、专业设置不能紧跟市场、教学质量难以保证、学校管理不到位等问题的存在，一定程度上会影响到学生的自身发展和日后的就业出路，影响到职教在人们心目中的地位和形象，也就为职业教育自身的持续发展制造了阻力和障碍。

六、平度市职业教育发展的未来展望

职业教育是与经济建设结合最为紧密的一种教育形式，这已为许多国家的历史发展所证明。倘若平度市要有效实施"工业兴市"战略、加快招商引资步伐、大规模转移剩余劳动力、实现经济的快速发展，从根本上说必须依靠劳动者素质的提高。显然，职业教育所培养的学生都将是直接的后备劳动力，而这些人员素质的高低在一定程度上就决定了平度人口整体素质的高低，决定了平度经济的发展是否具有后劲，影响到整个社会是否能够健康稳定发展。因此，发展职业教育是促进平度市经济社会发展最直接、最现实的有效途径。

（一）观念更新的首要实现

观念更新，即要从经济社会发展的战略高度，进一步提高发展职业教育重要性的认识，增强加快职业教育改革与发展的紧迫感。必须看到，对职业教育的正确认识和普遍认同，是职业教育良性发展的基础条件和首要保证。针对社会各界对职业教育依旧普遍认识不足的实际，我们应通过以下几方面引导全社会积极主动认识职业教育的重要作用，形成职业教育发展的良好社会氛围。

1. 加强对群众的宣传教育

宣传部门应通过电视、报纸、广播、网络等多种媒体方式加强对广泛群众的职业教育宣传工作，引导群众转变观念，使群众认识到接受一定期限的职业教育是今后就业人员进入劳动力市场的必备条件，认识到社会越向前发展，就越需要具备较多知识和较高技能的劳动者、越需要发展各种职业技术教育。此外，还可以通过职业学校毕业生的典型成功案例来加强对群众的宣传教育，使群众真正认识到职教是农村学生致富有门、升学有望的一条可行的现实途径。

2. 引导企业转变观念

人才是一种资本，同样需要投资和经营。德国和日本大企业对新进员工的培训时间达到 120—140 小时以上。而与之相反，由于培训效果有时要几年时间才能显现出来，国内企业很少愿意投入成本参与对企业员工的培训。针对企业对职教作用认识偏差的问题，要鼓励企业站在长远利益和自身利益的高度，树立起依靠科技教育振兴企业的观念，把一定的金钱和精力投入到对职教学生的培养上来，把参与和支持职业教育作为企业发展的长期工作来做，通过"产企结合"，实现企业与学校"双赢"。

（二）"两个关键问题"必须解决

1. 进一步增加对职业教育的资金投入

教学设施设备、实习基地和师资队伍等是职教办学的基本条件，是保证人才培养的物质基础和必需力量。但从平度市的情况看，由于教育投入不足，职业技术教育长期在低水平的条件下运行，教学质量不高，人才质量难以保证，这与不断发展的社会对人才的需求是不相适应的。应该看到，我国的职教经费一直处于比较困难的境况，财政拨款比例不高，企业投入所占比例更低，与"职业教育主要依靠企业来办"的要求相去甚远。因此，进一步拓宽经费渠道，应是未来须要着力解决的主要问题。其一，继续坚持按企业职工工资总额 8‰ 的比例征收职业教育专项经费，由市职工劳动保险办公室代收，再纳入财政专户，全部用于职业教育发展；其二，留足城镇教育费附加的 20% 以上用于发展职业教育，确保专款专用；其三，重新核定现有职业学校班数，按照省定每班每年4000元的专业经费标准予以配发，用于职业学校内部设施的改善；其四，敦促各类企业提足职工工资总额的1.5%作为职工教育培训经费；其五，保证职业学校教师工资财政拨款达到70%以上，不足部分可由学校从招生收费中弥补；其六，落实利用税收优惠政策支持职业教育的办法，企业和个人对职业教育的资助和捐赠从应纳税所得额中全额扣除。职业教育经费的使用应重点用于名牌学校和骨干专业建设，扶持和发展在全省乃至全国享有声誉的学校和特色专业，拉动职业教育整体办学水平的整体提高。

2. 切实提高职业学校的教育教学质量

教育教学质量是职业学校持续发展的基础生命线。围绕人才培养质量的提高，应突出以下四方面落实：

(1) 进一步深化以人事制度和分配制度改革为主题的内部管理机制改革，激发内部活力，着力提高职业学校的科学化和规范化管理水平。深化教育教学改革，以深入推广实施"双元制"办学模式为主线，以学生综合素质提高为目标，借鉴实施先进的教育教学方法，不断提高教育教学质量。

(2) 职业学校应密切关注市场的动态变化，按产业的要求办学。在国外，职业教育被当作一种产业来经营，一切都按产业的要求运作，学校如同加工厂，学生是主要生产原料，毕业生是产品，他们之间形成了一个完整的产业链条，互相促进，互相制约。如果学校不能培养出与社会需求相吻合的高质量毕业生，毕业生就没有出路，从而也就影响到学校招生，学校也就很难生存发展。事实上，我们也应树立这种产业思想，拥有整体意识、市场意识和危机意识，不能只把它当作一种公益事业，完全依赖政府。同时要积极探索在公办职业学校引入民办教育机制，充分利用现有资源挖掘内部潜力。

(3) 加快重点学校和骨干专业的建设步伐，打造职教品牌。平度市应进一步加大设学布局和专业设置调整的力度，通过开办名专业、配置名教师、培养名学生，发展一批精品学校，提高规模优势和办学特色，增强职业学校不断适应市场的能力。

(三) "三大主体工作"的切实实施

1. 初中后学生的教育培训

根据青岛市经济社会发展的实际需要，提出了全市要完成基本普及高中段教育的任务，即全市应届初中毕业生中应有80%以上升入中等学校。事实上，平度市实际距离这一要求还有较大差距，要完成这一任务，主要的途径和措施就是扩大职业学校的办学规模。因此，对于平度市来说，应将普及高中段教育当成一种政府行为来对待，这既是教育自身发展的需要，更是全市经济社会长远发展的需要。

2. 农村剩余劳动力的顺利转移

城市化是一个地区现代化水平的重要标志。加快城市化进程,必然要推进大量农村劳动力向城镇有序转移。如何提高农村转移人口的就业能力和自我谋职能力,适应城市劳动力市场的需要,其中一个很重要的途径就是大力发展职业教育。事实上,农村劳动力能否转移成功,除了其自身素质外,很大程度上还取决于城镇对农村劳动力的吸纳能力。因此,鉴于平度市目前城市化程度不高、小城镇建设相对滞后、三产比重偏低的现实情况,吸纳劳动力转移潜力最大的应是二产,也就是说最主要的载体是园区。职业教育要充分利用园区工业项目的聚集效应和吸纳就业的"盆地"效应,把转移农村劳动力与园区建设结合起来。只有这样,才能既能发挥平度市的特点和优势,又能满足园区建设需要,加强与企业的联系和合作,根据企业需求和市场需求培养人才,做到"供需见面","产销对路"。

3. 拓宽就业渠道和再就业空间

全国再就业工作会议上提出:就业是民生之本。从目前的状况看,大量的下岗工人、农村剩余劳动力找不到"新饭碗";另一方面,新技术岗位人才严重缺乏。据深圳市今年第三次向社会公布当年度劳动力的市场指导价位,硕士研究生的月薪比高级钳工低800元。另据国家有关部门统计,企业对高级技工的实际需求,比现有的高级技工数量高出大约12个百分点。由此可见,短缺就是市场需求,而职业教育正担负着培养生产一线技能型劳动者的重任。因此,职业教育应把教育重点放在劳动技能培训上,把培训对象向下岗工人倾斜,并与全市下岗工人再就业计划结合起来,通过举办短期培训班,促进再就业工作的有效开展。职业学校应发挥好在扩大就业和再就业方面的积极作用。

(1) 合理搭配专业设置

平度市应按照"调整重复专业,更新传统专业,开发新兴专业"的总体思路,在专业设置上注重贴近当地、融于经济。事实上,也只有适应市场变化,开设符合当地主导产业和经济发展需要的专业,才能办出自己的特色,形成自己的优势,在激烈的市场竞争中立于不败之地。职业学校要根据企业需要,与企业先行签订劳务输出合约,再确定招生人数及培训课程,通过高就业率来增强职业学校的吸引力。

(2) 人才培养由"单一型"向"一专多能"复合型方向转变

在当前社会就业压力比较大的情况下,必须针对市场对人才需求呈现多元的趋势,坚持"一专多能,精一通十"的人才培养理念,全方位加强对学生综合素质的培养,提高社会实践能力和参与竞争能力,增加学生的就业机会。

(3) 办学模式由封闭式向开放式转变

虽然平度市的职业教育始终走在全省乃至全国的前列，但实事求是地说，其仍不能很好地适应平度市的社会发展、经济结构和产业结构调整以及人民群众接受高质量教育的需要。职业学校普遍存在着"内功差"的问题，培养出的相当一部分学生不能完全适应工作，造成社会和家长对职业学校教育教学质量的认识偏差，这也是导致职校招生难的原因之一。要改变这种现状，平度市职业教育必须树立名牌意识，在职业教育内部深化人事制度改革、深化教育教学改革、加强内部管理的同时，下大工夫培养学生较强的职业技能和适应社会的能力，这是职业教育为经济社会服务方向的本质要求，是职业教育适应市场经济在优胜劣汰中生存和发展的实际需要，也是满足人民群众接受高质量教育需求和增强职业教育对社会吸引力的根本措施。

(四)"两项配套政策"的真正落实

1. 理顺职业教育管理体制，进一步加强对职业教育的宏观管理

平度市应加强对职业教育的宏观管理，落实以县为主、以教育行政部门为主的管理体制，围绕将职业教育做强做大的目标，进一步整合各级各类职业教育资源，提高办学档次和水平，推动全市职业教育向更快更好的目标发展。重点之一就是要搞好职教师资统筹。针对职业学校师资问题，特别是专业师资严重不足的现状，平度市应坚持多渠道培养配备教师，联合计划、劳动、人事等有关部门，每年聘任部分非师范院校优秀毕业生到职业学校任专业课教师；设立职教师资建设专项扶持资金，鼓励职业学校教师外出参加培训，培训费用采取政府和学校对半报销的办法；恢复和完善聘任兼职教师制度，经费实行统筹统支。

2. 严格实施就业准入制度

平度市应由市政府牵头，联合劳动、人事等部门，积极推行职业资格证书制度和就业准入制度，进一步加大用工行政执法工作力度，对未取得相应职业学校毕业证书、职业培训合格证书和职业资格证书的人员，有关部门要坚决予以严肃查处。此外，还应联合农业、农牧、劳动等有关部门，统一技能考核标准，积极协助和组织各校搞好技术等级考核和岗位合格考核，切实做好职业学校毕业生的就业安置工作。

[东北师范大学：农村教育研究所]

河南省新县农村职业教育调研报告

农村职业教育新县调查组[*]

东北师范大学农村教育研究所职业教育课题组于 2005 年 11 月 19—26 日赴河南省新县进行了调查，先后走访了新县职业高中、八里高中、千斤高中、群星高中以及八里畈初中、千斤初中、泗店初中、田铺初中、群星初中和社会力量办学的新县外派劳务（研修生）培训中心。现将调研情况汇总如下：

一、新县的基本情况

新县地处大别山腹地，是国家级贫困县和著名的将军县。县城位于山脉中的大山坳里，小潢河贯穿新县南北，整个县城依山傍水，素有"青山、绿水、蓝天、红城"之称。新县在国家扶贫开发初期有"三个不过一"的说法，即全县人均收入不足 100 元，财政总收入不到 100 万，国民生产总值不到 1 个亿。全县现有人口 34.5 万，其中农业人口 28.9 万，占 83.8％。新县土地少，近几年，国家倡导"退耕还林"，农民的可耕种土地减少，全县农业人口每人平均 1 亩地，由于地处山区，气候寒冷，每年只能种一季庄稼。传统的新县农民生活是"半年辛苦半年闲，养猪为了过年，养鸡为了换盐"。新县的特色农产品是毛竹、天麻、银杏、茶叶、板栗等。企业主要有中日合资的河南新林茶叶有限公司和羚锐制药。新县交通便利，京九铁路和哈深高速公路（正在建设）均经过新县。

2004 年实现国民生产总值132 580万元，第一、二、三产业增加值分别达到238 061万元、213 116万元和59 258万元，全口径财政总收入13 950万元，其中本级财政总收入5 045万元，财政总支出23 949万元，教育总支出5 965万元。城镇居民人均可支配收入5 931元，农民人均纯收入2 560元，教师平均工资 856 元/月，公务员平均工资 800 元/月。普通高中和职业高中教师工资平均 870 元/月。新县共有普通高中 4 所、职业高中 1 所、初中 20 所。

---

[*] 参加本次调研的有，满海峰、胡娇、许丽英、曾水兵、刘怡，报告执笔人：胡娇。本次调研得到了新县教育局及有关学校的大力支持，特致以衷心感谢。

新县农村剩余劳动力近 10 万人，常年在外务工的人员有 6 万多人。新县还是国家级对外劳务输出县，劳务输出的去向是日本、韩国、新加坡、埃及、以色列等 20 多个国家和地区。每年仅涉外劳务年创汇 1000 多万美元，为全县人均增收近 300 元。

二、新县职业教育的一般状况

我们的调查包括初中部分、高中部分以及县局机关部分。采用问卷调查、填写调查表、访谈等形式。新县职业教育包括职业高中、综合高中以及各类培训学校、短训班等。

（一）初中部分

新县的初中不实施职业教育，也没有绿色证书教育，我们向初中学生、家长和教师进行了问卷调查，以了解他们对职业教育的态度。

1. 教师问卷的基本情况

教师问卷每所学校发放 20 份，5 所学校共发放 100 份，回收有效问卷 57 份。

其中男教师 32 人，女教师 24 人，25 岁以下的教师有 19.3%，26—35 岁的教师 57.9%，36—45 岁的教师 17.5%，46—55 岁的教师 5.3%。45 岁以下的青年教师占绝大多数，接近 95%。有半数教师的第一学历是大专，六成教师的最后学历达到本科。大部分教师学用一致，但仍有近三成的教师任教科目与所学专业不相同。教师的职称结构见表 1。

表 1 初中教师的职称结构

职　称	初　级	中　级	高　级	未评职称
比例%	36.8	52.6	1.8	8.8

绝大多数教师认为初中阶段应该开设劳动技术类课程，只有 17.5% 的初中教师认为初中阶段不应该或不必开设劳动技术课程。在认为不应该开设劳动技术课的教师中，八成教师给出的理由是"学校缺乏开设的条件"，其余两成教师则认为"学这些东西，用处不大"。

赞成开设劳动技术类课程的教师，主要有三方面的理由，具体数据见表 2。

表 2 初中教师认为开设职业教育课程的理由

开设职业教育课程理由	开阔学生视野	学一技之长为就业打基础	培养实践能力
比例%	12.8	66.0	21.2

近半数教师认为"全校学生都应该学"职业技术课，其他的教师认为"对职业技术教育有兴趣的学生应该学"。

在职业技术培训的时间安排方面，教师们的意见也不一致，具体态度见表 3。

表 3 教师对职业技术培训的时间安排的意见

时间安排	初中阶段	高中阶段	中学毕业后未能升学，在就业前	就业后
比例%	40.3	3.5	50.9	5.3

在学习的具体内容方面，教师们也有多种看法，并更多地倾向于学习农业生产的技术知识，见表 4。

表 4 教师对职业技术内容的意见

内容	面向农业生产的技术知识	进城务工的技术知识	面向服务业的知识	其他
比例%	47.4	21.1	26.2	5.3

值得注意的是，大部分教师认为学徒方式比学校职业教育有优势，67.9%的教师认为学校职业教育与学徒方式相比"理论教学太多，动手太少"，26.8%的教师认为"做学徒比在学校学习更接近就业市场"。由此可见，在教师的观念中，学生选择学徒方式并不是因为学校职业教育收费，而是因为学校职业教育"纸上谈兵"，实践性不强。

2. 学生问卷的基本情况

学生问卷每所学校发放 100 份，5 所学校共发放 500 份，回收有效问卷 404 份。其中，有 50.7%的调查对象为初中三年级学生，其余 49.3%的调查对象为初中二年级学生。

学生大部分来自乡村，父母文化程度不高，职业以务农为主，家庭人均收入一般，具体数据见表 5、表 6、表 7、表 8。

表 5　被调查学生的居住地

居住地	县城	乡（镇）	乡村（屯）
比例%	2.7	20.1	77.2

表 6　学生父母的文化程度

文化程度	无文化	小学	初中	高中	大专	大专以上
父亲的比例%	4.0	24.1	50.2	20.1	1.2	0.4
母亲的比例%	17.4	42.2	34.2	6.2	0	0

表 7　学生父母的职业状况

职业	农民	经商或个体	教师	工人	公务员	无固定职业
父亲的比例%	55.1	8.4	1.5	21.6	2.7	10.7
母亲的比例%	78.2	6.7	0.5	3.0	1.7	9.9

表 8　学生家庭人均年收入

人均年收入	500元以下	501—1000元	1001—2000元	2000—3000元	3000—5000元	5000元以上
比例%	35.6	36.8	16.2	6.3	3.3	1.8

新县是国家级贫困县，超过七成的学生家庭人均年收入在1000元以下，这样即使是初中的学习费用对家庭来说也是一笔很大的负担，问卷调查也反映了这一点，见表9。

表 9　学生学习费用占家庭总支出的比例

占家庭总支出的比例	1/2以上	1/2	1/3	1/4	1/5	1/6	更低
比例%	19.5	16.2	33.1	16.3	7.5	5.9	1.5

绝大多数的初中学生想继续"升学"，只有8.5%的初中学生打算毕业后"就业"。在想升学的学生中，想升入普通高中和升入中等职业技术学校（包括中专、中等师范学校、职业高中等）的学生大约各占一半。而想就业的学生，三分之二是因为"家庭生活困难，希望早点工作"，另有16.4%的学生是"对

学习不感兴趣",其他的学生则是"想到外面闯一闯",而没有一个学生说是"家里不支持升学"。

引起我们注意的是,尽管有六成的学生说,没有升入普通高中,会选择中等职业技术学校,但仍然有四成的学生表示,即使没有升入普通高中,也不会选择中等职业技术学校。原因有多种,具体选择见表10。

表10 学生不选择中等职业学校的原因

原因	没有自己喜欢的专业	毕业后不好找工作	学费太多,家里负担不起	复习一年后,再考普通高中	上中等职业学校,感到没有面子
比例%	16.0	17.9	39.5	25.3	1.3

"不会"选择中等职业学校的学生,仍然有37.4%的同学表示会选择"复读",见表11。

表11 学生未能升学后的打算

打算	务农	打工	经商	参军	学习一门技术	复读
比例%	0.6	8.6	5.5	13.5	34.4	37.4

绝大多数初中学生希望学校开设职业技术方面的课程,只有14.9%的学生不希望学校开设职业技术方面的课程。在不希望开设职业技术课程的学生中,有60.0%的学生是因为"现在学习压力很大,学这些知识会加重学习负担",16.7%的学生认为"这些知识毕业后再学也不迟",6.7%的学生则感觉"学这些东西,用处不大",5.0%的学生是因为"升学考试不考",10.0%的学生说"学校以前没有开设过这类课程"。

希望学校开设职业技术类课程的学生,也有各种理由,依次为"有助于培养实践能力"、"能掌握一门职业技能"、"有助于加深对相关知识的理解"、"开阔自己的眼界"、"能增强自己的学习兴趣"、"能帮助家庭致富"等。

3. 初中家长问卷的基本情况

初中家长问卷每所学校发放100份,5所初中共发放500份,但由于学校的学生多为住宿生,家长问卷仅回收到164分。其中男性家长98名,占59.8%;女性家长65名,占39.6%;另有一位家长未填写性别。

这些初中学生家长的年龄大部分在36—45岁之间，文化程度普遍不高，和对学生的调查基本一致。其中，32.5%的初中学生家长的收入依靠"务农"；10.4%的依靠"经商"；48.8%的依靠"打工"；依靠"工资收入"的有3.7%。2004年家庭人均纯收入1000元以下的超过八成。

调查表明，66.3%的初中学生家长供孩子读书的原因是为了孩子"多学点科学知识，能提高孩子的素质"；23.9%的初中学生家长供孩子读书的原因是为了孩子"将来找个好工作"；8.0%的初中学生家长供孩子读书的原因是"如果考上大学，家庭很荣耀"；1.8%的初中学生家长供孩子读书的原因是孩子"暂时无事可做"。

78.5%的初中学生家长认为有必要实施农村职业教育，只有2.5%的初中学生家长认为没有必要实施农村职业教育。认为有必要实施农村职业教育的初中学生家长，21.7%的认为原因在于农村职业教育"可以指导孩子选择职业方向"，32.5%的认为农村职业教育"有利于学习一技之长，为就业打基础"，45.8%的认为农村职业教育"有利于培养孩子的实践技能"。认为没有必要实施农村职业教育的初中学生家长，有33.3%的认为是"开设职业教育课程，影响孩子升学"，66.7%的认为"学习费用高"。

20.9%的初中学生家长认为子女接受职业技术培训的适当时间为"初中阶段"；30.4%的认为适当时间为"高中阶段"；48.7%的认为适当时间是"初中毕业后如未能升学，在就业前进行"。

88.5%的初中学生家长希望子女初中毕业后继续升学，只有11.5%的希望子女初中毕业后就业。希望子女初中毕业后继续升学的家长，45.2%的希望子女升入普通高中，54.8%的希望子女升入"中等职业学校（包括中专、中等师范学校、职业高中）"。

调查表明，在子女没有升入高中后，54.0%的家长会建议子女"上职业高中"，28.0%的建议子女"参加各种技能培训班"，8.7%的建议子女"自学"，5.3%的建议子女"通过进城打工来学习"，4.0%的家长会建议子女"当学徒"。由此表明，在当地，家长对职业教育的认可度是比较高的。

问卷显示，除考试成绩外，家长认为子女升学的决定权主要是"孩子自己"，只有不足15%的家长认为选择权在"父母"。如果初中毕业后不能继续上普通高中，绝大多数家长支持孩子上职业学校，只有17.9%的学生家长不赞同孩子上职业学校。

在村里的外出务工人员会不会影响家长对子女接受教育的态度方面，

59.6%的学生家长认为不会影响对子女接受教育的态度,只有6.0%的学生家长认为会影响,同时,34.4%的学生家长"希望孩子在学校能多学些职业技术,将来也好找个工作"。

(二)高中部分

1. 高中基本情况

新县有4所高中,1所普通高中,1所职业高中,1所综合高中,1所民办高中(正在申请综合高中)。除进行教师、学生和家长问卷调查外,我们详细了解了全县职业类性质高中的专业技术课和普通文化课教师情况、教师工作量以及教师的年龄、第一学历、最后学历和职称构成情况(见表12、表13、表14、表15、表16、表17)。

表12 普通文化课教师和专业技术课教师的情况

		普通文化课教师			专业技术课教师			总 数
		在编	代课	外聘	在编	代课	外聘	
新县职业高中	男	110	91	17	32	28	6	284
	女	72	63	11	17	14	1	178
新县八里高中	男	37	35	1	7	7	0	87
	女	17	17	0	2	2	0	38
新县千斤高中	男	23	15	0	13	5	0	56
	女	6	2	0	5	2	0	15
群星学校	男	45	0	50	0	0	0	95
	女	10	0	21	0	0	0	31

表13 教师工作量情况

	教师平均周课时数	平均任课门数	月平均工资	缺编情况	
				数量	科目
新县职业高中	14节/周	2	850	21	
新县八里高中	17节/周	1	780	15	专业课
新县千斤高中	14节/周	1.2	763	0	
群星高中	15节/周	1	1000		

表 14 教师的年龄构成情况

	21—25 岁	26—30 岁	31—35 岁	36—40 岁	41—50 岁	51—60 岁	61 岁以上	合 计
新县职业高中	31	34	37	45	29	4	1	181
新县八里高中	7	9	20	12	5	1	0	54
群星高中	30	35	25	15	5	3	1	114

表 15 教师的第一学历情况

	研究生	本 科	大 专	中 专	高 中	初 中	其 他	合 计
新县职业高中	0	112	54	15	0	0	0	181
群星高中		55	59					114

表 16 教师的最后学历构成

	研究生	本 科	大 专	中 专	高 中	初 中	其 他	合 计
新县职业高中	3	152	26					181
新县八里高中		46	3	1	1			51
群星高中	0	65	49					114

表 17 教师的职称构成

	中学高级	中学一级	中学二级	中学三级	未评级	其 他	合 计
新县职业高中	23	67	68	6	13	5	182
新县八里高中	2	11	15	14	12		54
群星高中	15	38	41	20			114

从 2002—2005 年各职业类学校毕业生情况调查表看，各校的毕业生多为升学，尤其是职业高中，由于有对口升学计划，升学率均在 70％以上，2005 年达 77％（见表 18）。

表 18 2002—2005 年毕业生情况

	年 份	毕业生总数	参加高考人数	升入高校人数	其 他
新县职业高中	2002	645	641	476	
	2003	758	756	542	914
	2004	914	913	622	
	2005	1046	1042	808	
新县八里高中	2002				
	2003				
	2004				
	2005	268	268	80	
新县千斤高中	2002		174	109	
	2003		225	207	
	2004		279	243	
	2005		218	164	
新县群星学校	2002				
	2003	325	325	175	
	2004	315	315	170	
	2005	345	345	185	

2. 教师问卷的基本情况

教师问卷发放 150 份，回收有效问卷 90 份，回收率为 60%。其中男教师 57 人，占 63.3%；女教师 33 人，占 36.7%。

高中教师的职称较高，中高级职称达 51.2%，其中中级职称有 35.6%，高级职称有 15.6%，初级职称为 36.7%，还有 12.2% 的高中教师尚未评职称。年龄结构以青年教师为主，30 岁以下的占 48.9%，接近一半，31—35 岁的占 20.0%，41 岁以上的仅占 6.6%。其中在编教师占 72.2%，其余是代课教师和特聘兼职教师。

教师学历水平较高，并有具有硕士学位的教师，具体情况见表 19。

表 19　高中教师的学历结构

学　　历	第一学历比例%	最后学历比例%
硕士	1.1	5.6
本科	44.4	79.8
专科	38.9	10.1
高中	11.1	0
中专	1.1	0
初中	2.2	1.1
其他	1.1	3.4

由于高中学习内容专业化程度较高，所以大部分高中教师专业对口，所教科目与所学专业完全相关的有46.7%，相关的32.2%，有点相关的16.7%，完全不相关的仅有4.4%。同时双师型教师占40.7%。

在关于职业教育重要性问题的认识上，大部分教师对职业教育比较认同，认为职业教育比普通教育更重要和重要一些的占30.3%和42.7%，有20.2%的教师持无所谓的态度，另有6.8%教师认为职业教育与普通教育相比不重要。

教师对职业教育的态度比较积极，非常感兴趣、比较感兴趣和感兴趣三者占85.6%，只有8.9%的教师不太感兴趣和5.6%的教师一点也不感兴趣。在回答"如果有合适的机会，自己不会在职高当教师"时，9.3%的教师非常同意；8.1%的教师比较同意；25.6%的教师同意；44.2%的教师不太同意；12.8%的教师完全不同意。这说明，有43%的教师是赞同这一观点的。

对于从事职业教育的原因，14.8%的教师认为是"稳定"，36.4%的教师表示"喜欢，热爱职业教育工作"，42.0%的教师则坦承是"生存的需要，只要有合适的机会就离开"，还有6.8%的教师认为是"轻闲，空余时间多，可以做其他的事情"。

在学校需要改进的方面，教师们认为依次是："生源素质"（37.5%）、"管理质量"（28.4%）、"与社会合作"（12.5%）、"教学质量"（10.2%）以及"师资队伍建设"（4.5%）等。而在教学方面需要改进的则依次为"教育教学与实践的联系"（55.8%）、"教师的教育观念"（20.9%）、"教学手段"（5.8%）、"教师的素质"（5.8%）等。

高中教师对自己的子女期望普遍较高，有78.2%的教师希望自己的子女接受"硕士及以上"层次的教育，20.7%的教师希望子女接受"本科"层次的教育，仅1.1%的教师希望子女接受"大专"层次的教育。

高中教师对所教学生的态度较为积极，59.8%的老师对所教的学生比较满意，8.0%的高中老师对所教的学生非常满意，1.8%的高中老师对所教的学生不大满意，10.3%的高中教师对所教的学生很不满意。这说明，只有三成的高中教师对学生持"不满意"的态度。

教师对学生学习效果的看法方面，8.0%的教师认为学生经过一段时间的学习，对专业知识和技术，已经达到"十分熟悉"的程度；38.6%的教师认为学生经过一段时间的学习，对专业知识和技术，已经达到"比较熟悉"的程度；45.5%教师认为学生经过一段时间的学习，对专业知识和技术，已经达到"有所了解"的程度；5.7%教师认为学生经过一段时间的学习，对专业知识和技术处于"基本不会"的水平；2.3%教师认为学生经过一段时间的学习，对专业知识和技术处于"根本不会"的水平。

教师接受培训的情况，4.4%的教师最近2年内接受过国家级的培训；50.0%的教师最近2年内接受过省市级的培训；5.6%的教师最近2年内接受过县区级的培训；8.9%的教师最近2年内接受过本校的培训；31.1%的教师，即近三分之一的教师最近2年内没有接受过培训。有半数职业高中教师最近2年内参加过职业资格考试。

据教师了解，职业高中学生毕业后的去向依次是"升学"（50.0%）、"自谋职业"（33.0%）、"私营企业"（6.8%）、"参军"（2.3%）、"外企"（2.3%），还各有1.1%的去向为"回乡务农"和"考公务员"。

关于"职业高中的就业方式"这一问题，高中教师认为主要方式是"自主就业"（50.0%），其他半数学生则通过"参加各种类型的招聘会"（14.8%）、"校企合作"（13.6%）、"'订单'式培养"（6.8%）等方式就业。

3. 学生问卷的基本情况

本次调查发放学生问卷600份，回收有效问卷489份。其中男生286名，占58.6%；女生202名，占41.4%。

学生大部分来自乡村，父母文化程度不高，职业以务农为主，家庭人均收入一般，具体数据见表20、表21、表22、表23。

表20　被调查学生的居住地

居住地	城市（县级市）	县　城	乡（镇）	乡村（屯）
比例%	0.2	9.8	25.4	64.5

表 21 学生父母的文化程度

文化程度	无文化	小学	初中	高中	大专	大专以上
父亲的比例%	2.3	18.0	46.3	32.2	1.2	0
母亲的比例%	11.3	35.7	36.6	16.2	0.2	0

表 22 学生父母的职业状况

职业	农民	经商或个体	教师	工人	公务员	企事业单位工作人员	无固定职业	其他
父亲的比例%	50.0	14.6	2.1	18.5	2.3	3.1	6.0	3.4
母亲的比例%	72.4	11.1	0.6	5.4	0.2	0.4	4.5	5.4

表 23 学生家庭人均年收入

人均年收入	500元以下	501—1000元	1000—1500元	1500—2000元	2000—2500元	2500元以上
比例%	8.1	27.1	24.7	16.9	14.7	8.5

绝大多数学生希望接受较高层次的教育，67.6%的高中学生希望自己接受"本科"层次的教育，23.3%的高中学生希望自己接受"硕士及以上"层次的教育，只有8.1%的高中学生希望自己接受"大专"层次的教育，1.0%的高中学生希望自己接受"高中"层次的教育，不想再继续读书。

高中学生对自己的学习信心较足，17.8%的学生在学习的过程中，对学习"非常有"信心；39.5%的学生在学习的过程中，对学习"比较有"信心；31.1%的学生在学习的过程中，对学习的信心"一般"。只有9.8%的学生对学习"不太有"信心；1.8%的学生对学习"没有"信心。

与此相应，高中学生对自己学习的专业兴趣也较为浓厚，14.4%的学生"非常感兴趣"，40.7%的学生"比较感兴趣"，33.7%的学生"一般"，而"不太感兴趣"和"不感兴趣"的仅分别为8.4%和2.7%。

高中学生的职业预期和职业理想基本一致，说明他们能较为客观地认识自己，有四成的学生想升学，具体数据见表24。

表 24 高中学生的职业预期和职业理想

学生想做的事	升学	城里务工	回乡务农	经商	参军	劳务输出	自己创业	出国留学	其他
职业预期比例%	41.8	10.5	0.6	11.7	3.7	2.9	20.1	2.3	6.4
职业理想比例%	40.4	5.1	0.4	6.4	4.7	4.1	25.0	9.2	4.7

就升学期望而言，26.1%的学生希望升入"普通高校本科"；5.8%的学生希望升入"民办二级学院本科"；23.5%的学生希望升入"普通高校专科"；44.7%的学生希望升入"高等职业学院"。有四成的高中生希望升入"高等职业学院"，这与所调查的学生多数是职业高中的学生，主要走"对口升学"这条路有关。

不想升学的学生，主要原因是"家庭生活困难，希望早点工作"（41.9%），其他为"想自己创业"（36.3%）、"对学习不感兴趣"（20.1%）等。

经过一段时间的学习，34.4%的职业高中学生对所学专业"喜欢"；58.3%的学生对所学专业的态度是"一般"；另有7.4%的学生表示"不喜欢"所学专业。在不喜欢所学专业的同学中，主要原因是"与个人的兴趣不符合"（79.4%），接近八成，有11.8%的学生表明不喜欢的原因是"师资水平差"，还有8.8%的学生表示不喜欢的是因为"这个专业学了也没有用"。

经过一段时间的学习，只有极少数的职业高中学生对所学的专业知识和专业技术已经达到"十分熟悉"的程度（0.8%）；15.2%的学生可达到"比较熟悉"的程度；72.1%的学生能达到"有所了解"的程度；另有10.5%的学生对所学的专业知识和专业技术处于"基本不会"的程度，甚至1.4%的学生表示"一点不懂"。

有半数的学生对当初自己入学时的选择是满意的，6.2%的表示"十分满意"43.7%的称"比较满意"，其余的学生则感觉"无所谓"（26.9%）、"有些后悔"（19.1%）和"十分后悔"（4.1%）。

学生认为父母之所以赞成他们上职业高中，是因为："学知识，能学一技之长"（46.8%）、"可升学"（19.1%）、"不管，我自己说了算"（15.0%）、"要文凭"（6.6%）、"在家呆着也是呆着"（3.9%）等。

职业高中学生的业余安排较为丰富，具体情况见表25。

表25 高中学生的业余安排

业余安排	上网聊天	打游戏	逛街、购物	打球	和同学聊天	学习	看课外书	其他
比例%	2.9	0.6	12.3	25.7	22.4	6.6	12.3	17.2

33.7%的职业高中学生面对考试时会在"考前突击学习2周"；26.5%的学生会在"考前一两天学习"；5.1%的学生面对考试时会"不学，反正肯定能毕业"；15.4%的学生会"提前一个月备考"；19.3%的学生表示"早在平时已

经准备好"。

学生对学校开设的课程满意度总体不高,非常满意的只有 1.2%,而很不满意的则达 7.2%,学生最满意的课程是"活动课",其次是"实践课"、"专业课"、"文化课"。详细情况见表 26、表 27。

表 26 高中学生对学校课程的是否满意情况

满意情况	非常满意	很满意	满意	不太满意	很不满意
比例%	1.2	6.1	45.3	40.2	7.2

表 27 高中学生最满意的课程

课程	文化课	专业课	实践课	活动课
比例%	23.3	20.8	25.0	30.9

4. 家长问卷基本情况

本次调查的家长问卷发放 600 份,回收有效问卷 234 份。在填写性别的 131 名家长中,89 位家长为男性,占 67.9%;42 位家长为女性,占 32.1%。

在参与调查的家长中,54.8%的家长是学生的"父亲";25.4%的家长是学生的"母亲";19.7%的家长与学生是"其他(祖孙、叔侄、兄弟姐妹)"关系。家长的文化程度普遍不高,农民的比例最高,见表 28、表 29。

表 28 家长的文化程度

文化程度	没上过学	小学	初中	高中	大专及以上
比例%	3.9	19.8	34.3	37.3	4.7

表 29 家长的职业情况

职业	农民	经商或个体	教师	工人	公务员	企事业单位工作人员	无固定职业	其他
比例%	39.2	17.3	4.3	15.9	3.0	5.6	8.7	6.0

家长送子女读职业高中的目的仍然是升学,虽然对子女就读学校的教育质量不太满意,但仍然表示尊重孩子的选择,见表 30、表 31、表 32。

表 30　家长送孩子读职业高中的原因

原因	对口升学	毕业后直接找工作	希望考上大学	出国	脱离农村	没考上普高	不想念普高	学到一技之长	其他
比例%	9.1	9.9	42.2	0.9	9.9	17.2	0	8.6	2.2

表 31　家长对学校教育质量的认识

态度	非常高	较高	一般	较低	非常低	不了解
比例%	2.2	11.3	63.6	10.8	5.6	6.5

表 32　家长对孩子上职业高中的态度

态度	特别支持孩子上职高	尊重孩子的选择	孩子在家也做不了什么	只要家里能供起，就让他上	其他
比例%	8.7	65.5	4.8	15.6	5.6

家庭收支情况家长也作了回答，总体上教育支出是家庭的一笔很大的负担，见表 33、表 34、表 35。

表 33　家庭人均年收入情况

人均年收入	500元以下	500—1000元	1000—2000元	2000—3000元	3000—5000元	5000元以上
比例%	8.2	19.5	27.7	14.7	16.9	13.0

表 34　家庭支出情况

支出项目	购买生活用品	准备盖新房子	教育	生产经营
比例%	16.6	4.4	70.7	8.3

表 35　家庭年教育支出的情况

教育支出	1000元以下	1000—1500元	1500—2000元	2000—2500元	2500—3000元	3000—3500元	3500元以上
比例%	2.2	2.2	17.5	20.0	23.1	19.7	15.3

教育支出已成为家庭的主要项目，所以大部分家长认为孩子的文化程度受家庭经济状况制约，有40.2%的家长认为文化程度与家庭经济状况"关系很大"，47.6%的家长认为"有一点"关系，只有12.2%的家长认为文化程度与家庭经济状况"没有"关系。同时，27.4%的家长认为受教育程度越高，收入也就越高，但大部分家长，即72.6%的认为受教育程度越高，收入不一定就越高。

家长对子女的教育期望普遍较高，八成以上的家长希望孩子接受大学本科以上的教育，见表36。

表36　家长对子女的教育期望

希望的文化层次	初 中	高 中	大 专	本 科	硕士及以上
比例%	1.8	3.2	10.0	68.7	16.3

对"上职高不如进城当学徒，成本低，又能学技术"的观点，绝大多数高中学生家长不赞同，只有5.6%的学生家长表示赞同。并认为外出务工人员对自己对子女接受教育的态度影响不大，见表37。

表37　外出务工潮对家长教育态度的影响

影响	影响，孩子读太多的书也没有什么用处	不影响，孩子还是应该多读书，对将来有好处	希望孩子在学校能够多学些职业技术，将来也好找个工作
比例%	4.1	66.5	29.4

家长对职业教育的态度比较积极，首先希望孩子能考上大学，若考不上，也支持孩子学习技术，有一技之长，以便将来立足于社会。对"孩子如果考不上大学，上学也没有什么用"的观点，66.4%的家长"不同意"、25.4%的家长"不太同意"，只有7%的家长认同这一说法。

对"出去打工能挣些钱，盖房结婚是正事"的观点，61.2%的表示"不同意"、30.2%的"不太同意"，也只有7%左右的家长同意这个观点。

对"能上学就行（或不捣乱、不闯祸就行），如果他中途不想上也就算了"的观点，65.2%的家长"不同意"、23.9%的"不太同意"，只有9%左右的家长赞同这个说法。

对"如果不升学,学点技术也行"的观点,超过76%的家长同意,只有14.8%的学生家长"不太同意",另有9.1%的家长"不同意"。

对"我对孩子上这个学校,不抱有太大的希望"的观点,45.0%的家长"不同意",35.8%的家长"不太同意",有接近两成的家长认同这个观点。

对"我认识的人中,最近几年有上职业高中的,出路不错,对孩子很有榜样作用"的观点,超过73%的家长表示同意这个说法,其余的家长则不赞成这个观点。

对"现在上大学,也不好找工作,早点挣钱也行"的观点,大部分家长不认同,说明家长仍然希望子女优先上大学,只有不到两成的家长表示同意这个说法。

对"上这个学校,对孩子来说也很有前途"的观点,家长们态度也较为积极,近七成的家长表示赞同,其余三成的家长不认为孩子上目前的学校很有前途。

关于"即使外出打工,也要有文化,有一技之长"的观点,绝大多数家长表示认同,仅不足一成的家长不同意;与此相应,也只有不到一成的家长赞同"上不上学无所谓,我认为找个师傅学门手艺更划算"的观点。

三、新县职业教育特色

(一)面向农村劳动力转移培训

新县有人口34.5万,其中富余劳动力近10万人。作为国家劳动力输出县,面向"当地、国内、国外"三个劳动力市场,新县的职业教育部门如新县职业高中以及各种社会力量办学机构,充分发挥职业教育的培训功能,加大农村富余劳动力的培训和转移工作,仅新县职业高中截至2004年,就已经完成2.6万名农村劳动力转移的培训工作。

新县职业高中在这方面的做法主要集中在三个方面。首先,面向当地市场,做好离土不离乡的农民培训。一方面,职业高中在当地办起了各种短训班,广泛开展职业培训。近10年来,办短训班136期,培训农民5300人。另一方面,职业高中和县农业科技推广中心举办"科训班",通过高新农业技术的培训和推广,以产品结构调整带动产业结构调整,拉长产业结构链条。面向当地市场的培训实现农民间接转移和就地转移。其次,面向国内市场,做好进城务工人员的培训。新县每年常年在外务工的人员大约有6万人,大部分是初中毕业,缺乏技术,收入不稳定。针对这种情况,职业高中和县劳动部门、县工会联合成立了进城务工人员工会联合会,由工会牵头,对进城务工人员进行统计。由职业高中对这些进城务工人员进行进城前的培训,如装潢、机电修理、水电维修等方面的技术。近8年举办了54期培训班,培训人员近7000人。最后,面向国际劳务市场,做好涉外劳务农民培训。新县是国家级对外劳务输出县,并成立了"新县劳务就业培训中心"。该中心针对农民和下岗职工,先后培训4200余人。职业高中也培训2100余人。目前,劳务输出已经成为新县的支柱产业。

(二) 建立人才供求信息库,实行"订单培养,合同就业"

职业高中专门组织人力,进行市场调查,获取人才市场需求信息,并与有关企业签订用人合同,即实行"订单培养,合同就业"的方式,根据市场的需要,不断地调整专业结构。市场上需要什么人才,职业高中就开什么专业。所培训人员经用人部门考核合格后,签订就业合同。在这种模式下,职业高中适当缩减了种植、养殖等传统专业,增加了市场营销、建筑、机电、导游、工艺美术、烹饪等专业。在对外劳务输出方面,同样根据对方的需要培训不同类型的人才,如对去日本的学员,主要培训种植、水产等方面的技术;对去新加坡的学员,主要培训建筑、木工等方面的技术;对去韩国的学员,主要培训机电方面的技术;并加强学员的体能、外语方面的训练,增强学员的纪律观念和国外适应能力。

(三) 实施弹性学制

针对职业流动频繁的特点,职业高中打破传统的固定学制,实行弹性学制。如家电维修、服装专业需要两年的时间,而宾馆服务则只需要一年的时间即可。此外,根据学生个人实际,允许部分学生分阶段完成学业,或提前离校在工作岗位上继续修业,即把学历教育时间"延伸"到学生离校后。弹性学制实现了"学习、实践、创收"并举,缩短了"成才"周期。

(四) 与城市学校联合办学

职业高中中还办了"1+2""2+1"分段式学历教育班,学生在职业高中学习1至2年后,再去联办学校学习,并由联办学校为其介绍工作。如新县职业高中与郑州理工学校联合办了计算机培训班,其116名学员已经在郑州等地就业。

(五) 开展职业指导,帮助学生树立适当的择业观

职业高中中将职业道德课作为必修课列入教学计划。通过教学,帮助学生树立正确的人生观和世界观,增强学生的责任感和敬业精神。通过"分层教学、

分类指导",对不同层次的班级提出不同的教学要求和目标。通过"兼顾基础、逐步分流",使每个学生根据自己的意愿,进行专业选择,从而使学生"学有所乐、学有所获、学有所长、学有所用"。

职业高中还将优秀学生的事迹整理成《群英荟萃》一书,让学生从中学习优秀毕业生的经验以及创业精神。定期邀请优秀毕业生和成功企业家来校为学生做报告,通过现身说法的形式激励学生发奋学习,立志创业。

(六)普教与职教结合

新县职业高中是普通教育与职业教育相融合的特色学校。学校的培养模式是"分层教学、分类指导、职普渗透、逐步分流"。高中阶段,普通类课程和文化类课程相互渗透,以避免学生因缺乏坚实的文化基础,过早的进行职业定向。为此,学校坚持普职渗透的办学思想,使初中毕业生升入职业高中后,多学习普通知识,让每一个学生根据自己的兴趣选择,甚至可以多次选择。在选择中,学生决定自己的去向,同时为升学、就业做准备。最近几年,新县职业高中的许多优秀学生都参加了对口升学考试,2005年升学率高达77.2%。新县的八里高中和千斤高中同样也在探索对口升学的路子,以对口升学的方式为学生提供更多接受高等教育的机会。

(七)培养目标立体化

由于职业类学校学生的文化基础参差不齐,学习动力和学习欲望不强。为此,职业高中在课程设置上"加强文化课、调整专业课、突出活动课",以培养学生的爱好和兴趣。在教学组织上实行"分层教学、分类指导",变行政管理班为动态的不同层次的教学班,对不同层次的学生提出不同的教学要求和目标,使不同层次的学生都能在现有的能力基础上不断发展,学有所长。在教学过程上推行"低起点、小台阶、多活动、多鼓励"的模式,使学生在不断的成功中树立信心。在考试方式上推行"减少考试、增加考查、规范考核、探索学分制"的改革,以减轻学生的课业负担,为学生自主发展、形成特长创造条件,使其达到一专多能、合格加特长,既为高校输送合格的新生,也培养中、初级人才,同时也训练出熟练的技术工人,形成层次化,立体化的培养目标。

四、新县职业教育发展的困境

(一)思想观念落后

思想观念的落后是我国农村职业教育发展低迷的重要原因。职业教育在老百姓的心理上是"终结"教育,是二流的教育。只有高考升学无望的人,才会接受职业教育。由此，老百姓心理上对职业教育不认同，甚至抱有歧视的态度。加之职业教育办学者故步自封、安于现状、不思进取。在培养目标上，仅限于培养一线工人，忽视第三产业人才的培养；在培养途径上，对文化知识仅限于"必须"、"够用"，忽视对学生的宽广文化基础的培养；在培养结果上，仅限于学生顺利毕业，忽视学生的毕业后去向问题。由于职业教育的办学者的短视行为，导致职业教育发展的尴尬境地。近几年，由于种种功利心态的影响，用人部门存在着严重的"学历高消费"心理。由于这种"学历高消费"心理作祟，导致中等职业学校、高等职业学校的毕业生就业困难。

(二) 师资力量薄弱

师资力量薄弱也是制约职业教育健康发展的重要因素。中等职业类学校陷入低谷的原因之一是教育质量不高。教师是教育质量得以保证的重要方面。首先，农村职业教育很少能及时补充专业对口的合格师资。其次，在职教师进修培训困难，知识技能得不到更新。学历提高都是教师个人的事情，教师需要从自己的"腰包"里掏钱进修。同时，没有专门提高专业技能的部门为职业类教师提供培训机会。职业类教师的进修仅仅是去大学学些与专业不太相关的专业来获得一纸文凭。这样的进修，导致很多教师虽然获得了文凭，但是能力并没有得到应有的提高。最后，教师的职称评定困难。中等职业类教师的职称评定和普通高中的教师评定一同进行。参与评定的评委以及评定规则，均是为普通高中的教师量身定做的。在这样的职称评定系统中，职业类教师很难顺利晋升职称。正是因为这些普职教师不公平的待遇导致教师的积极性不高，先进教学理念的确立和更新困难，必然影响教学质量的提高。

(三) 专业设置不当

专业设置不当，职业教育与社会脱节，是导致学生接受职业教育意愿不强的主要原因。很多中等职业类学校，从开办至今，专业变化不大，基本停留在原来的那些老专业上。专业陈旧，不适合当前市场发展的需求，进而导致就业困难，使学生和家长对职业教育不认同。还有一些职业类学校在专业设置方面盲目从众，不考虑本校的实际情况，仓促设置"热门专业"。这些专业设置不当的现象都导致了职业类学校发展的滑坡，效益的低下。

(四) 学生就业困难

学生接受职业教育的动力来自于所学内容与就业的直接关联，而学生就业困难，使职业教育失去了进一步发展的空间。学生就业困难一方面是由于学校专业设置不当、供需脱节；另一方面也与就业准入制度没有得到彻底的贯彻和实施有关。当然，学校本身办学质量不高，加之经济转型时期，职业变动频繁，都影响着学生的顺利就业。

（五）职业教育办学定位

职业教育办学定位直接影响着职业教育发展的方向。一方面，国家层面对职业教育的定位问题。1999年，国家开始实施高等教育扩大招生的政策。高等教育大扩招迎合了普通百姓"望子成龙、望女成凤"的心理，推动了普通教育特别是普通高中教育的发展。由于普通高中升学率较高，上了重点高中，几乎等于上了大学。在这种局面下，职业教育就开始面临招生的困难，导致职业教育陷入低谷。甚至出现了最近几年，每年都有几十万大学毕业生不能就业的现象。这说明，国家对职业教育的定位存在严重的误区。另一方面，职业类学校自己对自己的定位问题。很多职业类学校对自己的定位不准确。对本校的发展方向不明确，对办学理念也没有深刻的思考。许多职业类学校都定位于为当地经济发展服务，但是办学者并不明确如何为当地经济发展服务。事实上，单纯的办养殖、种植专业并不是真正的为当地经济发展服务。

所以，解决职业教育发展的关键是解决职业教育的定位问题，即"从哪里来，到哪里去"这个根本问题。否则，诸如资金投入、提高师资水平、更改教学模式等举措都是治标之策。只有解决了职业教育的定位问题，职业教育才能健康、和谐地发展。

[东北师范大学：农村教育研究所]

第二编

理 论 篇

关于我国农村职业教育政策的思考

金兆怀　王国巍　姜丽伟

改革开放以来，党和政府先后出台了一系列关于职业教育的政策和法规，农村职业教育的政策也逐渐在其中有所体现。从80年代的萌芽阶段，到90年代的发展阶段，再到当今的总结经验提高阶段，农村职业教育政策在发展中不断改进和完善。同时，它也为农村职业学校的更好发展提供了理论依据和指导。2006年春季，中共中央召开了"两会"，提出了《关于推进社会主义新农村建设的若干意见》，明确指出要加快发展农村社会主义事业，培养推进社会主义新农村建设的新型农民，要整合农村各种教育资源，发展农村职业教育。由此可见，农村职业教育在未来的发展中将得到更大的重视，农村职业教育政策也将日趋完善，更好服务于新农村建设。

一、我国农村职业教育政策的历史回顾

（一）萌芽阶段

20世纪90年代以前，我国对农村职业教育不重视，没有相关的配套政策，导致农村职业教育发展缓慢、管理不科学、体制不健全、布局比较分散、办学规模偏小，发展举步维艰。

（二）发展阶段

1991年10月颁布的《国务院关于大力发展职业技术教育的决定》指出，农村职业教育的体制改革的具体目标是："农村可根据各地情况分别采取'三加一'、初三分流，四年制渗透职业技术内容或办职业初中等各种形式发展初中阶段的职业教育"，"要积极进行农村教育综合改革，实施'燎原计划'，实现农科教结合，统筹规划基础教育、职业教育和成人教育，采取更灵活的方式大力发展职业技术教育"，"在农村要重视办好直接为农村服务的专业，同时注意其他各专业人才的培养，专业设置要适应农村经济需要和农民生产经营体制"。

该《决定》指出了发展农村职业教育的主要形式，虽然这些形式是否可行在当今的教育界引起了很大的纷争，但却为寻找更好的形式提供了基础。在专

业设置上,农村职业教育要重视办好直接为农村服务的专业,同时,也要兼顾其他专业人才培养。职业教育的专业设置要灵活,不能农业学校只培养单一的农业人才,而要紧紧与市场需要相联系,又不失自己的特色。

1995年6月,国家教委颁布的《关于深入推进农村教育综合改革的意见》指出:"农村成人教育与职业教育要在县、乡政府领导下提倡各种形式的联合办学","职业学校和成人学校要实行结合,一校多用,职前与职后结合,学历教育与短期培训结合","在乡、村一级,主要依托乡、村成人文化技术学校,实施各种成人培训和职业培训,在县一级要集中力量建设职业教育与成人教育相结合的实施职业教育与成人教育的中心","要在切实保证'普九'重中之重地位的同时,大力发展职业教育和成人教育,在办学条件、教学设施、师资、经费等方面,三者要统筹安排,提高教育的整体效益"。

《意见》强调农村职业教育的办学形式要灵活,突破传统的单一形式,使教育形式多样化,节省教育资源。

1996年9月我国开始实施的《职业教育法》指出:"县级人民政府应当适应农村经济,适应科学技术、教育统筹发展的需要,举办各种形式的职业教育,开展实用技术的培训,促进农村职业教育的发展"。

2002年9月颁布的《国务院关于大力推进职业教育的改革与发展的决定》指出:"要根据现代农村发展和经济结构调整的需要,继续推进农科教结合和'三教统筹',农村职业教育要加强与企业、农业科研和科技推广单位的合作,发挥专业优势,实行学校、公司、农户相结合"。随后又颁发了《国务院关于进一步加强农村教育工作的决定》指出:"必须全面贯彻党的教育方针,坚持为'三农'服务的方向,增强办学的针对性和实用性,满足农民群众多样化的学习需求""必须实行'三教统筹',有效整合教育资源,充分发挥农村学校的综合功能,提高办学效益","在农村初高中适当增加职业教育的内容,积极创造条件或利用职业学校的资源,开设以实用技术为主的课程,鼓励学生在获得毕业证书的同时获得职业资格证书","适应农村产业结构的调整,推动农村劳动力向二、三产业转移"。

(三) 总结经验提高阶段

2004年2月10日颁布了《2003—2007年教育振兴行动计划》,该计划是在教育部总结了1999年颁发的《面向21世纪教育振兴行动计划》实施工作的基础上制定的,计划提出要重点推进农村教育发展与改革,实施新世纪素质教育工程和以就业为导向的职业教育与培训工程。2005年11月1日颁布的《国务院关于大力发展职业教育的决定》是在总结2002年全国职业教育工作会议以来《国务院关于大力推进职业教育改革与发展的决定》贯彻落实情况的基础上制定出来的。

二、国外职业教育发展的经验及对我国的启示

很多发达国家发展职业教育早已有了较为久远的历史和成功的经验，其中又很多值得我们学习和借鉴。本文仅就德国的经验和做法做以阐述和分析。

(一) 德国职业教育发展的经验

1. 德国职业教育的精髓——双元制

双元制职业教育是德国职业教育的基本形式。所谓双元制职业教育，是指学生在企业接受实践技能培训和在学校接受理论培养相结合的职业教育形式。它不同于学校制形式，可以称为部分学校制职业教育形式。接受双元制培训的学生，一般必须具备主体中学或实科中学（相当于我国的初中）毕业证书之后，自己或通过劳动局的职业介绍中心选择一家企业，按照有关法律的规定同企业签订培训合同，得到一个培训位置，然后再到相关的职业学校登记取得理论学习资格。

这种教育形式下的学生大部分时间在企业进行实践操作技能培训，而且所接受的是企业目前使用的设备和技术，培训在很大程度上是以生产性劳动的方式进行，从而减少了费用并提高了学习的目的性，这样有利于学生在培训结束后立即投入工作。

2. 经费来源渠道多

按照职业教育法及其他法律的规定，职业教育经费主要来源渠道是由联邦、州政府及企业分别承担。职业学校的经费，由地方和州政府共同负担。通常是州政府负担教职工的工资和养老金等人事费用，地方政府负担校舍及设备的建筑与维修费用和管理人员的工资等人事费用。企业的职业教育经费完全由企业自己负担。企业除了负担培训设施、器材等费用外，还必须支付学徒工在整个培训期间的津贴和实训教师的工资等。

由此看出，德国的职业教育经费是通过立法形式规定和确定下来的，不同主体承担不同义务，使政策执行起来效果更好，更有利于学生的发展。

3. 职业教育由两个法律体系支撑

除学校需执行的法律义务外（该法律由州政府制定），德国联邦政府立法规定企业法人职业技术教育的职责和义务。1969 年颁布的《职业教育法》，规定了上岗前和上岗后培训的要求；培训企业和受培训者的关系，双方的权利和义务；培训机构与人员资格；实施培训条例的监督和考试；职业教育的组织管理和职业教育研究等，以法律形式完善了职业教育的管理和运行，促进了职业教育健康有序地发展。在操作上，依法严格把住"就业者必须先接受正规的职

业教育"这一关,不经过正规职业培训,不准进入职业生涯。目前,约95%的就业者遵守了这一法律规则。

给予职业学校、培训企业和受培训者法律上明确的义务和权利,在操作过程中也做到严格依法行事,并赋予有效的监督机制促进职业教育健康有序的发展。

(二)德国经验和做法对我国农村职业教育发展的启示

1. 农村职业教育教学内容要重实践

我国的农村职业教育教学内容偏重系统理论的传授,而德国的双元制职业教育则以岗位要求为培训目标,更容易受到企业的欢迎。以工人技术等级考核标准的要求为培养目标并构建与之相适应的教学大纲和教学内容体系,是我国农村职业教育教学内容应该向德国学习的地方。同时,双元制职业教育更注重实践技能的培养并用相关的政策文件使之得到了确切保证,这使得以培养生产第一线实际操作人员为目标的职业教育真正成为受企业欢迎的教育。虽然我国目前也非常重视学生实际操作技能的培养,但培养模式客观上却使学生远离了生产第一线,而集中安排的生产实习又不利于学生及时将所学理论同实践相结合,使学生在毕业后很难适应工作岗位的要求。

2. 经费来源应主要依靠政府,逐渐向多种渠道转变

我国的职业教育管理体制实行"分级管理,地方为主,政府统筹,社会参与"。这一管理体制决定了我国现阶段农村职业教育的经费来源主要依赖于当地的政府。而当地政府的能力也是有限的,由于我国正处在社会主义市场经济初级阶段,单纯借鉴德国等发达国家的经验,让职业学校的学生教育经费由政府、学校和企业共同负担不切合我国实际。我国现阶段的基本国情是:二三产业不发达,无论是农村的乡镇企业,还是发达的东部地区,很少有企业会在学生未进入企业工作前,愿意承担一部分学生的教育经费;农村职业学校所在的县域经济发展基础大都比较薄弱,不能满足农村职业教育发展的实际情况;中央财政作为我国教育发展的主要支持力量,每年虽然对职业教育有一定的投入,但投入的总量少,并且倾向于城市。因此,政府应从城乡经济协调发展的高度,审视现行的投资体制,明确对农村职业教育的政策扶持范围,加大中央财政对农村职业教育转移支付和倾斜力度。

3. 依靠政策法律支撑农村职业教育发展

德国通过两大法律体系支撑职业教育,而我国关于农村职业教育的具体法律文本很少,并且大部分都是渗透在职业教育政策法规中。1985年5月《中共中央关于教育体制改革决定》的颁布,为农村职业教育发展提供了最初的政策依据。1991年10月颁布的《国务院关于大力发展职业技术教育的决定》指

出了农村职业教育体制改革的具体目标。1995年6月颁布了《关于深入推进农村教育综合改革的意见》。1996年9月颁布了《职业教育法》。2002年9月颁布了《国务院关于大力推进职业教育改革与发展的决定》……

从上面列举的实例中可以看出对农村职业教育的具体政策很少，大部分都是作为职业教育的一部分被提及。而新时期农村职业教育作为农村教育中的重要组成部分，尤其是在社会主义新农村建设中担负着培养新农民的重任，应该有自己的政策体系支持。同时，政府在制定政策时大部分为宏观上的规定，还应制定相应的配套措施以保证政策的有效实施。

三、我国农村职业教育政策实施过程中取得的成绩、存在的问题及制约因素

（一）取得的成绩

20世纪80年代初期我国职业学校在校生200多万人，普职比例仅100∶7。1997、1998两年发展到顶峰，职业学校每年招生530多万人，在校生1300多万人，普职比例6∶4。在这20多年里职业教育得到了真正的发展。

从1998年开始国家取消了毕业生国家分配制度，职业教育学生毕业后需要自己走向人才市场，因此人们对职业教育的认可程度越来越低，职业教育的发展缓慢下来，并出现了滑坡。2002年国务院颁布了《关于大力推进职业教育改革与发展的决定》指出：职业教育要为经济结构调整和技术进步服务，为"三农"服务，为促进就业再就业服务，为促进西部大开发服务。一些农村职业学校把这些出台的政策作为依据，走生产与就业相结合的道路，同时学校还主动联系一些有技术、有资金、有项目、有设备的企业，作为学生将来实习的单位。制定相关政策吸引企业把学校作为他们的培训基地，这样既扩大了自己学校的生源又为毕业生就业提供了方便，做到了"出口畅，入口旺"。一些农村职业学校积极响应党和政府号召的灵活办学模式，借鉴高等院校的培养方式，采取弹性学分制，修满学分即可申请毕业，使学生的学习主动性提高，学校的学习氛围增强。

（二）农村职业教育政策实施中存在的问题

1. 政府对农村职业教育政策实施中投入的力度不够

笼统地说，职业教育大体上可划分为城镇职业教育和农村职业教育两大类。由于中国特殊的国情——城乡二元经济结构的存在，农村地区相对城市来说经济发展落后，经济基础差，当地政府对职业学校的投入能力有限。近几年来，随着国家重视职业教育，中央对职业学校的投入有所增加，但对农村职业学校的投入比例相对很小。中央提出了"分级管理，地方为主，政府统筹，社

会参与"的职业教育管理体制,这种体制就决定了农村的职业教育资金投入在很大程度上依靠当地县(乡)财政拨款。由于中央的投资政策倾向于城市,农村当地政府又不具备很强的经济实力支持当地职业教育发展,所以造成农村职业学校发展经费不足,学校的教学设备、器材、实验基地建设落后于城市,不能"与时俱进",从而影响了学校的生源,影响了学校的发展。

2. 传统的思维模式与现行职业教育政策的冲突

自从1999年国家出台了一系列政策允许高校扩招,一时间"普高热"现象十分严重,学生升入到大学求学的机会相对前几年多一些,这充分调动了家长和学生升大学的积极性,尤其是在农村"重仕途、轻技能"的思想根深蒂固,他们宁愿"砸锅卖铁"也要送孩子上大学,让他们跳出农门,而职业学校,尤其是农村职业学校则被视为"二流学校",是不求上进的人才去的地方。

农村职业教育培养的是生产一线的技能型劳动者,它具有"培养成本高,学生家庭收入低,就业回报率低"的特点,并且政府在政策设计上是"高收费、低收入"的思路,强大的经济压力使职业学校失去了对学生和家长的吸引力,造成了职业教育政策的名存实亡。"万般皆下品,惟有读书高"的观念更是左右着他们的思想。尽管党和政府也出台了一系列职业教育法,通过学费减免、奖学金制度以及毕业推荐工作等政策,鼓励学生和家长到职业学校上学,但丝毫不能改变他们对职业教育的认识,致使职业教育政策没有发挥其应有的效用。

3. 具体的政策在实施中落实不到位

1999年颁布的《中共中央国务院关于深化教育改革全面推进素质教育的决定》进一步强调指出:"要构建与社会主义市场经济体制和教育内在规律相适应、不同类型教育相互沟通、相互衔接的教育体制。"而在现实的执行过程中,各类型教育的结合效果并不理想,以农村中学与农村职业学校为例,国家倡导"初三分流"、"3+1"教学模式,但一些学校在真正落实时并未向学生说明具体的内容,而是直接要求学习成绩较差、会影响学校升学率的所谓"差生"去学职业技术课,即使有些所谓的"好学生"想参与到分流的团队中来也没有机会。1991年10月颁布的《国务院关于大力发展职业技术教育的决定》指出:"在农村要重视办好直接为农村服务的专业,同时要注意其他各种专业人才的培养,专业设置要适应农村经济需要和农民生产经营体制。"2002年9月20日国务院颁发的《关于进一步加强农村教育工作的决定》指出:"适应农村产业结构调整,推动农村劳动力向二、三产业转移。"国家鼓励和号召向非农产业转移,但现实中的农村职业教育目的却存在着向"农"而不向"非"的问题,培训的主要内容是农业技术。当前,我国农村的主要问题是要把大量的农村剩余劳动力从农村转移到城市，职业培训的重点应该是面向城市工业和第三产业发展的需要，而我国目前农村职业教育与农民的职业转移脱节，这样不利于农民的职业转移。

(三) 农村职业教育政策实施中的制约因素分析

1. 经费投入不足

衡量职业教育战略地位是否得到落实，一个重要标志就是职业教育发展与经费是否得到保障。我国目前处于社会主义市场经济体制下，政府试图凭借市场这一灵活手段搞活职业教育，而制定了一系列相关政策，鼓励职业学校通过多种渠道筹集教育经费，但我国目前现行的机制并不是像政府计划中那样，职业教育的资金来源仍需要政府财政的大力支持。职业教育本身具有"成本高、回报低、认可率低"的特点，它所投入的成本比普通教育高出许多，需要较多的设备、场地和专业技术人员，因此也导致了职业学校的收费标准比普通学校高出1—2倍，这也是许多学生放弃职业学校而选择中考、高考"挤独木桥"的重要原因。职业学校的发展需要政府制订相关的政策保护和支持，但如果只是通过文件的形式进行支持，其发展的效果将不尽如人意，要想顺利实施有关的农村职业教育政策，光靠地方教育部门的投入是远远不够的，需要中央政府在财政上的大力支持。

2. 政策在执行中缺乏有效的监督机制

政府制定政策文本是希望职业学校能有一个明确的发展方向，并沿着这一方向实现其最终的发展目标。但是就政策实施过程中应注意的事项没有明确规定，对实施中应采取的具体措施没有详细分析，对整个实施过程缺乏有效的监督，因此政策执行的效果也就不尽如人意。例如政府号召实行灵活的办学模式，实行"初三分流"，但在具体操作中，学校强行把学习成绩较差的学生分离出来去学习职业技术，而学习较好的学生继续走升学之路，不考虑学生意愿，只是关心学校的利益，在此过程中地方政府没有实施有效的监管职能，致使政策落实不到位，相关措施无法有效的执行，产生许多负面影响。

3. 政策的宣传力度不大

现如今即使在农村独生子女也十分普遍，家长们对自己的孩子都寄予了较高的期望，希望他们能够多读书，学会过硬的本领，找到一份理想的工作，不用再向他们父辈那样过"面朝黄土、背朝天"的生活，光宗耀祖。由于现阶段农村职业教育政策宣传的不到位，社会对农村职业教育认可度低，人们看到农村职业学校毕业的学生没有较好的就业门路，就业机会少，并且上职业学校所花费的费用要比普通教育的费用高，这些不利因素对于经济上本就十分困难、更注重现实利益的农村家庭来说不选择职业教育也就顺理成章了。

然而，实际上我国职业教育政策中已经建立了对职业教育中贫困家庭学生的助学制度，明确指出了中央和地方财政要安排经费资助中等职业教育学校中的农村贫困家庭子女，中等专业学校要从学校收入中安排一定比例用于奖助学金和学费减免，金融机构要为贫困学生提供助学贷款，使农村贫困家庭子女无后顾之忧。近几年来，随着高校的不断扩招，每年有几十万大学毕业生不能及时找到工作，而社会对各类技能熟练工人的需求量却在逐年增加，许多地区出现了供不应求的现象。

所以说，政府应当大力宣传职业教育的重要地位和作用以及相关的优惠政策和就业市场信息，让人们从思想上提高对职业教育的认识，尤其是看到农村职业教育的美好前景，增强人们对职业教育的信心，为农村职业教育营造理想的生存环境。

四、对进一步发展农村职业教育的预测

（一）农村职业教育将成为社会主义新农村建设的重要组成部分

党的十六届五中全会通过的《中共中央关于制定国民经济和社会发展第十一个五年规划的建议》，明确了今后五年我国经济社会发展的奋斗目标和行动纲领，提出建设社会主义新农村的重大历史任务，为做好当前和今后一个时期的"三农"工作指明了方向。在新农村建设中明确指出：加快发展农村社会事业，培养推进社会主义新农村建设的新农民。新农村需要新农民，只有新农民才能建设新农村，加强对农民的职业培训，培养和造就新型农民，使之成为新农村建设和现代化建设的主体，这一切目标的实现都要依靠于农村职业教育。农村职业教育可以为农村提供农业技术教育和非农产业类职业技术培训，可以侧重对农民进行经营管理知识、市场意识、生态意识以及农产品深加工等方面的培训，进而培养一批经营管理型、市场营销型、技术中介型的新型农民，同时农村职业教育的教学内容可以因地制宜不断更新调整，与农村经济的新发展相适应，更好地发挥在社会主义新农村建设中的作用。

（二）农村职业教育受重视程度将不断提高

2005年11月7日，温家宝总理在全国职业教育工作会议上作了《大力发展中国特色的职业教育》的报告，报告中提出：重视发展面向农村的职业教育，提高广大农民的职业技能和转移就业能力。今后，我国新增劳动力的主要来源在农村。农村初高中毕业生不仅是农业现代化建设的骨干力量，也是我国产业工人的后备军，搞好农村职业教育具有特殊重要的意义。要制定农村职业教育和培训计划。面向农村、面向农民的职业教育和技能培训，要注重多样化、灵活性和实用性。各级各类职业学校都要扩大面向农村初高中毕业生的招生规模。充分利用广播电大、自学考试、远程教育等方式，发展面向农村青年

的职业教育。要加强县级职业教育中心建设，每个县（市）都要重点办好一所职业教育中心或中等职业技术学校。加强农民工转移就业培训，继续实施好"农村劳动力转移培训阳光工程"，提高进城务工农民的职业技能和就业能力。同时，做好在乡务农青年的农业实用技术培训工作。

2004年以来，教育部、财政部联合启动了"职业教育实训基地建设计划"，财政部已投入1亿多元，建设了50个职业教育实训基地，取得了良好的效果。随着十一五规划建设的全面铺开，农村职业教育为建设社会主义新农村服务的宗旨将得到更加深入的贯彻，强化农村"三教"统筹，促进"农科教"结合，实施农村实用人才培训工程，充分发挥农村各类职业学校、各种农业技术推广培训机构的作用，大范围培养实用型人才和技能型人才，大面积普及农业先进实用技术。农村职业教育将越来越发挥举足轻重的作用，受重视程度将不断提高。

五、总结与展望

发展农村职业教育是解决农村剩余劳动力转移的一项伟大工程，它需要领导的重视和国家相关政策的支持。教育部周济部长就教育战线特别是职业教育如何以服务为宗旨，以就业为导向，全面实施《农村劳动力转移培训计划》作了工作部署和要求，他指出：2006—2010年，要对拟向非农产业就业和城镇转移的5000万农村劳动力开展引导性培训，并对其中的3000万人开展职业技能培训，同时对已进入非农产业就业的农民工开展岗前培训。农村职业教育是一个伟大的系统工程，其发展任重而道远，2006年初的"两会"提出了要建设社会主义新农村、培养新型的农民，这一过程中良好的农村职业教育体制将发挥十分重要的作用。相信政府将出台更加细致完善的政策用以指导开展农村职业教育工作，使其作用得到最大限度的发挥。

参考文献：

1. 国务院关于大力发展职业教育的决定. 2005 - 11 - 01.
2. 温家宝. 大力发展中国特色的职业教育. 2005 - 11 - 07.
3. 陈至立. 全面落实科学发展观努力开创职业教育新局面. 2005 - 11 - 07.
4. 黄菊. 在全国职业教育工作会议上的总结讲话. 2005 - 11 - 08.
5. 张欣童. 我国职业教育政策"失效"原因分析及建议. 职业教育，2005.（13）.
6. 雷世平. 我国农村职业教育体制政策及其思考. 职业技术教育，2005.

(4).

7. 方德明，金吉铭. 近读德国职业教育. 教研督导科，2005-01.

作者简介：

金兆怀，东北师范大学农村教育研究所兼职教授，东北师范大学经济学院副院长、教授、博士生导师、经济学博士。

王国巍、姜丽伟，东北师范大学农村教育研究所硕士研究生。

黄炎培的职业教育思想及其现实意义

凌淑莉

黄炎培是中国近代著名的爱国主义者和民主主义教育家，作为我国近代职业教育的创始人，他把毕生精力都奉献于中国的职业教育事业。他在上个世纪初就大力倡导职业教育，并为之做出了不懈的努力。黄炎培的职业教育思想是在吸取西方先进国家的教育经验，反思中国自办教育以来的问题和教训，不断探索中逐步形成的，他的职业教育思想至今仍有着积极的现实意义。

（一）黄炎培的高等职业教育目的

针对当时的历史现状和长期的职业教育实践，黄炎培将职业教育的最终目的概括为"使无业者有业，使有业者乐业"。所谓"使无业者有业"就是通过职业教育为资本主义工商业发展造就适用的人才，同时解决社会失业问题，使人才不至于浪费。所谓"使有业者乐业"，就是使就业者能够形成良好的道德智能，使之能胜任工作、热爱工作，进而能有所发明，造福于社会，造福于人类。

黄炎培的"使无业者有业，使有业者乐业"的教育思想对当今的社会状况不无指导意义。

现今社会，许多普通高校学生毕业后从事着所学专业以外的行业，当然造成这种结果的原因很多。有的毕业生为了留在大城市，宁愿从事与自己专业不对口的工作，甚至有些是无需经过高校培养就可以从事的简单劳动；还有的是因为某些专业就业市场已经饱和，很难再找到对口的工作；也有的毕业生由于从事与自己的专业对口的工作，条件艰苦、待遇又低而宁愿放弃所学专业。

上述种种情况，造成了人才资源的极大浪费。因此，学校的专业设置应考虑社会需求，科学地、合理地安排。真正做到使"使无业者有业"。不要因为某些专业热门就一拥而上，导致该专业毕业生还没有毕业就已经失业。

黄炎培的职业教育体系一直把"敬业乐群"这一职业道德教育思想贯穿始终。所谓"敬业"，即热爱所业，尽职所业，有为从事职业和全社会做贡献的追求。所谓"乐群"，即有高尚情操和群体合作的精神。只有敬业乐群，才能"使有业者乐业"，使他们为个人谋生，为社会服务，增长社会经济，稳定社会秩序。这一思想也完全符合当代社会的职业道德要求。

他的"使无业者有业，使有业者乐业"的思想蕴涵着他一贯倡导的职业教育的要旨，即"为个人谋生之准备"，"为个人服务社会之准备"，"为世界、国家增进生产力之准备"。

黄炎培反复告诫青年人，只要有益于社会，"职业平等，无高下，无贵贱"、"人生必须服务，求学非以自娱"。而当今社会，由于旧的观念还没有更新，高等职业人才的社会地位仍然不高，学生高中毕业后绝大多数都不愿意选择高职类院校；而进入高职类院校的往往是经过了高考分流的学生，致使生源质量不高。因此，高等职业教育的质量很难提高，人们对高职的认识也不易转变，职业教育很难进入良性循环。这样的结果必定是：普通高校的毕业生过剩，找不到合适的工作；社会急需的职业技术人才质量不高，而且严重匮乏。这种人才的不合理分配，导致了严重的人才比例失调，人才的巨大浪费。因此，我们有必要对高职教育的培养目标进行重新反思。

（二）黄炎培的职业教育办学方针

黄炎培在职业教育实践中，形成了社会化、科学化的职业教育办学方针。

黄炎培视社会化为职业教育的灵魂。他认为，职业教育必须适应社会的需要，社会需要某种人才，即办某种学校。他强调教育与社会的沟通，提出了"大职业教育主义"的观念："只从职业学校做工夫，不能发达职业教育；只从教育界做工夫，不能发达职业教育；只从农、工、商职业界做工夫，不能发达职业教育"。他的职业教育社会化，内涵颇为丰富，包括：办学宗旨社会化，培养目标社会化，办学组织社会化，办学方式社会化。

当今社会的职业教育，"教育"只应作为实现"职业"目的的一种手段，而教育最终是要回报社会的。根据这一规律，我们必须找到既符合高等职业教育培养目标，又能够满足社会需求的、科学的人才培养模式。我们既要考虑个人生存的需要，又要兼顾社会的发展。

"宽口径、强基础、重实践、图发展"是高等教育的教育目标，也是我们高等职业教育培养社会化人才的必由之路，我们要把它贯彻于高等职业教育的始终。

所谓宽口径，就是以社会需求为导向，突破单一的课程模式，培养能够最大限度满足社会需求的高等职业人才。生产力的进步使产业结构不断变化，新的产业部门不断涌现，因此，课程的设置要呈现多样化的趋势，同时，课程的设置必须及时反映科技与社会发展的最新动态。除了为学生奠定一个牢固的专业知识基础外，高职教育应把专业教育和通识教育结合起来，应从狭窄的专业教育转向注重综合素质培养的专业教育，为学生未来的职业转换提供条件。从就业趋势来看，一个人一生只从事一种职业的时代已经不复返了，因此需要人们掌握较宽的综合性知识以准备随时应对未来多种行业、多种职业的挑战。

所谓强基础，就是强化职业能力的基础，强化人格素质的基础。基础知识作为全部职业能力的基础，它的牢固程度直接决定着学生自我学习能力、知识的更新能力。法国当代著名教育家、"终身教育之父"朗格朗早在上个世纪中叶就积极倡导终身教育，而当代人面临更多的挑战，为了顺应这一形势，课程设置必须同时强化基础课和专业基础课，使学生的基础更扎实，既能满足学生毕业后上岗的需要，又能够满足未来转岗的需要，为学生终身持续学习打下基础。同时，要重视人文教育，增强职业意识。人文素质，职业意识都体现在职业要求中。具有创新意识的高等职业人才，既要具备雄厚的职业能力基础，又要拥有完美的人格素质基础。

所谓重实践，就是关注学生实践能力的培养。一方面，专业的设置要适应市场的动态需求，要根据就业形势、经济社会的工种变化适时进行专业调整，及时削减饱和专业，开发新专业。另一方面，在课程的设置上必须增加实践课程的时数，以培养具有较强实践能力的人才。教学要面向生产实践，采用多种实习形式，针对职业岗位的实际，使学生在做中学，在学中做，教学做合一。加快实习实训基地的建设，定期安排学生到那里工作学习，让学生能够在实践中发现问题、解决问题。实训基地是学生掌握应用技术不可或缺的，也是教师进行新课程开发必不可少的。

所谓图发展，就是高职教育必须以学生为本，培养学生健全的人格素质，以及自立的意识和跨行业、跨国界创业的能力，促进高职学生的可持续发展。高职教育必须"以学生为中心"，因此，专业的设置、课程的安排、教材的选择、教学的实施等都要以学生为出发点。我们在注重学生专业能力培养的同时，还要注意道德的培养，以培养出"有才有德"的"精品"，以免培养出"有才无德"的"毒品"。为适应时代的发展，高职教育的教学必须从封闭转向开放。开放的教学使学生有机会了解社会，有助于发挥学生的主动性，使他们能够在教师的指导下独立学习，从而成为教学的主体。

信息技术的发展使学习者能够及时掌握国内外科技新动态，同时学校也能够利用这些信息技术来更新教学内容。教学内容的多样化、国际化是时代对高职教育的要求。高职教育必须构建多样化的课程体系，才能满足学生全面发展及可持续发展的合理需求。为了适应国际化的趋势，课程内容的设置必须是传统内容与国际化内容相结合，使学生能够接受全方位的国际教育，培养出有专业知识，通外语，会经营，善管理的复合型人才。

科学化是黄炎培办职业教育所坚持的另一条方针。他主张用科学来解决职业教育的问题。具体来说，职业教育的工作可划分为两类，一是物质方面的工作，包括专业课程的设置、教材的选编、实习设置的配置等等。二是人事方面的工作，包括教学管理的组织等等。关于前者，强调事先搞社会调查，听取企业家意见，事后勤于总结，逐步推广的原则。关于后者，强调运用科学的管理方法于高等职业教育的管理中。

基于这一方针，我们高等职业教育的一切都应该以科学为依据，切忌主观盲动，闭门造车。比如说，我们在创办某一新专业的时候，首先要考虑就业市场的要求。为了保证决策的正确性，我们事先要进行广泛的社会调查，请有关专家对此进行科学论证。经过试点证明其切实可行后，再把它铺开。

黄炎培根据职业教育的特点提出了"理论与实际并行"、"知识与技能并重"的主张，作为开展职业教育工作必须坚持的教学原则。他认为，"职业教育的目的乃在养成实际的、有效的生产能力。欲达此种境地，需要手脑并用"，因此，职业教育的教学必须"做学合一"。

这一教学原则在当代的职业教育体现为：高等职业教育应该将理论与实际相联系，高等职业的教学目的在于既传授知识，又培养技能。

无论黄炎培的"使无业者有业，使有业者乐业"的教育目的，还是社会化、科学化的职业教育办学方针，对我们当代高等职业教育仍然具有积极的现实意义。

参考文献：

孙培清主编．中国教育史．上海：华东师范大学出版社．
邹晓春，李佑成．职业教育研究，2005（2）．上海：中外高等职业教育人才培养模式之比较．
李振汕．职业教育研究，2005（2）．高职课程改革与发展的十大趋势．
唐国庆．中国职业技术教育，2005（10）．高等职业教育专业教育初探．

［吉林大学应用技术学院］

吉林省发展农村职业教育的取向性与时序性研究[*]

李 宁

一、农村剩余劳动力转移的内在制约因素及其后果

农村劳动力素质与农村剩余劳动力转移的程度是密切相关的。农村劳动力素质低,直接带来如下后果:

第一,农村劳动力难以接受现代农业科技知识,农业劳动生产率难以提高,致使广大农村的生产方式大多停留在传统的耕作模式上,农村劳动力完全退出传统农业生产的基础不稳。

第二,农村剩余劳动力适应不了非农产业的要求。乡镇企业是农村非农产业的重点,乡镇企业发展对农村剩余劳动力的转移起到了重要作用。但是,最近几年,受发展速度下降,企业技术进步,资本有机构成提高,增长方式转变以及市场经济激烈竞争等多种因素影响,乡镇企业容纳农村剩余劳动力的数量在减少,而质量要求却又在不断提高,这样,农村劳动力进入非农产业的门槛有所提高,要转移出去相对来说比较困难。

第三,由于农村劳动力素质偏低,影响了农业的深度和广度开发,妨碍了农业内部吸收和容纳更多农村劳动力。长期以来,我国农业是以产量增长为主要目标的数量型农业,这种农业发展模式为解决人民的温饱问题发挥了巨大的作用。然而,其弊端也是明显的,就是用耕地的粮食生产挤占了劳动特别是技术密集的其他种类的农产品生产,使我国农业内部的就业容量日益缩小。目前,我国农产品已经摆脱了长期短缺的局面,优化农业结构,提高农产品质量成为我国农业发展面临的一项重要任务。我国农村完全可以以农业结构调整为契机,促进农村剩余劳动力在农业内部就业。具体来说,就是充分利用退耕还林、还草等结构调整带来的机遇,在保证粮食生产能力稳定提高的前提下,通过合理垦殖、综合治理、技术改造等多种形式大力发展集约型农业,不断拓宽生产领

---

[*] 基金项目:教育部人文社会科学重点研究基地重大项目《欠发达地区农村职业教育状况调查及其发展模式研究》。

域，通过农业的综合开发，向农业的深度和广度进军，做好农村剩余劳动力转移这篇大文章，但问题是当前农村劳动力素质太低，不能适用和满足这一要求。

第四，由于农村劳动力素质偏低，农村劳动力只能实现低层次、不稳定的转移。近年来，外出流动就业的农村劳动力数量在增加，但必须看到，由于自身素质的影响，他们转入非农产业从事的都是农产品的粗加工、商业饮食业、服务业、建筑业、服装等技术含量不高的劳动密集型行业，而且在大多数地区，绝大多数转入非农产业部门的劳动力，不敢完全摆脱农业，放弃土地承包权，仍然利用闲暇时间或用家庭辅助劳动力来经营农业，有相当多的劳动力具有季节性特点。这种不稳定的低层次转移，一旦受国家大的宏观经济环境的影响，就很容易形成农村剩余劳动力大量回流的现象。

通过上面的分析，我们得知，农村劳动力素质偏低是制约农村剩余劳动力转移，特别是层次提高的内在制约因素。因此，发展教育特别是职业教育，提高农村劳动力素质，应该是实现农村剩余劳动力有序转移、增加劳动力有序供给的治本之策。但由于我国地域辽阔，各地区之间的社会经济发展水平千差万别，农村劳动力转移的方式与途径存在着显著的区域性和时序性差异。所以农村职业教育的设置与安排应与劳动力转移的方式与途径相适应，只有依据每个地区的具体条件进行选择和安排，才能收到"因地制宜"的良好效果。下面本文将以吉林省农村劳动力转移方式与途径的现时态势为基础，探讨吉林省发展农村职业教育的取向性与时序性问题。

二、劳动力区域性转移

（一）域内转移

1. 进乡镇企业

改革开放二十多年来，乡镇企业异军突起，发展迅猛，已经成为我国广大乡村摆脱贫困，增加收入，走向富裕的主要途径和手段。之所以如此是因为乡镇企业的"工资性收入"高于农民的"家庭经营性收入"。故该模式本身是合理的。但是实践该模式有一个关键的环节就是乡镇企业的就业，而乡镇企业吸纳就业的能力又与其总量和资源构成类型有着密切的关系。相比之下，吉林省的乡镇企业起步较晚，截止到2003年底，全省仅有乡镇企业591365个，而且在规模上也远远落后于发达省区的乡镇企业（见表1）。

表1　2003年末中国乡镇企业主要经济指标

（单位：个，人，人/个，万元）

Tab. 1　Main economic norms of township and village enterprises (TVEs) in China at the end of 2003 (unit: number of TVEs, person, persons in per TVEs, 10 000 yuan)

项目\地区	企业个数	从业人员	企业吸纳力	工资总额	固定资产原值	利润总额	实缴税金总额	营业收入
辽 宁	1115209	5074481	4.55	3452159	18232707	5794641	1138379	85954301
吉 林	591365	1979014	3.35	1044806	5648557	1223339	312474	16611748
黑龙江	275314	1592637	5.78	714311	4073570	818478	218585	17729406
江 苏	1020503	10442844	10.23	9370853	45796931	7471247	5057048	179755450
浙 江	1081237	10827786	10.01	11587363	51659907	11947340	6783918	217711962
安 徽	810710	5124719	6.32	3150329	10294150	2641171	720927	30324784
山 东	2483553	15298064	6.16	8983116	49434024	10091108	3770728	195969179
河 南	1384469	9657652	6.98	5283137	21549680	7434921	1064388	81242701
广 东	1363610	12278459	9.00	10297728	49197448	6616588	3187753	133977616
四 川	1520887	6781730	4.46	3163134	14763892	1697706	999759	53607786

资料来源：2004年《中国农业年鉴》184—193页。

＊注：企业吸纳力表示企业吸纳劳动力的能力，其表达式为企业吸纳力＝企业从业人员/企业个数。

2003年全国乡镇企业增加值为36686.33亿元，占GDP总值的31.29％；吉林省为560.19亿元，占GDP总值22.21％，低于全国平均水平近10个百分点。从乡镇企业的产品结构和行业结构来看，目前吉林省乡镇企业的产品仍主要以初级或技术含量较低的品种为主，且产量也不高；同时，吉林省乡镇企业的结构层次也较低（产值结构，2003年），其中工业仅占46.07％，比全国的72.77％低26.7个百分点，相反，商饮服务及其他所占比重则较高，表明吉林省的乡镇企业仍处于较低层次的发展阶段上。从农民家庭人均收入的构成来看，2003年吉林省农民家庭平均每人现金收入为3118.86元，而其中来自乡镇企业劳动报酬得到的收入仅为59.15元，其贡献率只有1.90％。从每个乡镇企业平均从业人数来看，吉林省仅为3.35人，而江苏、浙江是其近3倍。可见，目前吉林省乡镇企业对农村劳动力转移、增加农民收入的功能还相当弱。

2. 进城务工

农村劳动力域内转移的另一个主要表现形式为流向附近的大中城市，即所谓的"进城打工"。在我国经济转型时期，第二产业（制造业）作为城市经济的一部分，其目前的发展趋势是：①技术升级，产业升级；②国企改革导致的减员增效。这两者都在一定程度上（质量和数量）排斥了农村剩余劳动力。吉林省作为东北重工业基地的一员，资本密集型的制造业本身就业生成能力就低,上述两方面的发展趋势无疑又提高了进城农民到工业企业就业的门槛。这样,服务业等第三产业就成为了城市经济吸引农村剩余劳动力的主战场。但是就吉林省来说,目前这一市场的前景也不是很乐观。2003年末,吉林省城镇第三产业中适于低质量劳动力就业领域(批发和零售贸易、餐饮业,社会服务业)的从业人员比2001年减少了18.94万人。而同年城镇失业率(4.3%)却比2001年增加了1.1个百分点。大量下岗失业人员涌向第三产业寻找出路,从而又在这一市场上与进城农民构成了竞争。而现有劳动力市场中的城乡歧视和差别对待又使得农民在竞争时处于劣势。由此可见,就目前来看,"进城打工"对吉林省农村劳动力转移的意义不大。2003年吉林省城镇单位使用的农村劳动力仅占从业人员总数的1.87%,这一比例排在全国倒数第二位。

(二)域际转移

1. 劳动力流出率的含义

劳动力跨省就业流出率(简称流出率)的涵义是:由于流出的劳动力数量与当地劳动力总量有直接关系,而且流出的劳动力数量对当地的社会经济、生产有直接的影响。因此,劳动力跨省就业人数占当地劳动力总量的比例基本反映了劳动力的流动概况。另外,各地区劳动力数量差异较大,跨省流动劳动力的绝对数量更是如此。为了详细分析各地区的劳动力流出情况,必须有一个可供比较的相对量。所以,可将上述比例定义为劳动力跨省就业的流出率,用下式表示[①]:

$$流出率 = \frac{跨省就业人数}{本地劳动数} \times 100\%$$

2. 劳动力流出率分析

劳动力的跨地区流动是伴随着我国改革开放、社会主义市场经济的繁荣而产生和发展起来的。其动力机制表现为以下三点:①农业生产力的发展和农业资源禀赋的地区差异是推动劳动力转移的"源头"机制。②收入水平与提高收入机会的地区差异是引起劳动力迁移的"利益"机制。③改革开放以来,城市经济的发展和城市人口管理、地区人口管理的放开是促进劳动力(尤其是农村劳动力)跨省区转移的"政策"机制。从目前我国劳动力迁移(以求得更多的收入)的构成来看主要体现为两个方面:一是剩余的、从事简单劳动的劳动力趋于流向简单劳动的劳动力资源匮乏的地区,以获取相对优厚的收入;二是具有知识和技能的人才型劳动力(城市人才、农村工匠)趋于流向知识和技能型

---

① 刘燕鹏,李立贤,石玉林. 农村劳动力区域流动基本特点研究 [J]. 自然资源学报,1999,(2):157—162.

人力资源缺乏的地区,以获得丰厚的收入。

根据上述劳动力流出率的含义及中国统计年鉴和第五次全国人口普查资料有关数据进行计算,我们可以分别得到全国各省、直辖市、自治区的劳动力流出率,聚类结果见图1。

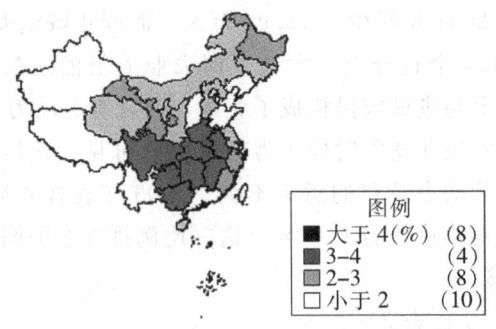

图1 2000年全国分地区劳动力跨省流出率

资料来源:根据《中国统计年鉴2001年》及《中国2000年人口普查资料(上册)》中有关数据计算整理。

由图1,我们可以得出我国各地区劳动力跨省流动的一般性特征:即移出率高的地区,基本上处于我国的中心地带,经济以农业为主,农业资源总量较为丰富但人均量相对不足,总体经济水平处于中等及偏下程度。交通通讯条件较好,为劳动力的外出流动提供了交通通讯保障;移出率低的地区有三种情况:一种是经济发达、收入水平高的地区,主要位于我国的东部沿海地带;另一种是经济和收入水平中等偏上,人均农业资源相对丰富的地区;第三种是经济比较落后、收入水平低,一般地处我国内陆,交通通讯相对不便的地区。

由图1及表2我们可以看出,吉林省基本上属于劳动力流出率低的地区中的第二种表现形式。影响其劳动力跨省域际流动有效性的因素主要有三点:一是流动收益与成本的势差不大,满足不了劳动力流动所要求的经济合理性(所谓经济合理性是指劳动力流动的成本和收益的比较。只有收益大于成本时,劳动力流动的愿望才会实现,否则,不可能产生劳动力流动的问题[①]);二是东北地区农村目前匠人偏少;三是受东北地区移民历史、开发历史的影响,东北人在观念意识上还比较保守。这样要想通过劳动力域际转移的途径来提高农民收入,仅靠农民本身的自发性在短期内可能性不大。

---

① 胡学勤,李肖夫. 劳动经济学[M]. 北京:中国经济出版社,2001:123—124.

表2 2000年全国分地区经济、人口和资源状况

Tab. 2 Economy, population and resources situation by region of China in 2000

	人均GDP（元）	城镇人均可支配收入（元）	农民人均纯收入（元）	农村劳动力文盲率（%）	农村居民家庭经营土地情况（亩/人）	邮电业务总量（亿元）	运输线路长度（公里）
北京	22460	10349.69	4604.55	1.88P	1.03	215.89	16553.2
天津	17993	8140.50	3622.39	1.78	1.48	71.11	10882.6
河北	7663	5661.16	2478.86	2.68	2.00	167.71	68928.2
山西	5137	4724.11	1905.61	3.22	2.73	86.00	61949.5
内蒙古	5872	5129.05	2038.21	7.69	108.29	60.35	79744.8
辽宁	11226	5357.79	2355.58	2.18	3.36	219.85	54958.2
吉林	6847	4810.00	2022.50	4.15	5.92	95.53	44321.0
黑龙江	8562	4912.88	2148.22	2.78	8.63	145.52	67033.5
上海	34547	11718.01	5596.37	4.08	0.94	221.79	7078.7
江苏	11773	6800.23	3595.09	6.51	1.36	294.58	54340.7
浙江	13461	9279.16	4253.67	6.64	1.40	290.21	54070.1
安徽	4867	5293.55	1934.57	11.68	1.67	119.98	54824.8
福建	11601	7432.26	3230.49	5.79	1.50	197.13	56533.8
江西	4851	5103.58	2135.30	6.77	1.96	89.68	48268.1
山东	9555	6489.97	2659.20	5.36	1.54	259.23	79554.2
河南	5444	4766.26	985.82	6.09	1.57	175.91	72481.0
湖北	7188	5524.54	2268.59	5.77	1.91	133.84	70207.7
湖南	5639	6218.73	2197.16	3.35	1.61	144.50	76729.7
广东	12885	9761.57	3654.48	4.28	1.31	782.63	118377.4
广西	4319	5834.43	1864.51	5.43	1.86	95.36	62971.9
海南	6894	5358.32	2182.26	6.97	1.52	32.50	18256.2
重庆	5157	6275.98	1892.44	6.21	1.31	71.54	32771.4
四川	4784	5894.27	1903.60	8.39	1.32	167.51	101811.0
贵州	2662	5122.21	1374.16	21.41	1.44	48.52	40128.3
云南	4637	6324.64	1478.60	17.63	2.10	103.72	114943.6

续 表

	人均GDP（元）	城镇人均可支配收入（元）	农民人均纯收入（元）	农村劳动力文盲率（%）	农村居民家庭经营土地情况（亩/人）	邮电业务总量（亿元）	运输线路长度（公里）
西藏	4559	7426.32	1330.81	63.53	2.36	6.80	22503.0
陕西	4549	5124.24	1443.86	9.62	2.27	96.24	49846.7
甘肃	3838	4916.25	1428.68	20.87	3.25	49.44	46242.2
青海	5087	5169.96	1490.49	32.46	32.65	13.21	21240.2
宁夏	4839	4912.40	1724.30	19.49	4.67	16.21	12095.8
新疆	7470	5644.86	1618.08	9.10	4.33	64.62	39960.7

资料来源：《中国统计年鉴》，2001年、2002年；《中国农村统计年鉴》，2001年。说明：①农村居民家庭经营土地包括耕地、山地、园地、牧草地和养殖水面；②邮电业务总量是各地区2001年的数据；③运输线路包括铁路、内河航道和公路。

三、发展小城镇

发展小城镇的基本初衷在于通过小城镇二、三产业的发展促进农村剩余劳动力的有效转移，促进农业生产率的逐步提高和农民收入的增加，推动农村居民生活方式的城市化；同时，在一定程度上减轻在城市由于经济转型而带来的难以避免的经济、社会压力。这一出发点是非常积极和可取的。但是，我们也应清醒地认识到：中国地域辽阔，各个地区的经济、社会发展一直都处于不平衡之中，因此并非每个地区的城市化条件和机制都已成熟。

（一）建设小城镇的前提条件

从某种角度上讲，乡村城市化的过程就是生产关系和上层建筑的变革过程，其科学与否要看其是否顺应生产力水平及经济基础条件，并对生产力和经济基础起促进作用。也就是说，小城镇的建设与发展受到自然条件和社会经济条件等多种相关因素的制约。在众多的条件因素中，工业的发展又可谓是其重要的前提条件。因为国内外诸多国家和地区的城市化历程已表明：从某种意义上讲，城市化过程的本身就体现在工业化的过程中。没有工业的发展，城市化过程中所需的资金，"农转非"过程中的就业问题就无从解决。就我国目前来看，农村工业的发展还主要体现在乡镇企业的发展上，它构成了小城镇发展的经济和物质基础。一般地讲，如果中小城镇建设离开了乡镇企业，就成了无本之木，无水之源。然而，由前面的论述我们已得知，吉林省的乡镇企业还处在初级发展水平上，因此，从现阶段来看，还满足不了大规模发展小城镇所需的经济和物质保障。

（二）建设小城镇的机制

新中国成立以来，我国的城镇化先后形成了两种机制（模式），即自上而下的城镇化和自下而上的城镇化。一般将政府推动型的城镇化称为自上而下的城镇化。顾名思义，这种机制下的城镇化的投资主体是政府，我们知道政府投资主要靠财政收入，而且小城镇基础设施投资对于政府财政的依存度与其经济发展水平和城市化水平呈负相关[1]。由表3我们可以看到吉林省的经济水平和财政收入水平在全国处于偏靠后的位置。城市化水平数值虽较高，但更多的是行政设制的结果，并非真正意义上的工业化和经济发展的自然产物。因此目前并没有足够的财政实力来投资发展小城镇。实际数据也证明了这一点，2003年吉林省财政支出在小城镇基础设施建设支出（主要是城市维护建设支出等）中所占的比例仅为2.90%。

表3　2003年中国分地区相关指标比较

Tab. 3 Comparison on interrelated norms by region of China in 2003

项目 地区	城市化水平（%）	人均国内生产总值（元/人）	财政收入（万元）	财政支出（万元）	财政支出中用于城建的部分（万元）
广　东	47.67	17213	13155151	16956324	634956
山　东	31.11	13661	7137877	10106395	685165
江　苏	39.40	16809	7981065	10476812	926665
辽　宁	47.20	14258	4470490	7843764	480929
吉　林	44.96	9338	1540033	4092265	118799
黑龙江	47.04	11615	2488643	5649080	250618

资料来源：2004年《中国人口统计年鉴》251页；2004年《中国经济年鉴》947页；2004年《中国统计年鉴》298—306页。

自下而上的城镇化则指民间推动型的城镇化，这是我国80年代以来形成的一种城镇化机制，主要是指由农村社区、乡镇企业、农民家庭或个人等民间

---

[1] 祝华军，耿忠平.小城镇建设对财政的依存度分析[J].中国农村经济，2000（12）：32—35.

力量发动的一种由市场力量诱导的自发型的诱致性制度变迁机制。但是这种诱致性制度变迁是否发生，主要取决于民间创新主体的预期收益和预期成本的比较，只有制度变迁的预期收益大于预期成本时，有关群体才会推进制度变迁[1]。而目前吉林省的城镇经济水平给民间造成的预期心理影响还不足以使其产生推进制度变迁的愿望。2003 年吉林省城镇居民年人均可支配收入为 7005.17 元，排名第 20 位。作为农业大省，吉林省农村居民的年均可支配收入较城镇居民乐观，以 2530.41 元排在第 13 位。在这种情况下，自下而上的城镇化机制是不会起作用的。

综上两种所述，我们不难得出：在现时条件下吉林省大规模发展小城镇的时机尚未成熟，或者说通过大规模城市化解决农村剩余劳动力转移的时机尚未成熟。

四、实施农业产业化

积极推进农业产业化是农村劳动力转移，增加农民收入，促进农村经济发展的又一条途径。其基本出发点是要用工业的思维来经营农业。国内外农业产业化的经验表明：农畜原始产品数量和质量，产后加工与贮存以及市场流通构成了农业产业化的三个基本环节。

吉林省作为一个农业大省，又是国家重要的商品粮基地，在全国粮食生产中占据着举足轻重的地位。全国 10 个产粮大县中吉林省就有 6 个。据统计，吉林省现今粮食生产已经达到了 2259.60 万吨（2003 年），从而为发展粮食加工业，实现粮食转化提供了雄厚的资源基础。目前，黄龙公司、大成公司、吉发公司等几家公司已成为吉林省玉米加工转化的大型龙头企业，为粮食进一步深加工奠定了一定的工业基础。1995 年吉林省政府适时地将畜牧业作为一项农村支柱产业来抓，经过 10 年的发展也已初具规模，并建成了德大公司、皓月公司和凯帝公司等一批农副产品加工龙头企业。吉林省地处东北亚经济区的"心脏"，其经济地理位置十分优越，交通便利，与南部经济发达的辽宁省和北部边疆黑龙江省毗邻，东与俄罗斯、朝鲜、韩国和日本等东北亚国家比较接近，为开放搞活提供了较好的外部宏观环境。从这里我们不难看出，吉林省发展以粮牧并举的农业产业化具有得天独厚的资源、加工和市场的比较优势。因此，实施农业产业化是目前吉林省农村劳动力转移、农民增收的最佳模式。

---

[1] 冯贞柏，宫松. 乡村城市化的前提条件与我国的战略选择 [J]. 经济纵横，2000（3）：28—30.

五、结　论

由前面的论述我们可以清楚地看到，农村劳动力转移的方式与途径存在着显著的区域取向性，这就要求我们在发展农村职业教育时，要时刻贯彻区域性的理念，因地制宜地选择和安排与农村劳动力转移模式相适应的职业教育。考虑到吉林省的实际情况，在发展农村职业教育时，应以农业产业化为基本出发点。充分发挥农村职业教育的优势，为发展农业产业化培养出大量的农业技术人才和经营人才，为提高农民素质作出应有的贡献。具体可从以下几点着眼：

第一，明确培养目标，调整专业设置。

农业职业教育的培养目标应该是面向农业、农村和农民，适应农业和农村经济发展的需要，特别要适应以家庭联产承包经营为基础的农业产业化经营的需要，培养具备综合职业能力和全面素质的直接在农业生产、服务、技术和管理一线工作的应用型、创业型人才和新型农民。

农业职业教育的专业设置，应围绕上述培养目标，适应农业产业化发展的需要进行调整与优化，使之与农业产业的产前、产中、产后诸环节相联系，与区域经济发展相适应，从总体上保证人才培养的适销对路，以更好地为当地农业经济的发展服务。

第二，调整课程结构，优化教学内容。

农业职业教育的课程结构与教学内容，应以当地农业产业化发展的需要为出发点，打破以学科为本位的教学模式，逐步树立以能力为本位的教育观念，围绕当地农业主导产业，有选择性地开设课程，注重课程与教学内容的科学性、先进性、针对性、实用性和灵活性；在传授给学生以先进的知识和实用的技能的同时，培养学生的综合适应能力，自我学习能力，自主选择能力，以提高其为农业产业化服务的本领。

第三，加强实践教育，注重能力培养。

实践教学是农业职业教育的重要组成部分，是培养学生操作技能、动手能力的主要手段。在实践教学中，通过师生共同承担实习基地的生产、经营任务，产教结合，教师既传授知识，又作为师傅传授技能，实地指导生产与经营；学生既学习知识，又直接从事生产经营活动，增加感性认识，掌握生产技能，使学生在学中做，做中学，从理论到实践，再从实践到理论，既掌握了知识和技能，又培养和提高了生产经营能力。因此，农业职业教育应加强实验实习基地建设，创造良好的实验实习条件，让学生有更多的实践机会去培养和训练实践技能，并加强考核，以提高学生的动手能力和综合职业能力。

第四，推动教师深造，提高教师素质。

教师是培养合格人才的关键，农业职业教育中的教师，不仅是理论教学的设计者与执行者，还是联系实际的实践者和指导者。教师素质的提高是实现农业职业教育目标，促进农业产业化发展的根本保证。教师应加强学习，不断更新教育观念、更新专业知识，树立素质教育新观念，积极探索和实践农业职业教育的新方法、新形式，积极参加农业生产实践与专业学术交流活动，积极开展农业科研活动，密切关注教学与专业发展新动向；努力学习，拓宽知识面，提高学历和职业技能。

这里需要注意的是，在非农乡镇企业比较发达和中小城镇建设条件成熟的地区，农村职业教育也应适时地、有针对地给予选择与安排，以适应乡镇企业发展及城镇化过程中二、三产业发展对高素质劳动者的要求。针对目前吉林省农民外出缺乏自觉性和主动性的实际，地方政府要在积极做好引导工作的同时，有计划、有组织、有针对性地培训和输出部分农村剩余劳动力。这样不仅解决了农民增收和剩余劳动力就业压力问题；还可以为本地农村经济的发展积蓄高素质的劳动力资源。

[城市与环境科学学院]

参考文献：

1. 李成贵．中国农业结构的形成、演变与调整［J］．中国农村经济，1999（5）：18—24．

2. 王贤甫．国外农业产业化发展过程、模式和启示［J］．世界农业，1999（6）：3—6．

3. 赵红，李鹏．论欠发达地区乡镇企业的特色经营［J］．农业经济，2000（8）：35—36．

4. 袁玉岫主编．吉林统计年鉴［M］．北京：中国统计出版社，2002；48．

5. 姜国钧主编．吉林统计年鉴［M］．北京：中国统计出版社，2004；163，205，220．

6. 国家统计局人口和社会科技统计司，劳动和社会保障部规划财务司．中国劳动统计年鉴［M］．北京：中国统计出版社，2004年：9，30．

专业设置：发展农村中等职业教育的重中之重
——以四省七县中等职业教育调研为例

吕 敏

2005年10至12月，东北师范大学农村教育研究所分别在吉林省、山东省、浙江省和贵州省共七县就农村中等职业教育发展问题进行专题调研，其中有五县调研对象为农村中等职业教育，两县为中等职业教育发展基础较好的中等职业教育，作为参照。调研发现，在众多影响职业教育发展的因素中，专业设置是发展农村中等职业教育的重中之重。在当前贯彻落实《国务院关于大力推进职业教育改革与发展的决定》之际，在政府加大对中等职业教育投入力度之时，我们认为发展中等职业教育，特别是重点发展农村和西部地区职业教育的切入点应该是专业设置。由专业设置带动中等职业教育质量的全面提高，这是我国目前发展农村中等职业教育的当务之急。

一、影响农村中等职业教育发展的诸因素

（一）国家教育政策环境因素

中等职业教育发展深受一系列教育政策的影响，包括职业教育发展政策对中等职业教育的直接影响，也包括教育体系中其他教育政策对中等职业教育的间接影响。在1980年，我国普高学生969.8万人，占高中阶段学生总数的81.1%，中职学生226.2万人，仅占18.9%（见图1）。这是恢复高考后，普通教育快速发展时期，中职教育发展相对放缓。到1985年，《中共中央教育体制改革决定》提出要扭转中等教育结构不合理的状况。《决定》指出，充分发掘现有中等专业学校和技工学校的潜力，扩大招生，并且有计划地将一批普通高中改为职业高中，或者增设职业班，加上新办的这类学校，力争在5年左右，使大多数地区的各类高中阶段的职业技术学校招生数相当于普通高中的招生数。进入上世纪90年代，扶持中职发展的教育政策效果逐渐显现，中职发展进入了一个快速而稳定的时期，直到1999年国家扩招政策实施以前，1995

年以后中职学生数一直超出普高学生数,在 56% 左右徘徊(见图 1)。

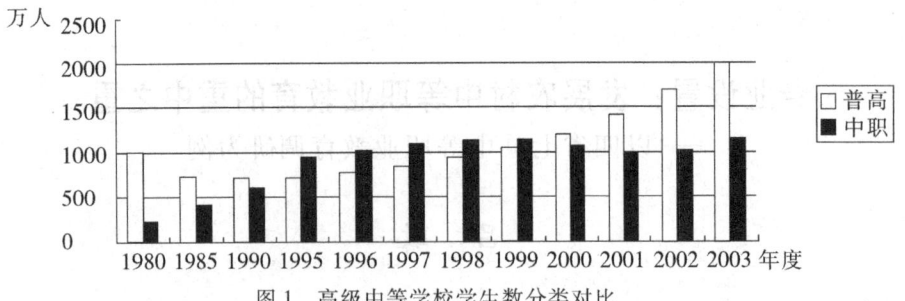

图 1　高级中等学校学生数分类对比

数据来源:1997 年、2001 年、2003 年高级中等学校学生数的构成,http://www.moe.edu.cn/,2006-7-10.

1999 年全国第三次教育工作会议召开,党中央、国务院作出加速发展高等教育的重大战略部署,高等学校招生持续增长,到 2004 年招生已达 447.3 万人,比扩招前的 1998 年增长四倍多。2004 年普高与职中分别招生 821.5 万人、229.1 万人,较 1998 年招生分别增长 2.284 倍、1.053 倍。从 2000 年开始普高招生每年分别以 19.28%、18.04%、21.28%、11.14%、9.23% 的速度递增,年均增速接近 15%,而职中的招生先是下降 5.87%,此后逐年有所回升,但基本维持现状(见图 2)。此时,普职学生比从 1998 年的 45:55,发展到 2003 年的 63:37,职高所占比例下降了 7%,中专下降了 8%。(见图 3、图 4)可见,国家宏观教育政策对中职发展影响巨大,中职发展与普高发展可谓是此消彼长,普高招生激增势必会冲击中职的生源,而在大力发展中职的历史条件下,中职与普高的学生比也会趋向平衡。

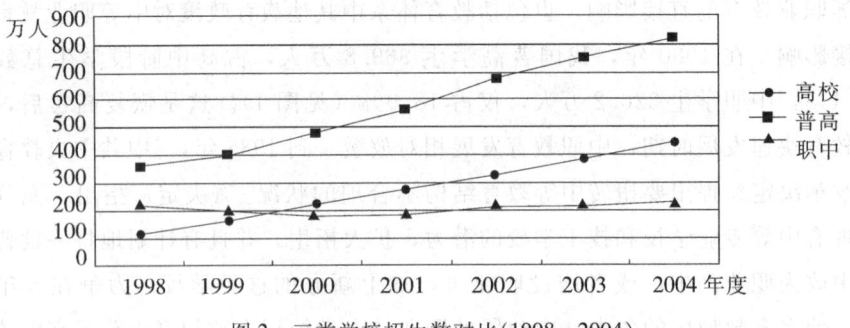

图 2　三类学校招生数对比(1998—2004)

数据来源:中国统计年鉴 2005:21-5 各级各类学校招生数[1]

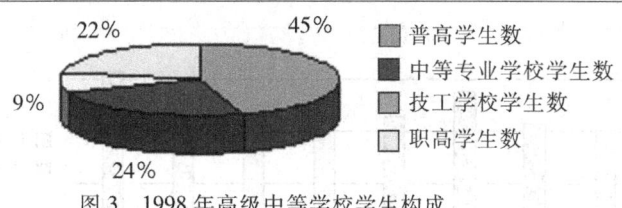

图3　1998年高级中等学校学生构成

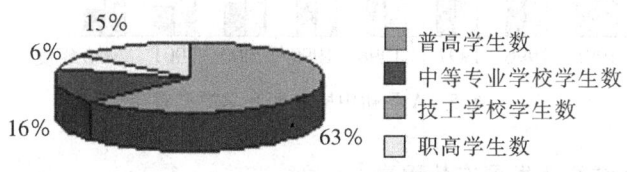

图4　2003年高级中等学校学生构成

数据来源：2001年、2003年高级中等学校学生数的构成，http://www.moe.edu.cn/，2006-07-10.

本次调研反映了农村中职学校发展与国家宏观教育政策的紧密联系。受八十年代一系列政策影响，G县从1983年建校之初的两个教学班，迅速发展为集职业高中、职业中专、成人中专、技工学校、汽车驾驶学校和岗位技术培训中心于一体的一校六制式职业教育中心。九十年代中期达到鼎盛，年培训能力达到3000人。从90年代后期起受高等学校扩招政策的影响，生源危机明显，目前仅有职高一所，在校生60人左右。A县在1996年中职教育发展进入高潮，在校生有2000多人，经过对普通高中进行改造，组建了五所职业高中，成立了两所职教中心。随着选择普高学生的增多，普职比从1995年的2.33：1，到2002年增长到了7.62：1（见图5）。分别位于城镇和农村的两所职教中心也合并为一所，并将两所职业高中合并为一所，在校生也锐减至不足300人。C县也在1986、1987年一度建有8所中等职业学校，许多优秀生源通过职教走进各企事业单位，然而到2004年的普职比已经发展到6.2：1，2005年普职比为4：1，中职生源全面告急。随着国家宏观教育政策的变化，中职教育随之变迁的趋势是相同的，无论经济发展状况如何，都或多或少的存在生源问题，即便是在经济发达地区的B县也需要通过"教育券"的形式促进推动中职教育的发展。

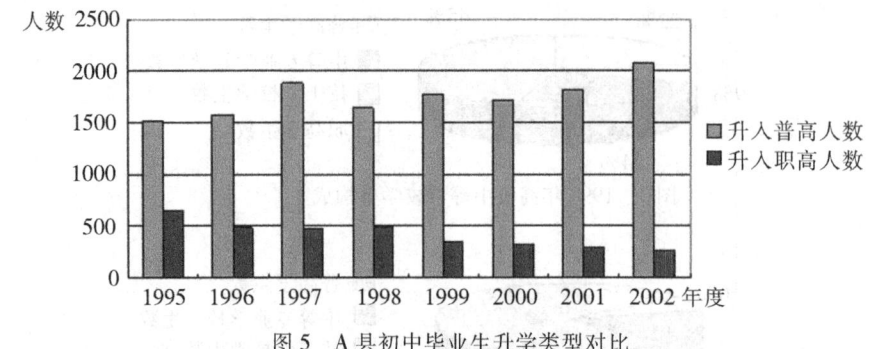

图 5　A 县初中毕业生升学类型对比

（二）区域经济发展态势因素

区域经济发展态势是又一影响农村中职发展的重要因素。区域经济发展活跃，当地中职发展也较为顺利，职教经费也自然有保障，反之，中职发展便是步履维艰。经济欠发达地区的 A 县、D 县、E 县、G 县，教育经费投入主要依靠财政转移支付，这部分转移仅仅只能支撑教师的工资。在这些地区教育的首要任务仍停留在实施义务教育上，完成控辍更为迫切。A 县城市教育附加费，每年不足 100 万，用于职业教育的就 20 万（按 20％比例提取）。近两年每年投入职业教育 50 万元以上，而且还是多方筹集资金的结果，可以说是杯水车薪。该县职业高中目前招生全部是寄宿生，现在新校区建筑面积 2000 平方米，可以住宿 340 人，容纳学生 400 人，两个校区共容纳 1000 人，在现有经费投入状况下要达到国家要求的普职学生相当的水平还是相去甚远的。可以说，现有的经费投入情况只能达到保生存的状态，不可能实现促发展。

但是与此同时，在经济发达的 F 县，提取教育费附加的 25％用于发展中职，并且政府投入力度大，投入也有重点。仅 2004 年用于职业学校基建和教学设施配置的投入就达 1600 多万元。此外，政府在资金的使用上能够突出重点，自 1991 年以来，用于"双元制"项目基础工程建设的资金就达 4000 万元，2000 年以来用于扶持和发展重点骨干专业的资金达 990 多万元。2004 年该县招生人数达到 8600 人，占整个高中段招生总数的 50.7％。在 B 县，2001 年初中毕业生升学比例达到 87.38％以上，升入普高占 43.66％，升入中职占 43.72％，接近 1∶1。2005 年，初中毕业生 8449 人，升入普高 3766 人，占 44.57％，升入中职 3807 人，占 45.06％，中职招生超过普高。而在经济欠发达的 A 县仅在计划经济状态下，赢得了中职发展的生机。1996 年，全县每年有 300 名计划分配指标，学生的就业问题基本得到自给自足。其中包括 200 人的技术培训，还有近 100 人的师资培训，主要分配到农村从事音乐、体育和美术教育。至今，当地师资饱和，甚至处于超编状态，地方经济不景气，学生就业成为突出的问题，进一步加速了农村中职的生源危机。在其他经济欠发达的地区也表现出了相同的问题，即经济发展的局限，客观上也影响了农村中职学生的就业。调研确实印证了地方经济对中职发展的巨大影响作用。只要区域经济发展好，中职在与普教的比较劣势中也能赢得发展的足够空间。

另外，调研同时发现，在欠发达地区农村中职教育发展受个别效益好的企业影响非常巨大，农村中职对这类企业的依赖可以用"生死与共"来形容。

案例一：E县林业中专合校初衷

该校在1998年前发展的相当红火，规模能达到几百人，其主要原因是受当地一家林业有限公司带动。企业效益好，能吸纳大多数的毕业生。但1998年后，公司的业绩逐年下滑，解决不了学生的就业问题，同时高校大量扩招，学生有了更多机会上大学，致使林业中专迅速没落，最后学校只好与一所高中合并，走对口升学之路。

案例二：C县职高专业停招

学校曾经开设过旅游专业，后因县内一家主要宾馆倒闭，学校就此失去了实训基地，学生毕业后也无法就业，不久该专业就被迫停招。

受地域经济环境影响，农村中职学校在适应就业市场的同时，也遇到了"过度依赖"的问题。正是在地方经济环境相对局限的情况下，才产生了农村中职学校对特定企业的单一性过度依赖，因此企业的命运就最终决定了中职学校的命运。这样的发展模式应当引起我们的思考。

（三）社会心理因素

我国历来有重视教育的传统美德，有着深切的"望子成龙"、"学而优则仕"的思想。偏向选择普通教育进而升学是绝大多数家长和学生本人的心愿。因此就自然形成轻视中职教育的社会心理。对于这样的社会心理我们无意去批判，而是要说明社会心理有着相当大的"合理性"。

在欠发达的农村，在高等学校就业问题（实行计划分配）没有严重之前，在一个家庭能有大学生，就意味着对一个家庭命运的彻底改变，也意味着家庭在族群中的社会地位的极大提升，所以说这种社会心理是基于物质和精神的双重考虑后的理性选择。本次调查也充分再现了公众的这一社会心理，并且对"升学"的理解也有了新的发展。典型的应以"对口升学"为例，对口升学作为农村中职业教育发展的权宜之计也是这种社会心理的反映。以D县为例，升学是家长的首要考虑，被调查的职高家长中，希望子女读本科以及硕士以上的占到94%。问及家长送子女读职高的原因时，28.1%的家长认为职高可以对口升学，虽然子女不一定能考上大学，但职高更容易考上大专或其他学校；

54.7%的家长希望子女能够通过职高考上大学，脱离农村；14.1%的家长是因为子女没有考上普高，而只能选择职业学校。从中我们不难发现，家长选择中职依然是为了升学，或者说是为了变相的（曲径）升学。选择对口升学一方面表明走普高升学无望，但同时也表明有另一扇门通往高等学校，而且这一途径更为便捷。因为走中职读书成本非常低，学校为争取生源，（不惜以降低学费为代价）学费自然非常低。按照国家和省市财政收费标准，A县职业高中每年可以收取学杂费1800—2000元，而实际每年收取的学杂费是800元，相比较普通高中的收费则要达到2000元，差距两倍之多。C县年学费也是800元，远远低于学校实际运行成本的需要。同时选择对口升学竞争激烈程度也远低于高考，升入大学的机会也更大。访谈中就有老师不无感慨地说："就有一些同班的初中同学在经历了普高和职高的不同选择后，在大学再度成为了同班同学"。足见社会心理的存在有其合理性一面，对家长而言，他们认为这就是最好的。

我们也发现，社会心理变得日趋复杂。一方面受升学观念的影响，认为只有上了本科才行，另一方面读了大学也可能找不到工作。这种复杂的心理也影响了学生对自己发展的正确定位。如C县职高曾推荐两名学生升入高一级的职业技术学院（对口升学），没想到这两名学生都没去，她们说："上个职业学院，还是专科，没啥意思"。同时，家长意识到读书也不一定有合适的工作，因此也就更加顺从子女的选择。在问及家长子女不上职高的原因时，有43%的家长选择了"子女不想上"，可以看出子女读书意愿是决定读书与否的最主要因素。这反映了家长在升学无望时的无奈态度，但并不能由此证明他们是"新读书无用论"的倡导者。

二、专业设置是影响农村职业教育发展的根本内在因素

教育质量是中等职业教育生存与发展的根本，影响农村中职教育质量的因素很多，外在因素已如上所述，而同样重要甚至我们认为更为根本的因素仍然来自农村中职内部，包括师资状况、实训基地与设备、管理水平、专业设置等等，这其中最为核心的又是专业设置。只有专业设置既能反映人才培养的内在需求，又能反映就业市场的要求，农村中职教育才可能走得更远，教育经费才不至于被不断的浪费。

（一）专业设置的现实样态

根据教育部制定的《中等职业学校专业目录》，我们将各县中职专业设置情况进行归类，综合情况见表1，从中反映了各县中职专业设置的一些特点与问题。

表 1　六县中职专业设置情况一览表

	A	B	C	D	E	F
农林类	动科植科				种植	农业
资源与环境类						
能源类			电工技术♀、热表处理♀			
土木水利工程类	建筑工程*			工民建	工民建*	建筑
加工制造类	机械	机械模具、数控应用技术	机械设计制造及自动化♀、数控技术♀、航空发动机制造♀	机械加工、机电		机电
交通运输类		汽车运用与维修、航空服务			运输	
信息技术类	电子信息、计算机*	应用电子技术、计算机应用技术	应用电子科技	计算机、应用电子	计算机	计算机
医药卫生类	医学			医疗卫生	医学	
商贸与旅游类	餐饮、商务英语*	烹饪、餐旅管理	旅游*、工商管理		旅游、烹饪*旅游管理、餐饮、宾馆服务	
财经类	财会			会计电算化	财经	财会
文化艺术与体育类		服装设计		服装	美术设计*、服装设计*	服装
社会公共事物类				保安		社会服务
师范类						
其他						

*为新开设专业；♀为企业办学设立的专业；*为已撤销的专业。

1. 专业设置以就业、升学为导向

各县中职专业设置的突出特点都是以就业或升学为导向的，据此不断地调整专业。其中，专业发展较为成熟的是 B 县，教育教学、实习培训都很完善。另外具有企业依托办学的中职学校人才培养的实用性也较高，市场前景也较好。如 C 县有一所企业办学的职高，开设的专业专业化强、学生就业有保障。但也存在问题：尽管学校办学效益很好，但是企业作为办学主体，并无意继续发展这所学校，企业立场是学校培养人才只要能够满足企业对人才的需要就可以了。当地政府也不能为学校的继续发展提供资金上的保证。与此同时，C 县职高的发展无论是在生源上，还是在就业方面都不能与该县企业办学的职高相比。在经济欠发达地区的中职学校因生源严重不足，它们选择了"对口升学"发展的路径，主要依托省内"对口升学"政策，根据招收对口升学的院校对专业的要求而设立中职自己的专业，人才培养也主要以文化课培养为主。如 E 县一所职高设置了医学、计算机、财经、旅游管理、种植五个专业，主要就是依据该省对口升学计划而设立的。

2. 专业更迭频繁

农村中职发展艰难，与专业更迭频繁相伴而生，专业的稳定性非常低。G 县十年间职教中心先后开设过服装、制药、钢铁、冶炼、纺织、化纤、啤酒、汽修、机械、电工、家电、粮食、农学、林学、农机、水利、牧医、农经管理、村级干部、外事、空乘、烹饪、餐旅、企管、经管、营销、微机、财会、统计、美术、体育等 30 多个专业。C 县职高于 2001 年 2 月新设立了应用电子科技专业和旅游专业，不到五年时间，其中旅游专业已经停招。E 县职高也以就业为主要导向设立了计算机、旅游、美术设计、工民建、烹饪、服装设计等专业，现在只剩计算机和旅游两个专业（频繁的专业更迭，带来的恶果是教师队伍的严重缺失和实训基地的条件简陋和实验器械的匮乏）。

3. 专业设置反映全国中职专业设置的基本趋势，信息技术类专业发展迅猛

调查中各地普遍开设的专业多集中在加工制造类、信息技术类、财经类、商贸旅游类和医药卫生类。这与我国目前中职学校毕业生专业分类和招生专业分类情况基本一致。近年我国中职发展最快的专业是信息技术类的专业，2004 年的毕业生 766995 人，比 2001 年增长了 4.58 倍。招生 1156166 人，比 2001 年增长 4.57 倍（见图 6、图 7）。其他发展较快的专业分别是加工制造类、商贸与旅游类、医药类、财经类和文化艺术与体育类。调研显示，计算机相关专业是普遍设立的专业，但是专业建设条件却良莠不齐。在农村中职学校计算机专业的开设条件普遍不能达到办学要求。仅有计算机操作的场所，但设备无法

配套，仅有的几台设备也已陈旧不堪。而且按照国家专业目录要求，计算机相关专业有计算机应用、计算机及外设维修、计算机网络技术和计算机软件，但对农村中职学校来说，就连基本的应用条件也达不到。

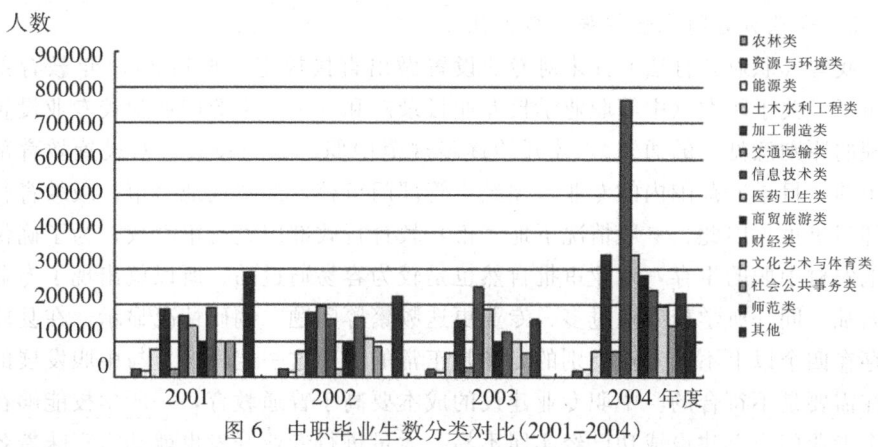

图6 中职毕业生数分类对比(2001-2004)

数据来源：中国统计年鉴（2002－2005）：中等专业学校分科学生数[3]

4. 专业设置有失平衡，不利于国家行业发展与职业调控

调研显示了农村中职学校的超强市场意识。社会上认为热门的专业一般被定义为就业前景好的专业，农村中职就会迅速调整专业应对市场，另一方面紧跟对口升学所需设立专业。这样就形成了热门专业迅猛突起，也迅速饱和，而冷门专业则迅速萎缩。农林类专业是冷门的典型代表，如林业中专停办，合校为职高。又如C县职高校长就坦言："专业设置应该以跳出农业来发展农村思想为指导，不要以为回农村就只能种田养猪，要办一些技术含量高的、面向城镇化的专业，这样学生爱学，也能切实改进农村的面貌。否则还是学种植，他会觉得跟其他农民一样，还不如不上学直接种田哩。"农村发展思路是可以多样化的走城镇化之路，但是对于农业县来说，走农业现代化之路似乎对城镇化之路的实现更可行，而不是单纯走工业化、商业化之路。对处于农村的中职教育来说，这位校长的心态是普遍存在的，认为发展农林类的专业没有出路，学生也从心理上抵触，只有瞄准现代高科技，才能发展农村中职、建设新农村。因此取消了农科，开设计算机等热门专业，而计算机专业也因设备缺乏而徒有虚名。事实上，农林类专业基本不是被取消，就是被弱化。但我国作为人口大国，生态环境脆弱的现实形势又客观上要求农林类专业、资源与环境类专业的大发展，同时从国家行业结构与职业结构平衡的角度看中职专业设置都应该进行必要的调控，保持各类专业均衡发展。（目前农村职业教育和农村教育的共

同目标就是离开农村培养人，为农村人的城市化而培养人，各县的职业教育目标就是如此确定的，越是贫穷的地域，人们越想方设法地离开农村，远离贫困)。

5. 专业设置随意性较强，多而乱

我国《职业教育法》并未对专业设置做出直接规定，直到2000年教育部发布了《关于印发〈中等职业学校专业目录〉和〈关于中等职业学校专业设置管理的原则意见〉的通知》，才开始逐步规范中职的专业设置。对设置教育部颁布的《目录》范围内的专业，须经主管部门审核，经省或地（市）级教育行政部门审批。因此，一般情况下地（市）教育行政部门就有审批权，为了确保本地农村中职的生存，专业审批自然也是较为容易通过的。所以就出现了专业命名乱、同一所学校专业过多、专业更迭频繁等问题。调研情况显示，在县职高存在四个以上不同专业类别的专业是正常的。而这一定程度上与中职发展的内在需要是不符合的。中职专业建设的成本要高于普通教育，一所学校能够在两个专业门类上建设成功已经实属不易，大量进行专业开发也就基本意味着各个专业没有什么开发与投入，专业建设不好，学生培养质量下降，自然也就陷入了进一步尾随市场变换专业的境地。所以，中职发展应当遵循自身教育规律的要求。

（二）专业设置是农村中等职业教育发展的核心

1. 专业设置是教师配备与教师培养提高的基础

教师是中职教育中比较稳定的因素，教师职业技能的掌握与提高都不能在短时间内一蹴而就。面对频繁变化的专业设置，教师是最难以保障的因素，也是最不适应的群体。E县一所职高有医学、计算机、财经、旅游管理、种植五个专业，实际是因对口升学而设立在一个教学班里的五个专业，学校现有四名专任的职业技术教师，有两名教师专业对口。这就表现出了两方面的问题：一是，师资紧张，专业对口的教师更为紧张。在A、D、E、G四县均已经连续5年没有进各类教师，县教师严重超编，因此教师编制是县财政严格控制的。为了缓解职教教师紧张的问题，县里决定将普高中的优秀教师抽调到职教队伍，这是目前唯一的解决办法。二是，教师根本就没有进修培训的机会。面对专业的不断调整，教师通过培训来适应专业变化也是较好的途径，限于经费紧张教师自然也就没有经济实力参加各类专业培训或进修，当然这样的问题在普教系统各类教师中也存在，但是普教系统基本都已建立了县域或市域的自我培训提高系统，就是通过县里或者市里的多种交流学习来提高自身。而在职教中无论是学校还是教师都没有形成交流的规模，一县也就一所到两所中职学校，都普遍面对对口升学，无心准备提高专业技能。因此，欠发达的农村职业教育教师在专业的频繁变化中已经习惯了专业不对口,当前的要务就是实现对口升学的要求。

2. 根据专业设置配套实训基地与设备

实训基地与设备建设的影响因素较多,主要有教育经费投入因素、区域经济发展活跃程度以及专业设置情况等。从调研的表面情况看,实训基地与设备主要是由于经费投入不足,进而无从建场所,进设备,或者是表现在地方区域经济发展缓慢,无法进行校企联合、创建学生实习基地。如D县实训基地建设与发展中存在的制约因素中,来自经费投入不足的制约力量就占到68.2%以上。学校方面普遍认为这是实训基地与设备建设的根本问题。在经费投入之外,也存在着一些影响实训基地与设备建设的内部制约因素:一是,每所学校专业众多,如何平衡发展实训基地和进行设备采购;二是,农村中职发展尚不成熟,专业变更频繁,如何确定实训基地和设备的投入;三是,良好的设备需要技术维护与管理,需要具备相当技能和水平的工作人员。因此对教师素质要求很高,目前农村中职发展这些条件都不具备。可以说,这些因素都与专业设置有关。我们认为,影响中职学校实训基地与设备建设的根本因素在于专业设置。教育经费能够保障的情况下,在没有形成科学稳定而灵活的专业设置以前,盲目建实训基地,引进实习设备将不可避免的存在教育资源的浪费,一切都将归根于专业设置的巨大不确定性。

上述诸多内外因都是影响农村中等职教发展的重要因素,农村中等职业教育在经历了上世纪90年代快速发展之后,迅速进入低谷的主要原因是中等职业教育质量未能得到根本保证,主要体现在专业设置问题以及由此引发的一系列问题上,致使其在生源紧张、就业市场萎缩的背景下迅速瓦解。同时,农村中职为了急于应对就业市场对人才需求的变化,又不断地调整专业设置,也由此引发了教师适应性问题、实训基地问题、设备问题等等。在职业教育基本条件无法保证情况下,学生的教育质量自然深受影响,加上专业设置与专业人才需求之间存在的现实差距,进一步恶化了农村中职的生存环境,如此形成了恶性循环。因此,农村中职真正走出困境应当首先从专业设置入手。

三、加强农村中等职业教育专业设置的对策

教育部《关于加快发展中等职业教育的意见》提出"推进职业教育发展专项建设计划",重点扶持建设1000所起骨干示范作用的县级中等职业学校(职业教育中心);通过实施"职业教育实训基地建设项目",重点建设400个装备水平较高的实训基地。为顺利实现国家发展中职的战略规划,有效利用有限的教育资源,防止教育资源的浪费,同时,为了避免农村中职发展对国家宏观教

育政策和区域经济发展状况的过度依赖,从农村中职长远发展考虑,我们认为农村中职学校建设、实训基地建设应从优化设置专业开始。

(一) 重视并加强农村从中等职业教育专业设置的国家规划

专业设置是国家教育权的重要方面,专业设置关系到国家的产业结构和职业结构,应当引起高度重视。不合理的专业设置结构势必会影响国家部分行业的发展,影响就业渠道的畅通。农林类人才、能源与环境类人才短缺在我国中职教育中已经显现,而如信息技术类的一些过热专业就业能力也接近饱和。为此,应当通过专业国家规划进一步规范中职的专业设置。"专业国家规划"指国家教育权主体在综合研究本地域人才需求特性的基础上合理审批、设立中职专业,并对当地人才需求作出中长期预测与规划。依据《国务院关于大力推进职业教育改革与发展的决定》,中职教育管理体制具体明确为发展职业教育的主要责任在地方。县级以上地方各级人民政府要加强对本行政区域内职业教育工作的领导和统筹协调,结合当地经济建设和社会发展实际,制定促进职业教育发展的政策和措施。要依法严格审批程序,规范职业学校和培训机构的办学行为。强化市(地)级人民政府在统筹职业教育发展方面的责任。所以进行专业国家规划的教育权主体既包括教育权的国家行使者,如中央政府及其各职能部门,更包括教育权的地方行使者,如省级政府及其职能部门、市(地)级政府及其职能部门。从调研的情况看,市(地)级政府对专业的规划、引导与监督作用应当进一步提升。

(二) 整合市域中等职业教育实力,合理进行专业布局

目前农村中职专业设置跟风走的趋向,突出反映了地方没有对本地发展的行业优势进行科学又行之有效的定位。在广大农村,中职的发展应当走适合自身特点之路,不应当片面以经济发达地区中职发展工业化、商业化模式为榜样。而且可以适当突破行政区域界线,特别是"县"的界限。如果两县实力都薄弱,或者是两县有共同的区域优势,有必要合并发展优势专业,那么应当鼓励市(地)域内的两县联合办学,以节约办学成本,提高办学效益。我国民国时期就有两县以上联合设立职业学校的先例[4]。我们认为,目前专业国家规划的重点应以市(地)为单位进行专业国家规划。市(地)的专业国家规划做好,才可能从根本上解决中职,特别是农村中职办学的盲目性问题,将职业教育与服务地方经济社会发展有机结合起来。

(三) 专业设置立足市场,更要放眼未来

面向就业市场发展农村中等职业教育是中职应该追求的,但这存在一个前提,那就是就业市场成熟,劳动用工制度完善。但目前就业市场预测、专业国家规划、劳动人事制度都还不够健全。农村中职面向市场,就是选择了由社会

心理决定的市场趋向，同时也势必选择了市场自发行为的盲目性。根据此作出的专业选择决定自然也难以避免盲目，因此，我们在指出加强专业国家规划的同时，也应当让中职办学放眼未来，关注什么是农村中职的真正发展。其中，应当值得注意的还有关于农村中职的校长问题。在中职发展的艰难时期，应当给校长充分的时间去思考办学思路、允许合理试错，让校长能够从眼前利益中解放出来，真正为中职的长远发展去谋划并实施。同时应当禁止校长兼职，可以说这是保证校长尽职尽责的基础，应当做到"竞业禁止"，身为一校之长只能为一所学校服务，不能同时为两所学校或两个不同性质的机构谋利益。

（四）专业设置在教育体系的连续中扎根

如果说普通教育与职业教育存在冲突，这说明对教育体系的理解是割裂的，而不是连续的、一贯的。基础教育发展摆脱应试教育的阴影，需要与职业教育有机衔接；而职业教育要想走得更远，也势必需要普通教育为公民打下良好的基础。调研中出现一些订单培养的学生，在介绍去用工单位的时候，他们的回答是值得反思的。他们说："如果去外面打工，被骗了怎么办？"这种社会信任危机充分暴露了职业教育存在一定程度上的公民教育的失败，他们只是有了技术，还不知道如何维权。在这方面俄罗斯职业教育的经验值得借鉴。在俄罗斯教育体系中异常强调"教育的连续性"[5]，从《教育法》到各级各类教育法，"教育的连续性"原则被视为俄罗斯教育发展的基本原则之一[6]。而且从俄罗斯高等教育法的命名上也可以窥见俄罗斯对普通教育与职业教育融合的重视程度，俄罗斯高等教育法名为"高等与高等后职业教育法"。由此也提示我们，只有将专业设置扎根于教育体系之中，才能根本地解决人们观念中普高与中职对立的问题，农村中等职业教育也才能走得更长远，更扎实。

参考文献：
——————————

[1] 中华人民共和国统计局编．中国统计年鉴 2005 [DB/OL]．http：//www．stats．gov．cn/tjsj/ndsj/2005/indexch．htm，2006-06-09．

[2] [3] 中华人民共和国统计局编．中国统计年鉴 2002 [DB/OL]．http：//www．stats．gov．cn/yearbook2001/indexC．htm，2006-06-20．

中华人民共和国统计局编．中国统计年鉴 2003 [DB/OL]．http：//www．stats．gov．cn/tjsj/ndsj/yearbook2003_c.pdf，2006-06-20．

中华人民共和国统计局编．中国统计年鉴 2004 [DB/OL]．http：//www．stats．gov．cn/tjsj/ndsj/yb2004－c/indexch．htm，2006-06-20．

中华人民共和国统计局编．中国统计年鉴 2005 [DB/OL]．http：//

www. stats. gov. cn/tjsj/ndsj/2005/indexch. htm, 2006 - 06 - 20.

[4] 宋恩荣, 章咸. 中华民国教育法规选编（修订版）[G]. 南京：江苏教育出版社, 2005：497.

[5] 高凤兰. 曲志坚. 俄罗斯中等职业教育的现状及发展趋势[J]. 外国教育研究, 2005 (9)：48.

[6] РОССИЙСКАЯ ФЕДЕРАЦИЯ ЗАКОН ОБ ОБРАЗОВАНИИ [DB/OL]. http：//www. ed. gov. ru/min/pravo/272/, 2005 - 01 - 20.

РОССИЙСКАЯ ФЕДЕРАЦИЯ ФЕДЕРАЛЬНЫЙ ЗАКОН О ВЫСШЕМ И ПОСЛЕВЫЗОВСКОМ ПРОФЕССИОНАЛЬНОМ ОБРАЗОВАНИИ [DB/OL]. http：//www. edu. ru/index. php? page-id =122, 2005 - 05 - 10.

农村职业教育与农业产业化互动模式及效果评估体系研究

陈文宽　谭　静　丁海萍

一、前言

农业产业化经营是在解决我国"三农"问题背景下，以实现农民增收和提高农业比较效益为目标的先进生产经营方式。搞农业产业化必须以市场为导向，依靠龙头企业及中介组织的辐射带动作用，在创新生产经营机制和利益分配机制基础上，通过贸、工、农、科、教互动的效应，才能发挥出各种资源的有效配置和整合作用。实践证明，农业产业化是我国农业和农村经济发展的必由之路，也是农村职业教育改革必须正视和适应的客观现实。

农村职业教育在促进产业化发展中具有多种功能，本课题重点从"农村职业教育与农业产业化"的互动模式与效果评估体系进行研究。其主要内容包括：(1) 基础理论研究，即农村职业教育与农业产业化互动定义、特征和功能，以及支撑二者结合的理论依据。包括"科学技术是第一生产力"、"农业产业化理论"、"思维创造论和"系统论"。(2) 农村职业教育与农业产业化互动模式研究。本报告重点分析研究农村职业教育与农业产业化互动现状，总结归纳出5种示范模式,即龙头企业型、农技示范推广型、科教研发推广型、专业协会型和政府统筹型。(3)农村职业教育与农业产业化互动的效果评价体系研究。本研究所提出的评估原则和评估指标体系是实施系统有效控制的重要手段和强化系统组织管理重要保证。系统在四川部分农业产业化科教服务示范区试运行后,所得结果基本证实了本课题评估指标及方案设计的可行性和科学性。(4)实证研究。本课题组依托四川农业大学丰富的科教资源、先进的网络技术手段和支农教育经验,对10个合作观察实验基地进行了系统的实验和研究分析。这些基地在实践中表现出不同程度的示范作用和示范价值。本报告在实证研究中应用了4个样本,其中阳平乳业和隆生集团等国家级农科教互动示范区成效突出,相信在以后的实证研究和推广运用中也有很强的指导意义。

二、对农村职业教育与农业产业化互动的一般认识

(一) 基本概念

农村职业教育与农业产业化互动是针对产业化发展中种、养、加、运、销生产经营各环节中存在的问题和各种技术需求进行的常规科技运用培养教育,高新技术和科技成果推广培养教育,农业产业化管理人才、农业产业化项目规划设计等方面人才培养的教育活动。因此它的实质就是按市场经济规律,以农业科技和教育为动力,促进农业产业化大发展的同时,带动农业科研技术、教育、农村劳动者素质水平的提高。由于农村职业教育与农业产业化互动系统是一个有诸多相关因素组成的多层次复杂有机整体,因此在运动过程中表现出系统的综合性、动态性、创新性和有序性等特点。

(二) 农村职业教育与农业产业化互动功能表现

农村职业教育与农业产业化互动是一个开放式动态系统,它能极大的推动农业种、养、加、运、销的协同发展,并有效促进农业生产力和农村比较效益的提高,所以它具有以下功能。

(1)农业职业教育与农业产业化协同效益功能。通过农业科技教育服务,促进技术推广和经营联合,实现科研、实验、示范、推广、教育培训、基地生产、深加工、销售一体化。

农村职业教育与农业产业化互动借助教育培训提高农户素质,促进生产力发展。产业化经营主要解决小生产大市场的矛盾,教育培训农户,可以提高农产协作能力、科技应用能力、种养加技术创新能力和生产基地管理水平。特别是培养高素质基地生产能力,可以带动更多的农户加入到产业化中,实现贸工农科教的有机结合,从根本上改善农户弱质性,使基地生产与大生产一脉相存,最终实现其经济功能。

(2) 农业职业教育与农业产业化互动的社会意识功能。我国的国情是农民人口多而文化素质低、观念落后。农业产业化是农村新经济现象，是农工商大联合的先进经营管理、先进生产技术与传统落后小农生产结合。所以，通过科技教育手段，不仅可以促进农户的市场观念、贸工农一体化观念，国家农村政策的贯彻落实，还可以提高农户的科技应用能力，促进农业职业教育与农业产业化互动模式不断完善与创新。

(三)"科学技术是第一生产力"是农村职业教育与农业产业化互动效应的根本理论依据

实施农村职业教育与农业产业化互动是生产力组合的形式表现，它通过多层次教育手段全面提高基地农户科技应用能力和观念文化素养，依靠科学技术发展农村经济生产力。其目的是冲破传统农业经济，促进农业生产种、养、加结合、贸工农一体化协调发展。

1. 农村职业教育与农业产业化互动是最佳生产力配置

邓小平指出："科学技术是第一生产力。""生产力的基本因素是生产资料和劳动力。……先进生产资料，都是同一定的科学技术相结合的；同样，高素质劳动力，也都是掌握了科学技术知识的劳动力。而人是生产力中最活跃的因素，是具有一定的科学知识、生产经验和劳动技能来使用生产工具、实现物质资料生产的人。"

"科学技术是第一生产力"的理论深刻地说明农业产业化发展把农业生产必须同科学技术、教育密切结合的科学经济发展观。农业产业化作为农村经济中先进的生产经营方式也不能脱离这一发展规律，而教育与产业化互动效应正是这一规律的具体体现。它的最终目的就是通过教育科技手段带动农业职业教育与农业产业化的协调发展，促进产业链延伸、促进农村经济发展的最佳生产力配置，达到农业综合比较效益的提高。

2. 农村职业教育服务农业产业化的生产力分析

农业产业化经营系统是不同功能子系统的有机组成。各子系统根据功能的不同相互作用、相互促进发挥出龙型效益。农业产业化经营大系统内的四个功能子系统是：

(1) 生产基地功能子系统。包括基地农户、劳动资料（生产工具、配套设施、设备等）、劳动对象（农村社会内的资源、能源、信息等）三部分。它的功能是在龙头企业等中介组织的带动、在社会服务系统的帮助和扶持下，为企业和市场提供优质的商品农产品原料。

(2) 龙头企业带动功能子系统。龙头企业带动功能子系统主要是指农业产业化经营管理子系统。它的功能是以市场需求为导向，通过组织、规划、协调、控制等管理手段,服务于产前、产中、产后生产经营活动,特别是规范基地农产生产行为,有针对性提供包括科教服务在内的各方面服务来扶持基地生产建设,协调种养加各环节的关系,以保证产业化经营系统功能最大限度的发挥。

(3) 社会化服务子系统。社会化服务子系统主要指为配合农业产业化经营的顺利进行,提供的各种服务,包括适合产业化生产力发展的科学技术、教育、市场信息、各种政策支撑等。前两项因素是将科教功能渗透在基地农户和生产资料等实体型因素上,以发挥其提高人的素质和改善商品农产品质量、性能和大系统效率。而后者是通过交流和传递观念信息、技术信息和市场信息,使产业化经营中生产力各要素各部分在质上相适应,在量上相匹配,在空间上分布合理,在时间上相互衔接,从而实现农村社会生产力总体上的优化。(系统关系及作用如图1)

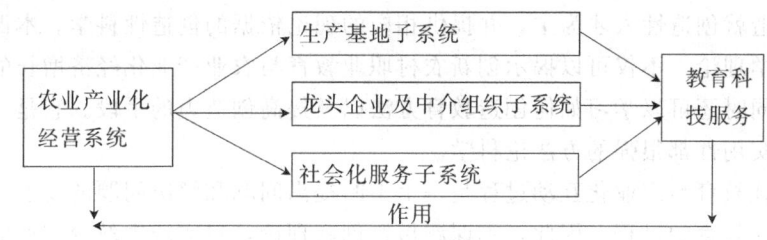

图1 系统关系及作用

从农业产业化经营功能系统图可以看出,随着产业化发展程度的提高,大系统和子系统之间的相互依存更加紧密和相互促进更加有效。其机理是融先进理念和管理在内的科技教育推广,需要依赖信息传播系统的支撑;科技教育的实施需要龙头企业等中介机构组织、协调和配合。而农业产业化经营发展动力是科技与教育,将科教动力与信息等服务融入到基地生产之中就构成了产业化生产力。这说明了"科学技术是第一生产力"的理论对教育与农业产业化互动效应的适用性。

(四) 系统理论是农村职业教育与农业产业化互动效应的基本理论依据

实施农村职业教育与农业产业化互动是一项复杂的系统工程,系统论、信息论、控制论、协同论等现代新学科为系统工程提供了越来越多的理论方法。这些新的理论方法在实施农业职业教育与农业产业化结合系统工程中起到了重要的指导作用。

农村职业教育与农业产业化互动运行是一个十分复杂的系统,它既包括了贸工农三大产业参与、又有产前、产中、产后三大环节的密切联系,既有生产基地、龙头企业、社会化服务等多元化主体联合经营,又有农业、科技、教育等软硬整合因素的特定运行。各因素之间、各主体之间、各产业之间，甚至生态环境、农业社会经济环境和信息经济环境之间等等的结合，构成了事物之间的复杂关系和联系。这些关系和联系把系统的各种构成因素、系统的运行环境和运行过程联系成一个有机整体，通过相互之间的协同效应和调控机制发挥出经济动力能量与技术动力能量作用。所以，本课题借助系统原理研究教育与产业化互动系统运动的规律。而加强这些基本原理的学习和运用，必须首先从人才的培养入手，提高系统内信息受体的文化素质，以适应农业产业化健康发展的需要。

（五）创新思维为农村职业教育与农业产业化互动效应提供重要的理论依据

创新学是一门研究人类创造能力、创造性发明过程及其发展规律的新兴学科。创造学研究的内容主要之一就是：以基础理论为主的创造科学；以教育、培养与造就创造性人才为主，并提供相应的理论依据的创造性科学。本课题引入创造学理论，不仅可以揭示创新农村职业教育与农业产业化经济增长的互动规律，同时还可以学习如何创造教育方法以及提高创造力的手段。它是一门理论性和实用性都很强的方法论科学。

实施教育与产业化互动过程是一个不断提出问题和解决问题的发展过程和不断创新教育的过程。因此，本课题借鉴创新理论，对实践中教育与产业化经济的互动中的组织机制、渗透机制、组织管理环节、人际教育环节进行不断创新，经过探索、选择、沟通和再组合，形成新设想，构成新事物。

三、农村职业教育与农业产业化互动模式的分析与选择

（一）对"模式"的一般认识

"模式"就是对种种物质或精神对象所进行的科学分类，进而归纳出某类事物的标准形式。"模式"是理论与实践、规律与方法的中介，是一种带有普遍意义的、具有系统变量交互作用的理想模型。模式构建的本质是帮助人们将科学理论更好的应用于指导实践，并提出规范、方法、手段和程序。所以，模式在内涵上表现出可重复、可操作性和一定的成熟性；在外延上，其运作方式受目标的约束；在属性上，它表现为过程的设计和管理。

农村职业教育与农业产业化互动模式是贸、工、农、科、教等多要素有机结合的系统，因此它的模式类型不仅具有多样性特征，也有某些共同特征，比如：

（1）集合性。它的模式是对贸、工、农、科、教、中介组织多个系统各资源要素的一种综合调度和重新组合，围绕农业产业化发展促进科技进步和劳动

者素质提高，实行整体协调运行的一项系统工程。

（2）关联性。构成模式的相关产业部门和中介组织等按一定的激励、约束机制相联结，成为实现系统结构优化的有机整体。各要素之间有机配合，相对平衡，联合运行。各要素的调配和运作，服从全局系统。模式内某一要素出现变化，都会对其他要素产生影响，并进而对整个模式的运行态势和产出效益产生影响。

（3）目的性。其模式无论呈何种形态，其运行目标都是为教育与农业产业化服务。通过多部门、多要素的有机结合，使大系统内各种资源达到协同效应，产生良好的社会经济效益，推动教育与产业化互动和发展。

（4）适应性。其模式应适应农村职业教育与农业产业化协同发展规律，形成鲜明的地域互动特色，实际、实用、实效。

（5）开放性。其模式应是一个动态、开放性的系统，模式内各要素呈动态结合，相互融通，和谐发展。

（二）农业职业教育与农业产业化互动的现状分析

农村职业教育作为目前我国农业产业化发展的主要动因，一直影响和制约着广大农民增收和致富奔小康的前进步伐。要实现真正意义上的农业产业化目标，必须创新农村职业教育，加强农村职业教育的力度和科技、管理、技术人才的培养。

从四川、山东等地在农村职业教育与产业化互动实调研中，有许多值得总结的经验。其主要模式表现为两种倾向，一是中间状态型，一是市场导向型。

（1）中间状态型，主要是把政府统筹作为重点，通过提高各级政府对贸、工、农、科、教互动的认识，把农村工作纳入当地经济发展规划，建立贸工农科教统筹保障运行机制，学习应用市场经济观念和方法来协调处理各方关系，使之逐步把农村职业教育融入农业产业化发展中。其结合动力既有政府行政推力也有市场牵引力；结合状态表现为通过政府引导和统筹，加强各利益主体的结合。结合适宜度注重了政府统筹与市场牵引的配合。因此中间状态型模式比较适应经济转型时期的农业产业化发展要求。

（2）市场导向型。是以市场为导向，切实依靠市场的发育和建立市场利益机制来推动贸、工、农、科、教互动结合的模式。其模式运行主要特点是：结合动力是以市场牵引力为主。强调利益结合，形成共生关系。结合状态上，各要素主要按市场机制进行资源最佳配置，因而各主体间关联度大，靠利益机制形成的纽带，并呈现出更紧密的状态。结合目标是基于机制要求，在符合市场经济规律前提下，通过主动结合，加强竞争的实力，因而实行结合的部门利益目标较易实现。

总之，现行的模式是农村经济发展到一定阶段的产物，限于思想观念、政策、规划、宏观指导与调控等方面条件，其模式表现出不同的层次和水平，也代表着"互动"的发展方向，其中政府统筹的职能仍然起着十分重要的作用。

在调查中也发现许多不尽如人意的情况。如四川成都的龙泉驿区作为国家认证的农业科技示范区、农业标准化示范区、生态建设示范县、农业旅游示范区、无公害水果示范基地，仍有诸多不完善之处。在农村职业技术培训方式上主要以区农发局为中心，辐射到各乡镇农技站，在由各站的技术人员直接面对农产，形成以点带面，以面带群，辅以各专业协会的培训格局。

政府支持下培训服务有三种模式：一是"技术＋农户"的个案现场培训。即省农科院、各大高校专家教授和农发局的技术人员，针对某一个案（一棵果树）对这一片区的农户进行科技指导。这种培训方式，针对性、面不广，参加人数少，年均一两次，无法满足基地多数农民的科技服务需求。另一种"政府＋龙头企业"组织的培训，主要是政府牵头，农发局实施或龙头企业实施培训，其时间短、参与人数多，但内容针对都不强，由于形式单调效果甚微，农户也认为这种培训是走形式做样子，缺乏参与培训的积极性。第三种是专业协会组织的技术培训，虽然针对性强，解决较实际问题效果好。但培训成本过高，参加的农户少，其影响带动力不大。

对农户来说，世袭传授的种养技术，操作性强，但都是经验积累，理论性不强，难以推广，而对新技术多持观望态度。所以造成新技术的推广和普及难。

总之，各地在不同互动模式带动下，产生的效果参差不齐。但共同的特点及问题是：一是结合动力主要靠政府推动，强调公益型结合，注重为全局利益服务；较少关心教育与农业产业化互动，因而效果甚微。二是结合形式多为呈松散的、被动性结合状态，利益关联度小，其系统效益难以发挥；三是由于产业化主体和政府部门认识不统一、利益目标不同，在互动中存在较大摩擦，因而往往导致结合系统运转的不动，运行机制僵化。四是结合目标上，由于忽略各主体的利益，甚至以损伤主体利益为代价，在无利可图的情况下，难以形成合力，实现其预期目标，甚至由于因计划驱动和决策失误，导致违背客观经济规律而出现总体负效益的情况。

（三）农村职业教育与农业产业化互动模式类型与运作分析

调查发现，由于本课题研究系统的主体和其要素的多元性、复合性特点，其组合不同以及要素结合方式不同，显示出的模式也有多种类型。归纳起来主要；以下五种：

（1）龙头企业型。龙头企业主体型是以龙头企业为依托，带动实现农业产业化，实现生产经营、科技推广、人才培训、市场开发有机融合"公司＋农户"为基本模式，如四川天全隆生的产业化科教互动模式、河北张家港梁丰集团的奶牛产业化模式、四川绵阳经济作物产业化模式、山东省诸城市肉鸡产业化模式等，均为引导农教科部门，支持龙头企业原料供给、商品农产品深加工，种养殖技术开发，依托教育部门培养技术人员，农业部门协助龙头企业帮助建立生产基地、发展专业种养殖户。企业、农民以及科、教各部门协调发展，促进农民增收、龙头企业在支持农业产业化发展中获利的效果。

(2) 专业协会型。专业协会型是以专业协会为依托，农民自愿结合组成的农民技术协会、农民专业学会、农民科研所或农经会等，通过自助服务，形成"专业协会＋基地＋农户"的模式，加强生产、科技服务紧密结合。如四川彭州蔬菜产业化农协会、四川雅安汉元花椒和水果产业化协会、黑龙江省宁安市兰岗镇的西瓜协会，为农民普及种植嫁接新技术，为水果等商品农产品提供产前、产中、产后的系列服务。

(3) 农技示范推广型。即以农业技术推广部门为主，农业科技园示范、科技区与教育部门密切配合，在大力推广农业高新技术和先进适用技术的同时，实行农民技术示范、培训和提供产前、产中、产后的系列化服务为一体的"农技示范专业户＋农户"的模式。它的最大特点是以农业科技示范点建设（含农业科技园区、农业新成果示范基地、农业综合开发示范片）为突破口，在示范点上集中加大了农、科、教、政、技、物的投入，使之成为教科与农业产业化互动的样板，通过抓点带面、典型引路，把一大批成熟的适用技术推广到千家万户。

如四川雅安名山茶叶科技园、四川龙泉水果科技园、彭州蔬菜科技园基地，从1999年以来，以农技示范推广为主，重点推广276项适用技术，实行茶、果科、教的有效互动。

(4) 科教研发推广型。以科研单位和高校为主，通过他们的科研成果转化为重点，实现研究、开发与科技普及，推广的互动结合，促进农业产业化发展的"科研院所＋科技园或基地＋农户"互动模式。如农科院、四川农业大学与四川雅安草坝乡雅鱼科技园、四川彭州科技蔬菜示范基地联合，推广种养殖技术成果63项，派出50余名科技人员与当地政府领导、农技人员、农业生产部门、专业户等联合组成科技成果应用、开发、推广；如四川农业大学继教学院自1998年以来，实施以发展农业职业技术教育，以高校为龙头，建设网络、自考、培训等形式的县乡级农村职业学校，教学所，重点扶植560个村、3100名毕业生成为基地技术员，或专业村生产和科技示范，辐射带动1万户农民科教致富。

(5) 政府统筹主体型。以政府统筹为主，集合各部门科技力量，围绕贸工农教科互动目标，将科技服务工作分解到人头，层层落实；通过建立集培训、推广、服务于一体的农教科中心、推广站，实行"政府主导＋基地＋农产"农教科结合模式。如四川省雅安地区、绵阳地区、广汉地区、合川地区等1996年针对各区农民脱贫增收问题，实施科教扶贫工程，从全省选拔近200名高、初中毕业生，由政府委托四川农业大学举办种植、养殖专业班，学员经过近半年培训后，回乡实施农业技术生产，由财政、扶贫部门提供生产资金，技术指导，公司负责赊销化肥和饲料等，实行政、技、物相结合。

除上述五种主要类型外，还有项目主导型、实体组合型等，这些类型的组合，在县、乡（镇）、村行政级层层开展，以市场为导向，围绕当地资源优势，发展粮食、经济作物、食用菌、水果、畜牧、家禽、水产等主导产业，抓机构、抓规划、抓政策、抓资金、抓科技、抓培训、抓服务，形成以支柱产业为主促进科教与产业化的互动协调有序展开。（市场分析）可见，随着农业产业化的升级，系统互动模式也会日趋多样化。

（四）农村职业教育与农业产业化互动模式的选择

1. 模式选择原则

基于上述调研分析，不难看出在农村职业教育与农业产业化互动中形成的模式类型无论变式如何多样化，其最基本的因子仍具有其稳定性，即资源——构成模式系统的组织或人、技术来源、科技教育服务需求和方式及投入量；体制——以哪个组织或部门为主导，构成互动关系和运作机制；各要素的结合状态——即在大系统中各要素结合的紧密程度，如呈紧密型还是松散型；运行机制——即是靠政府强制性驱动方式为主，还是以市场需求或生产基地农产需求的非诱导性牵引方式为主；实施目的——即主要为发展农业产业化的全局长远利益服务，还是主要为龙头企业或中介组织短期的、局部的利益服务。

因此各地在互动模式选择上，必须结合这五个基本因子，在实施农村职业教育和农业产业化互动中，充分利用当地的资源优势，以市场为导向确定主导产业，在政府扶持和龙头企业等中介组织的带动下，根据和产业链的发展要求，严格遵循"利益共享，风险共担"原则、因地制宜原则，为基地农产建立一个集教育、科技、经济同步发展的互动模式。

2. 农村职业教育与农业产业化互动模式设计与选择

农村职业教育与产业化互动模式的设计与选择是一个实践、认识和总结不断循环的过程。所以设计流程应结合地方农业产业化发展水平为前提，按照从实践中来，到实践中去的原则，调研、试点、效果、评价、推广实施逐层进行

（见图2）。

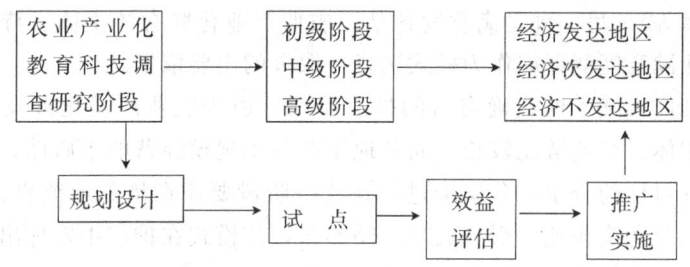

图 2 农村职业教育与农业产业化互动模式设计选择流程

说明：农村职业教育与农业产业化互动模式设计分五个阶段进行。

（1）调查研究阶段。建立和推广怎样的模式，必须以当地农业产业化的发展水平、龙头企业和基地农户的科技教育需求为依据。任何脱离现实的模式，都将造成资源的浪费，伤害农民的利益，阻碍农业产业化发展。因此，调研工作是模式设计选择的重点和逻辑起点。调查研究应围绕"农业产业化发展——人才、技术需求——科教互动"这根主线进行，寻找构建农业产业化经济、科技人才、教育协同发展有效机制。通过调研促进各环节对事物的认识，为模式规划设计提供依据。

在调研分析方法上，我们采用了访问法、座谈法、问卷法、民意测验法和相对指标分析法等，取得了一定数量的一线资料。为下一步建模、推广、实施效果评估体系等研究奠定了基础。

（2）规划设计。在对调查一线资料分析处理的基础上，依据农业产业化与农村职业教育互动规律及模式选择原则设计模式。即按照产业化发展水平、龙头企业的规模影响、基地农户素质等因素，按教育科技需求度和获得渠道的不同，进行不同模式的对比、借鉴、筛选、试验和总结。

（3）试点。先试验、后推广，这是农村职业教育与农业产业化互动机制的基本方法。各种模式效果也在试点中得以验证和完善。点上试验周期一般需1—3年。

（4）效益评估。效益评估是一项复杂的系统工程，它要求用科学的方法，通过建立评估指标体系，对模式应用前后的投入产出效益进行系统分析、鉴定、测评、比较、优选，最后形成最佳模式。由于农业产业化经营系统的复杂性和联合主体利益的多样性等特点，模式评估从两个方面进行：一种是理论测算评估。即对主要要素变化采取定量测算，如测算投入要素总量（农业产业化、科、教三部门人、财、物投入总量），模式应用前农村经济状况（产量、人均收入，劳动者素质、科技贡献率等），模式应用后农村经济状况（产量、人均收入、劳动者素质、科技贡献率等)、有关效益比值（总投入产出效益比、有关增长率等）。另一种是满意度评估。农业产业化联合体主体、特别是农户和龙头企业满意度测评应作为模式选择、取舍的主要依据。

(5) 推广实施。模式确定后的推广阶段。由于农业产业化涉及到多个产业、多个主体、产业链比较长，而基地生产与小规模经营的矛盾性，模式推广阶段应有针对性的分步，分层推进。在这一阶段要注意培养示范户、示范村、示范片、示范龙头企业，引导农户主动参与，使模式在推广中发挥出促进农户素质，规范基地生产，推进农民收入的目的。

以上五个阶段构成了教育与农业产业化互动模式设计和选择的完整系统，系统内各环节互相制约和促进，在不断改造、修正中完善并发挥作用。

注意的问题：

根据系统理论，要提高系统的整体效益，其系统内部各要素之间、子系统之间应具有高度协调功能的有机体，否则系统的总效益就会降低甚至为负效益。因此，在农村职业教育与农业产业化互动模式设计、选择中，要注意加强政府宏观统筹协调职能，通过互利政策建设，使系统内外各方整体利益都能得到兼顾。同时要制订互动发展的总体规划。实行总体设计、整体实施，避免只抓几个项目的推广和一些实用技术的培训。第三，要积极扶持龙头企业或农协会等实体组织，开展科技培训教育工作。实践证明，仅靠政府推进产业化与科教的互动是根本不可能的。最后，要逐步建立有效的农村职业教育与农业产业化互动运行机制。加快学校内部管理体制改革和技术改造，是搞活教育机制的关键。充分利用农业院校教育资源，通过成人教育、网络教育、不同层次和形式有针对性中长培训，逐步提高办学质量和办学效果，扎实为农业产业化经济服务。这是改革学校内部体制的根本要求。所以这一过程要注意：建立有效的调控机制，加大政府统筹力度，制定可持续发展规划；建立竞争机制，启动学校内激励机制，量化任务，定期考核评估，实现奖惩兑现制度；建立约束机制，实行岗位责任制和目标管理，优化管理、利益、用人、分配等制度，促使农村职业教育与农业产业化经济可持续互动。

四、农村职业教育与农业产业化互动效果评估体系建设

用科学管理的态度实施控制和阶段性绩效评估，是发挥好农村职业教育与农业产业化互动系统的作用有效保证。科学的评估手段是利用现代统计、数理方法进行的。它的目的是客观评价模式推广的效果，而设计出一系列评估指标，并建立评估体系，发挥其评估、监控、导向、诊断、激励和推动作用。

(一) 农村职业教育与农业产业化互动评估基本原理描述及模式设计

农村职业教育与农业产业化互动评估体系必须反映出其科学性、合理性和可操作性等特征,所以在指标筛选、量化、权重、定值过程中应以突出性、实效性、可操作性和动态性发展等原则为建立评估指标体系的重要前提。

(1) 评估的基本原理。农村职业教育与产业化的互动宗旨是培养农业产业化生产经营的人才,提高农民素质;促进科技成果的转化,普及种、养、加新型实用技术,带动农民增收;而互动的形式和途径主要利用科技教育的投入,使各主体资源进行优化组合;互动成效则主要体现在思想观念的更新、职能和行为方式的改变、参与农业产业化中的农户人数和收入增加、龙头企业的辐射带动能力提高等方面。把上述几个方面结合起来提炼形成可以量化的指标体系,再应用模糊集合原理和方法进行模糊综合评估。

(2) 评估模式设计。根据模糊集合原理,绘制各项评估要素系数函数图如下:

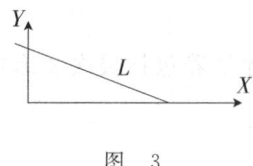

图 3

说明:X 为评估要素量,Y 为系数函数,a 为 L 与 X 形成的夹角的正切函数值。设模糊矩阵 R,采用模式性加权变换。假设:

$$R=\begin{vmatrix} r_{11} & r_{12} & \cdots & r_{1m} \\ r_{21} & r_{22} & \cdots & r_{2m} \\ \cdots & \cdots & \cdots & \cdots \\ r_{n1} & r_{n2} & \cdots & r_{nm} \end{vmatrix}$$

输入模糊向量 $\bar{A}$,$\bar{A}=(a_1 \cdot a_2 \cdots a_n)$

其中 a_1,a_2,$\cdots$,a_n 为各指标的权重,并要求满足归一化条件:

$\sum_{i=1}^{n} a_i = 1$,$a_i \in [0, 1]$

再按线性变换方法,即矩阵按普通加乘方法运算得:

$$B = A * R = (a_1, a_2, \cdots, a_n) \begin{vmatrix} r_{11} & r_{12} & \cdots & r_{1m} \\ r_{21} & r_{22} & \cdots & r_{2m} \\ \cdots & \cdots & \cdots & \cdots \\ r_{n1} & r_{n2} & \cdots & r_{nm} \end{vmatrix} = b_1, b_2, \cdots, b_m$$

其中 $b_j = \sum_{k=j}^{n} a_k \cdot r_{kj}$ ($j=1, 2, \cdots, m$)

b 值为评估对象的总分,最后求得全部评估指标的总分。

(二) 评估要素指标的选择抽取

由于农村职业教育与农业产业化互动评估过程贯穿于规划、组织、领导、实施、协调、监督、检查、管理等全过程。所以,评估指标应包含过程中诸多重要因素选择和确认,以保证评估结果的客观性与真实性。我们经过对比研究和大量实证分析,确定出 4 项一级指标和 30 项二级指标作为评估指标体系的评估要素。这些评估要素可以根据不同时期的具体情况,每 3—5 年作一次调整,但在这一时间区间内指标及权重量应保持相对稳定。

(三) 农村职业教育与农业产业化互动评估指标设计

1. 评估指标设计

根据确定的一级评估指标和二级评估指标,我们把四个一级指标分别设置为 A、B、C、D:

(1) 统筹协调 (A)。在一级指标 A 下,根据政府统筹协调中的关键行为设计了 8 个二级指标。

(2) 人才培养 (B)。人才培养包括层次和形式的不同分为 7 个二级要素指标。

其中:

实用技术培训率 B_2 = 某地区当年实用技术培训总人次 (人) /该地区年末农村劳动力总数 (人) ×100%。

绿色证书持有率 B_6 = 有绿色证书的农村劳动力人数 (人) /农村劳动力总数 (人) ×100%。

农民技术人员比率 B_7 = 具有技术员职称以上的农民技术人员数量 (人) /农村人口总数 (万人)。

(3) 技术服务 (C):技术服务是保证其互动效果的基本保障。根据各地农业产业化实施的经验,我们共筛选出县 (乡) 级农业技术推广或农科教互动指标二级指标共 8 个。其中:

乡镇教育产业化互动中心或农技站比例 C_2 = 某地区乡镇级互动中心或农技站数 (个) /该地区行政乡镇总数×100%。

龙头企业覆盖农户的比率 C_4 = 加入龙头企业订立销售合同 (不重复统计) 的农户数 (户) /农户总数 (户) ×100%。

科技示范农户比例 C_6 = 某地区经乡 (镇) 级以上农业产业化管理部门确认的科教范户数 (户) /该地区农村户数 (户) ×100%。

示范乡镇比例 C_8 = 被县级以上政府主管部门确定的农科教结合示范乡镇数 (个) /乡镇总数 (个) ×100%。

(4) 农村教育与农业产业化互动效果 (D)。根据我们目前在四川省各地农业产业化与科教互动实践结果,按照其模式运作情况确定了7个二级效果评估指标。即:

农业技术普及率 D_2 = 某地区当年种植实用技术推广面积(亩)或某地区当年/该地区当年作物种植(含复种)面积(亩)×100%,或该地区当年养殖技术推广户数(户)/该地区当年养殖总户数(户)×100%。

由产业化带动的农村二、三产业的比重 D_3 = 某地区当年由农业产业化带动的农村二、三产业值(万元)/该地区当年农业总产值(万元)×100%。

加入产业化农产人均纯收入增长率 D_4 = (某地区当年度农民人均纯收入—该地区上年度农民人均纯收入)/该地区上年度农民人均纯收入×100%。

2. 农村职业教育与农业产业化互动评估指标体系表的说明

该评估工作的重点在县、乡(镇),基础在村、产、和龙头企业,着力点在县及县级以下的产业化生产基地。对县级以上行政区域的评估,可以在乡级或县级评估的基础上进行统计归并和总体评估;乡(镇)是贸工农教科互动评估的最小单元。为了使体系表直观明了,简便容易操作,我们对其评估指标体系进行简化,得出简表(表3—3)。在使用简化评估指标体系时,只要对照要素指标的基本标准和衡量尺度(评估指标体系表),根据实际与要素目标标准之间的差距程度,采取直接打分的办法操作即可。

3. 评估实证

为了使上述指标体系的合理性和可行性得以验证,课题组对四川洪雅县、天全县、成都彭州及龙泉等地2县、2区及6个乡镇进行评估实践和验证。实证研究结果其评估的平均得分为81.3—86.2之间,其中最高得分达到87.1,低得分为71.3。如果按照我们设计标准来衡量,这些县区达到了良或合格的标准,基本与实际情况吻合。因此在促进教育与产业化互动效果中,充分发挥评估指标体系的导向作用性,无论对推进农业产业化的发展,农产科技文化素质的培养、对商品农产品经济附加值的提升,对龙头企业辐射规模效益的放大,还是对整个农村职业教育改革与建设水平的提升都有实际的推动作用。

四、结 论

由于时间紧、任务重,本课题的研究仍然是初步的,阶段性,同时本课题在研究范围上仅仅涉及到基础理论、模式选择和模式运作中的效果评估系统设计的局部的验证。推广实施是本课题互动评价和评估的难点和关键,也是建立其评估指标体系的最终目的。在评估指标体系建立以后,评估的方式、方法和步骤对农村职业教育与农业产业化互动模式评估的科学性和合理性都产生重要影响。而这些研究工作因条件所限，有待进一步完成。另外涉及到产业化与科教互动管理体制、相关运作、其互动支撑服务体系等等方面，我们将在另外的相关课题中作系统深入的研究。

总之，随着农村职业教育和农业产业化互动进程的加快，这一课题还将继续深入研究下去。国家从上世纪90年中后期以来不断推出加强教育、发展高科技、实现农业产业化健康可持续发展重要指示，这无疑为本课题的持续研究提供了长久的政策方向保证。

参考文献：

1. 叶英斌，王铁生，冷晓明．农业产业化概论．北京：中国农业出版社．1998．
2. 牛若峰，夏英．农业产业化经营的组织方式和运行机制．北京：北京大学出版社．2002．
3. 陈文宽，何临春，刘俐．创新思维学．成都：四川科学技术出版社，2002，
4. 陈文宽，谭静，肖洪安，等．农业产业化．成都：四川科学技术出版社．2003．
5. 陈文宽，谭静，肖洪安，等．农业产业化概论．成都：电子科技大学出版社．2002．
6. 杨兆山，杜丙旭．论农村职业教育在转移富余劳动力中的作用．吉林农业，2005（1）．
7，黄育云，熊高仲，张继华．职业技术教育在中国．成都：电子科技大学出版社．2004．
8. 周贝隆．我国职业教育方针刍议．教育参考，1994（415）．
9. 马建斌．对当前农村职业教育发展问题的思考．教育研究，2000（2）．
10. 刘智元．城乡就业统筹及对农村职业教育的相关思考．教育与职业，2002（4）．
11. 邹新亮．对社会主义市场经济条件下农村职业教育现状的思考．抚州师专学报，1996（2）．
12. 谭静，黄作友，等．彭州蔬菜产业化调研．2003．
13. 聂泰民．宜宾市蔬菜产业化问题研究．2003．

14. 刘彬让，陈遇春．论当前我国农民职业教育供给体系发展的基本趋势．职教论坛，2005（3）．
15. 张琳琳．试析农村剩余劳动力的转移问题．职教论坛，2005（3）．
16. 刘海，姚树伟，陈衍．2004区域．职业技术教育，2005（3）．
17. 邓小平文选：第2卷．北京：人民出版社，1997．

使农村教师走进新课程绿色通道的探索与实践
——新课程农村教师课堂教学行为诊治技术

张 晨

国家实施新课改，无论由哪些专家设计，无论是什么版本，基本理论、核心理念、课程标准是一致的。不是发达地区教育有病给落后地区教育吃药，也不是城市教育有病给农村教育吃药。病是通病，临床表现不同。尤其不意味着对我国教育的全盘否定，更不意味着对我国教育史的否定，在这里势必要保留必要的精华，剔除一些糟粕，汲取当今世界教育有益的营养，也正所谓：古为今用，洋为中用，推陈出新，是"扬弃"。那么到底应借鉴一些什么理论？需要确立怎样的评课理念？怎样通过"城市版"与"农村版"的优势、劣势比较采用什么技术找到真正意义上的农村教师进入新课程的绿色通道？

一、支撑新课程所提倡的三个骨干理论

（一）提倡"建构主义"理论

该理论认为：学生的大脑不是一张白纸，每个人都需要在自己的头脑中在已有经验或知识基础上完成新的理解构建起自己的知识结构。因而不是简单的"你教，我听"单方向的灌输。

这一理论对我们的启示是：教学不能脱离学生现有的经验，必须使学生有所感有所知。便于完成新的构建过程，形成自己的东西。（例如水中小鱼借助两栖的青蛙把陆地上的人建构成人头鱼身的"美人鱼"）

（二）提倡"后现代主义"理论

该理论认为：这个世界是多元的、开放的。创新已经成为社会、个人发展

的动力源。教师、教材已经不再是唯一的知识源,人要拥有学习能力,教师必须更新观念转换角色,必须成为学习者、研究者,课程资源的开发者,学生学习的促进者。

这一理论启示我们:教材的源在那?知识的源在那?为什么不能教教材,而只能用教材教?如何进升到"不教而教"的境界。

(三) 美国霍华德·加德纳"多元智能"理论

该理论认为:人脑有语言、逻辑、音乐、运动、人际交往、自我认识等多种智能。即是说,人的聪明才智还有很大的空间急待开发。而在精英教育中极其巧合的是无论在东方还是在西方都主要强化语言和逻辑两种智能,并以此相当狭窄的通道对学生培养和取舍,因此学生的智能远没有在学生时代被开发出来。对人生成功的支持率研究认为:语言、逻辑智能只占15%,其他智能对成功人生的支持率则占85%。比尔·盖茨等人士的成功证明,开发其他智能的途径主要得益于社会实践。20世纪90年代美国一个响亮的口号是:"Hands on!"即:"动手!"这一理论揭示了,世界人的成长发展的秘密,突破了东西方教育评价的共同的禁锢。主张多种途径评价学生,多元评价——多一把尺子就多一批好学生。(体、音、美、实践等活动均能达到促进学生自觉学习成长的目的。即传统的 1+4>5)。

二、新课改课堂教学评价的新理念

一是促进学生的发展。

二是促进教师的成长。

三是"以学论教",以学生的"学"来评价教师的"教"。强调以学生在课堂学习中呈现的情绪状态、交往状态、思维状态和目标达成状态为参考,来评价教师教学质量的高低,用学习效果衡量教学效果,教的进度应以学的进度为转移。

坚持新评价理念突出的是"以学论教",必须打破传统的"教案剧"模式,有利于素质提升。有位专家说:"何谓'素质'?先天的不被扼杀且后天得以发展,该忘的都忘了剩下的就是素质了。"何等精辟!我们的现状是:该剩的没剩,该忘的得记住,记住的用不上,中考、高考、大学毕业,有的考生象天女散花一样把当年的书和复习资料从楼上抛撒下来,有的大学生毕业后见书就打怵。

上述理论的实践,评课理念的切磋与展示必须借助诸如送教、反思、交流、研讨等校际间活动为载体方能更有成效。2006年4月14日县安石一小请本县平岗小学和白泉一小的骨干教师送教研讨;2006年5月25日安石一中请市实验中学、四中、十九中部分名师和业务领导送教研讨;2006年5月11日凌云乡中小学通过省下派干部个人关系由新文化报社请到了长春48中、小学、东北师大附小等名师送教研讨都取得了意想不到的效果，值得借鉴学习，解渴、止饿、管用，推进了三个逐步转轨即：把提高教育教学质量由靠单纯延长时间"死看死守"逐步转到以提高教师素质的轨道上来；把教研、培训与实际严重脱节逐步转到为教师专业成长按需实施的"三位一体"的轨道上来；把单纯依赖上级业务培训、教研逐步转到以校为本的轨道上来。

新课改，农村有着得天独厚的优势，首先，师生远离城市的喧嚣与诱惑，无论教师的师德、事业心、学生的求知欲（家长学生想通过学习走出山沟，摆脱贫穷，向往大山以外的世界）都明显好于城市，班额小、调坐不用"上炮"，没有令城市家长头疼的网吧等。其次，天高地广、山清水秀、民风淳朴、绿色为主。其三，国家投入开始向农村教育倾斜，办学条件、贫困生费用等紧张状况明显缓解（新修订的9月1日开始实施的《义务教育法》均有明确的规定）。这些都是城里师生想都不敢想的，省城送教名师们对此羡慕不已。由此联想到城里人为什么喜欢下乡旅游，一个沈阳的世博园会产生如此惊人的吸引力（简直比造钱还容易）。最大的劣势就是师生眼界狭窄，农村教师亟待提升素质，促进专业化成长的进程，寻找到适合农村教师进入新课程的绿色通道。

三、新课改内化为教师课堂教学行为的绿色通道

所谓"绿色"是相对"公害"而言，课改过程中"新瓶装旧酒"，有活动时训练学生背台词像排电视剧一样，把新课改与传统教学、中考、高考对立起来等均属非绿色的有百害而无一利的。

（一）借助县教育局提出的"一库双名工程"推进教师专业化成长

"一库"即已经实施的"人才成长资源库"，所谓"双名"就是打造未来的名校长和名师。仅就名师打造来讲，将推出三个不同层级的方案是：A. 名师预备方案——《资源库》；B. 名师培养方案——《县首批名师打造方案》；C. 名师提升方案——《县名师星级方案》。关于名师的条件、待遇、作用、意义等请详见东辽教育信息网首期电子期刊《姜学东局长在东辽县人才成长资源库入围人员开班式上的讲话》。这是县教育局在全县创设的大环境，契机难得，得到全县领导和教师的积极响应和参与。在此期间也发生了令人喜悦的故事，有的教师拒绝参加，也有的教师中间退出，还有的说："累死也进不去，进去了也得累死"。这足以证明了此次"行动"不同于已往的荣誉（填张上报审批表即可得到）获得途径、付出、作用、意义。达到了设计者们的设计初衷，就意在走出传统的导致教师职业倦怠的怪圈。

（二）借助现代信息技术通过微格手段实施课堂教学行为诊断

"微格"系师范院校训练职前教师的一种技术，即利用现代数码摄像技术

手段，按不同的年段、学科要求的课堂教学若干技能摄录下教学实况后，由本人、同行、教研员、专家等逐技能分析评价，认定某教师某阶段课堂教学行为各技能的层级，描绘出网格图像，亦可划等还可赋分，使教师明确继续努力的方向，促进教师自我提升，有针对性地改善课堂教学行为。目前，安恕一中实验已见成效，已由开始的历史、语文扩展到所有学科，电子、视频、文字资料整理完备，可以交流切磋，有效地提升了教师专业素质。

（三）借助"微格"这一"桥或船"实施新课程课堂教学行为诊断

新课程理论体现的课堂教学行为、评价的理念怎样实施？怎样诊治？这一直是进入新课程绿色通道的障碍，也是困扰领导和教师的难题所在。对此实验的构想是：把微格技术所诊治的各教学技能转换成新课程课堂教学行为诊断的三个维度，14个标准（见附表）。通过录制出的课堂实况分析、评价、矫治新课改课堂教学行为，从而真正打开绿色通道。现在安恕一中等学校已开始实施此项实验。表上的结果也可以过渡成图像，形象显示某教师某阶段的新课堂教学行为状况，引导其继续努力向更高标准接近。一学期汇总后即可以构成某师新课堂教学行为评价结果，可以是分数的亦可以是等第的呈现，另加上恰如其分的评语，成为对教师总评价的重要组成部分。也可把表中的三维度对应的14个标准依次标明在直角坐标系的横轴X上，再把A、B、C、D、E每一标准的5个层级标明在纵轴Y上，把诊治量表的结果标在相应的点上，再把各点连接起来即画出了课堂教学行为诊治图像。便于研究、分析、存档记入《教师专业化成长自我设计规划手册》之中。这些尚有待于实践的检验，在具体实施过程中势必生成一些新的问题，在做中不断完善，不断升华，不断促进教师专业化成长。

面对社会和家长们对农村教师的过高的期望值，使其身心疲惫，越来越多的教师感到缺乏成就感，不同程度的难免产生职业倦殆。教师是人不是神，存在于教育环境生态系统中。教师的生理健康和心理健康令人堪忧，有关方面要尽一切可能改善其生存、工作条件，尽可能地减少那些不必要的负担。教师的健康水平直接关系着学生能否健康快乐成长。教师要积极锻炼增强体能，注重调试自己心理状况，做到家里的情绪不带到课堂来，学校的事情不带回到家里去做。有人研究提出了针对教师的心理调整八法不妨试一试！即：一是，控制呼吸法；二是，自我剖析法；三是，学习转移法；四是，投身自然法；五是，心情放假法；六是，沐浴歌唱法；七是，肌肉放松法；八是，摆脱常规法。

附表：

新课改课堂教学行为诊治测量表

维度		标准	层级					总评层分互换	分析及评语
			A	B	C	D	E		
教师维度	1	教师是否有明晰的教育观念；							
	2	教学设计是否运用了有效的教育理论；							
	3	教师的行为是否符合目的性；							
	4	课堂教学管理是否得当							
		创新空间							
学生维度	5	观察学生课堂情绪状态；							
	6	观察学生课堂活动广度；							
	7	观察学生课堂活动时间；							
	8	观察学生课堂参与方式；							
	9	观察学生课堂参与品质；							
	10	观察学生课堂活动认知水平；							
	11	观察学生课堂参与效果；							
		创新空间							
互动维度	12	教师引发诱导，激励催化，点石成金功夫；							
	13	学生理解、感悟、生发、创造、引申、迁移、扩展、发挥能力；							
	14	师生相辅相成，互助互补，双双升华，教学相长配合；							
		创造空间							

[作者单位：吉林省东辽县教师进修学校]

我国职业教育陷入困境原因及出路分析

文正东　潘光文

一、前　言

职业教育近些年来不景气是不争的事实，如何走出低谷，不但是职业教育界忧心的问题，也是全社会关注的焦点之一。

《职业教育法》实行几年了，全国职教会议召开了，《国务院关于大力推进职业教育改革与发展的决定》的文件也下发了，教育部党组也根据十六大精神提出了要"大力发展多种形式的职业教育和培训"和"确立符合时代发展要求的职业教育基本制度。"[1]可见政府是很重视职业技术教育的，也到了必须重视的时候了，下面一些数据可以说明这个问题：2000年我国第一产业从业人员的平均受教育年限仅为6.79年，初中及以下教育水平超过95%，而日本同期同行业人员受教育年限为10.67年；1997～1999年间，我国的农业劳动生产率只及日本的1.03%，受教育年限低是我国劳动生产率低的重要原因。我国第二产业平均受教育年限为9.44年，相当于初中水平，与日本相比，相差3年左右；大专以上教育水平的从业人员比例与日本差距更大，相差5倍左右[2]。劳动力文化素质低难以支撑我国制造业技术进步和生产率提高。而加入WTO（世贸组织）后，我国的愿望就是成为世界加工厂或世界制造中心，因为我国的人力资源过于丰富，价格低廉，有利于降低产品成本。发展工业不仅可以解决人口城市失业，还可以消化吸收农村剩余劳动力，从而缓解乃至解决"三农"问题。然而，随着技术的进步，对员工的文化技能要求也提高了，大量技术的引进，需要掌握消化，达到技术的转移，没有一定的知识文化技能是不可能的。与简单的技术引进不同，技术转移的内涵在对技术进行消化、吸收和创新，达到转移乃至扩散的目的。而现在我国引进的只是技术设备，不能做到技术转移，甚至一流设备只能生产出二三流的产品，技术人才缺乏和工人素质低下是主要的，归根结底，教育是最主要的问题。

所以，我国政府看到了劳动力素质是制约我国经济发展的"瓶颈"，而教育又是发展素质的重要途径,所以决定大力发展高中阶段教育,特别提到"中等职业技术教育应得到大发展"。

二、职教陷入困境原因分析

是不是职业学校发展多了,职教资源过剩了,职教生供过于求,社会不需要职教了呢?"我国数控机床技工年缺额达 60 万人"、"6 万元年薪招不到高级技工"、"中国缺乏'高级蓝领'"、"好钳工比研究生难找"[3]等等都是报上的报道。可见,职教生是有光明的就业前景的。

然而职业教育却现实地陷入困境,确实耐人寻味,发人深思。有人说现在的职教困境是近几年大学扩招带来的。因为大学招生多了。许多家长给孩子选择普高而放弃职高。仔细分析会发现并不准确,应该说扩招对职高生源是有一定影响,但绝不是最主要的。因为 2002 年,我国高校的毛入学率才达到 14%,预计要到 2020 才普及高中教育,达到 85% 的高中入学率。目前,全国近一半初中生不能升学,2001 年初中升学率仅 52.6%,这些人或者待业或者进入劳动市场,青海、宁夏上高中难于上大学(高考升学率分别达到 85.9% 和 58.6%),而高中入学率只达到 53% 和 48.65%[4]。为什么职业技术学校还招不到生呢?应该说那些上不了普高的为什么不愿读职高呢,为何职业学校对他们没有吸引力?深思这些问题,对帮助职业技术学校走出困境很有意义。

(一) 社会观念对职教发展的影响

轻视歧视职业技术教育的思想意识源远流长,并且根深蒂固。商朝时把做工的工人(我国最早的职业技工)称做"宰",意思是罪犯,由此可见一斑。《论语·子路》上也记载了学生樊迟问稼(种庄稼)问圃(种菜),孔子很不耐烦,用"吾不如老农"和"吾不如老圃"两句冷冰冰的话就把他打发走了,刚走就对人说樊迟是"小人"。认为只要具有"礼"、"信"、"义"就可使众人听命,根本用不着从事耕作。可见在大圣人孔子看来,具体操作的技术性工作君子是不为的,那是低人一等的"小人"们干的。孟子也说过类似的话:"劳心者食人,劳力者食于人。"意思就是脑力劳动者依靠别人来养活他(相当于剥削),体力劳动者被剥削。教育的经济价值荡然无存,教育不是为生产劳动服务,而是成了脱离生产劳动的工具,教育是为巩固或变革人们的社会关系服务,为修身养性服务,甚至为教育而教育。在这种观念支配的教学内容存在片面性和结构失衡就是自然的,孔子以六艺教人,是指的"诗、书、礼、乐、易、春秋",全是人文内容,不包含科学,也瞧不起劳动者,反对学生从事低贱的农活,如果当时有工业工厂的话,他肯定也鄙视工人。即便从孔子算起,那轻视职业技术也已经绵延了两千多年了,要想改变短时期内可能吗?

那传统观念重视什么呢?就是重视功名,我国官的地位向来很高,三教九流,上九流中,除佛、天、皇帝外,其余全是官,从事其他行业的人,即便很有成就,社会地位也很低,出不了名。如修建天安门城楼的是哪些人,现在也不清楚。读书做了官,就能衣锦还乡,光宗耀祖,"学而优则仕"的观念深入民心;许多人耳熟能详的启蒙读物《三字经》就说:"幼而学,壮而行;上致君,下泽民。扬名声,显父母,光于前,裕于后",一个人自幼就会背诵这些语句,不铭记在心,并支配自己的行动是不可能的,当然他的行动也对别人有示范作用,用班杜拉的社会观察学习能解释这一现象。还有民间广为流传的:"书中自有黄金屋,书中自有颜如玉,书中自有千钟粟",更是读书人梦寐以求的了。自然对不能带来荣华富贵的技术等就不屑一顾了。因为科举考试考四书五经而不考技术操作。难怪鲁迅的小说《孔乙己》中的读书人孔乙己穷愁潦倒了也不愿和"短衣帮"(农民工)一起喝酒,究其原因,主要是长久以来形成的社会偏见——农民、工人就是没文化、干苦脏累活的代名词,当然也就低人一等〔有些地方家长经常这样教育孩子:"不好好读书,就去修地球。"(即当农民的意思)或者说:"当农民,读书干啥?"〕,而当干部坐办公室的就高人一等。

明白了这些,就不难理解"追求升学率"为什么屡禁不止和"读书无用论"会死灰复燃:当教育能与获取功名、改善地位联系起来时,就拼命追求升学率,追求文凭,当不能时,"读书无用论"就盛行,也能明白为什么有些家长对孩子读职业学校不支持、社会对职业技术教育持鄙视态度以及发展职业教育成了政府唱的独角戏:投入以政府为主,办学形式以学校为主,管理经营以教育部门为主。社会与民众对职教持观望态度,当然发展就缓慢甚至停滞。

(二)职教自身问题

1. 培养目标定位高

职业技术教育的特色不鲜明。甚至学的是一些"屠龙之术"(世上哪有什么龙呢)。由于多数职业技术学校是从基础薄弱的普通中学改制而来的,江山依旧。师资也多是原班人马,最多来了几个专业课教师,深受原来的办学方式、经验的影响,教学模式也向普高看齐。上课理论色彩浓厚,理论多且深,学生似懂非懂方才显出老师的水平。相应地,实作实践偏少,一方面也是花费大或者是缺少条件。这就牵涉到职教究竟是培养什么的问题,是专家学者还是生产第一线的技术岗位操作人员?这一问题的产生,还关系到其他许多深层次的东西:指导职业教育的还是普通教育的理论,从课程的设置、教法、教材编写都和普通中学相近,缺少指导职业教育实践的职业教育理论,教材多是普通高中的简写本或者翻版，缺少职业中学课程教材的特色，职业教育理论和普通教育理论相比，应该有自己的特色，因为二者有比较大的区别，然而我国对职教理论的研究实在太薄弱了。和国外的职业技术相比，我国的显得很空，学了书和理论还是不太会应用，上了课还是操作不熟，学了几年收获不大，求职困难，家长丧失了送孩子上职中的积极性。这可以说是职业技术学校陷入困境的重要原因。实践是职业技术教育的生命，这是职教的要义，必须牢牢记住，时时不忘。"技"字的古文字就是用手去摘东西，说文上解释是"巧也。"可见，要动手操作实践才称得上真正的"技"。民族资本家荣德生就对学生说过这样的话："各同学努力勤奋，竞尚实学，课余多参加生产事业，不必好高骛远。贪大务博，学习宜求细嚼缓咽，食而能化"，"学问以实用为归，将来做事，亦力戒好大喜功，宜脚踏实地从头做起，自有成就。""教育贵在实学，若虚有其名，无裨实用，不如无学。"[5] 技术是做会的，不是听会的，看会的，想会的，当然，也还是要听、看和想。

2. 培养目标定位虚（空）

有两个含义：一是指读职中的学生一般文化基础不是很好，似乎形成了一种定势……文化基础不好的才读职中，这种普遍的看法对职业教育的发展是大不利的。基础教育很重要，《说文解字》上说："基，墙始也；础，柱下石也"[6]，基础教育就是其他教育的地基，沙滩上建不起高楼，从这个角度出发，我不赞成在职中取消削弱文化课，缺乏扎实的文化基础的职中生发展后劲不大，加之没有升学压力，师生都缺乏压力，也就少动力，有的职中就疏于管理，听之任之，责任心（师德）不强，没有意识到教育产品的质量和学校的生存以及自己的个人利益密切相关。这样的职中学生毕业了，肚内空，心里虚，在岗位上难独当一面，讲文化，比不过普高；讲技术，比不上未读职中就工作的同龄人，社会上对职中看法自然不佳。二是指职教应该看重就业需要还是技术等级目标，许多侧重的是后者，追求知识技能的完整性，这样，拿到毕业证书和技术等级证书还是在人才市场上找不到相应的职位，造成技术的浪费。须知，就家长和学生而言。他们读职业学校的初衷就在于能就业，而不是其他，技术证书是他们求职的手段工具而不是目的。

3. 培养目标定位偏

主要是针对中西部农村职中而言的。人事部和教育部在《关于进一步推动职业学校实施职业资格证书制度的意见》中强调"职业学校的专业设置与劳动力市场需求紧密结合，教学内容与国家职业标准相衔接"，正是针对现在一些职业学校在专业设置上不看市场，只从自己的老师能教什么出发设置专业，不考虑求学者的需求而提出的。例如许多农村职中办了很多农业专业，如种养殖专业。而恰恰是这些专业招生最困难，本来是想培养新型农民。为发展农村服务，然而包括农村家长在内也不愿孩子学那些专业。不是说农村不需要科学技术，而是社会原因，迫使农村人不愿当农民，寄希望于通过读书升学离开农村。农村条件如何，有些城里人并不了解，湖北监利县有个乡党委书记李昌平写了篇《我向总理说实话》上有："农民真苦，农村真穷，农业真危险。"过好生活是人之本能，当农民在农村干农活苦累穷，还受歧视，谁还愿当？现在涌动的民工潮其实也是农民希望流动来摆脱（哪怕是短暂的时间）贫穷的一种举动，他们为此付出的成本不低，只要想想他们多数人的妻子孩子留在农村。年老体衰的父母和妻儿在家耕田种地，他们干的是城里下岗工人宁愿失业领保险也不愿干的脏苦险活，还要受歧视和盘剥，但这也要比呆在农村干农活强，可见农村日子真难过，驱使他们离开农村的动机有多强烈就可以想象了，而现在还要学这些使自己留在农村干农活的知识技术，学了是为了当农民，不情愿是自然的。这样的农职校门可罗雀也就是当然的了。农村支配家长送孩子读书最大的动力就是跳农门，换户口簿，吃公家粮，到城里上班拿工资。职教办学方向和专业设置上必须考虑社会的需求尤其是学生及其家庭的愿望。

4. 师资的问题

上面已经触及了这一问题，现在更进一步说明。笔者觉得我国的职业教育有必要倾向于培训，侧重在技能的培养上。从不少地方的情况来看，我国的各项培训中，最缺少的就是技能提高的培训，培训中存在两大致命的"硬伤"。当然也是职业技术教育的"硬伤"，一是存在严重的学科中心主义倾向，把职业技术培训等同于教育，等同于班级授课制中的知识的传授。这样的技术培训轻一点说是针对性不强，重一点说是名不副实，很容易挫伤受训者以及周围人的积极性。造成这一问题的根源在第二个致命的"硬伤"——专业化培训师的缺乏，这是技术教育发展困难培训难以付诸实施的根本所在。专业化培训师需要具备丰富的实际工作经验，同时又懂得教育教学的规律，然而，在现在的中国，二者皆备的培训师究竟有多少，又该如何解决呢？这是个很值得深思的问题。

5. 职教管理上的责任

上世纪八九十年代，职教处于发展期，有些职业学校为了经济利益，乱开校、乱办班，甚至和假招工单位合谋骗取学生钱财，严重败坏了职业学校的名誉，给当地民众的恶劣印象至今难消。对这些历史"后遗症"，有关部门应该对遭受损失的学生家庭有个交代，该作出适当赔偿的就赔偿，该批评教育就还是要破除情面公诸于众，以求取信于民。但据笔者在四川某地的调查，有的学校对找上门的学生及其家长推卸自己的责任，甚至冷言冷语，激化了当地民众与学校之间的矛盾，对学校自身形象的损害也是很大的。

三、解困途径探寻

（一）职教生的出路

就业，职业学校的学生的出口。不管招生广告打得多漂亮，如果在毕业生出路问题上不解决好，自然就堵了新生入口的道，家长尤其看重孩子的就业，如果读了没法就业。自然职业学校在他们的心中就会大打折扣，通过传播，对学校的招生很有影响。学校也巧妇难为无米之炊，没有学生来读。什么也无从谈起。所以，从这角度出发，本人主张职业技术学校要以就业为第一，有好出路的职校生本身就是学校的活广告，毕业了一事无成学生自然也败坏了学校的声誉。这就要求面向市场办学，专业设置、课程教材教法都围绕学生的毕业出路作文章，尤其强化动手操作能力。一年或半年时间在相关企业的对于岗位实习锻炼，熟悉操作企业的规章制度，这样职校生毕业一上岗就能顶岗，很快进入角色，让职校生的优势体现出来发挥出来，获得企业单位乃至社会的好评，自然增添了对职校生的认同感。这就需要职业技术学校不仅只注意技能的培养，还要注意情感的熏陶，加强职业道德的建设，不能把学生教成"技术人"、"经济人"、"单向人"。

（二）改变社会观念

虽然说，社会传统观念对职教是不重视的，但我们不可以妄自菲薄，观念是可以转变的，举一些例子：个体户和私营民营企业起初是不被看重的，首先在经济打翻身仗，才改变了社会对他们的轻视态度；教师职业前些年也是受轻视的行道，生源欠佳，舆论宣传效果不理想，搞提前录取倒是录取了一些成绩好点的学生，但专业思想也不巩固，多是迫不得已才读师范院校，毕业时也千方百计想跳出教育部门，那些年要想转行不教书是多少教师梦寐以求的事呀！但随着教师收入的增加及职业的稳定，现在师范院校可以说成了中下层阶层子女的重要选择，也有转行到其他部门后现在后悔的。职业技术教育要改变处境，也就必须要让自己的产品……毕业生能有事做，凭本事能挣到钱。如果有那么一批作为榜样的职教毕业生靠在学校学到的本领挣到了钱，那这些活广告的示范效应，远比职技校上门作家长和学生的动员工作有效。事实上，江浙一带的职教之所以办得好，主要还是毕业生能通过学到的技术挣到钱，在职技校学到的专业技术就是挣钱的工具。要针对企业需求来设置专业，最好和用人单位联合培养,订单式培养,就在企业实习,毕业后就能迅速上岗,在为企业创造效益的同时,也使自身能力价值得到体现。也需学校要在内容上做出革新创新,技能要求上达到"人无我有,人有我新。"删除"大众化的历史性经典"操作内容,增添急需的跟得上国际前沿水平的专业技术内容。

(三)加强对职教师资和职教生的技能培训

国外相当重视职业技术学校教师的培训,尤其是"实训教员"要求理论与技术都具备相应资格,才能指导学生。而我国双师型教师严重匮乏,这也是造成职教生素质不过关的一个原因,因为"师高弟子强"。当然,要提升教师素质,就需要在教师培训上加大力度,因为技术进步快变化大,职教教师首先要终身学习,在对技术技能市场作了需求分析的基础上,时时更新技能,并及时用新技术新技能培训学生,让他们凭学到的"本事"在竞争激烈的人才市场上求得自己的一席之地。让我们都记住在这个发展变化日新月异的社会里,再也没有"一招鲜吃遍天"式的一劳永逸的教育,终身教育的理念该进入我们的知识系统并成为我们的指导思想了。

(四)职业技术教育面临的机遇

随着国家对"三农"问题的重视,农村转移劳动力的教育与培训(有的地方称外来务工人员培训工程)和科技兴农富民培训工程的开展,这就为职教的发展提供了巨大的生源市场,据统计,转移到城镇的农村劳动力达8000多万之多,且每年都在继续转移,"十五"期间将有上亿农村人口转移到非农行业,由于接受教育年限少,文化技能偏低,多从事手工操作,国家正在考虑对这部分人进行培训和补偿教育。因为根据发展经济学者 M·P·托达罗的三部门两阶段理论(三部门指农业部门、传统城市部门、工业部门),农村剩余劳动力进入城市后的就业过程是,先迁移到城市的缺乏技术的"传统城市部门"工作,经过一段时期后,才在现代工业部门找到固定工作[7]。而现在的农民工还像候鸟一样,在农村和城市之间飞来飞去,形成蔚为壮观的"民工潮",其实反映了他们在城市还没有"生根",要使他们完全彻底转移,必须让他们接受教育培训,提升自己的人力资本,更好适应城市工作和生活。职业教育在这方面大有可为,青岛已经捷足先登,职业学校向农民工敞开大门。当然,也需要各级各类职业学校与时俱进,不能关着门搞教育,应办成面向全社会的、开放的、多功能的教育和培训中心。抓住这机会,职业教育将会有美好的明天。

参考文献：

[1] 中共教育部党组. 学习贯彻十六大精神开创教育改革发展新局面 [N]. 中国教育报, 2002 - 11 - 29 (1).

[2] 郭蓝燕, 刘万永, 原春琳. 我国首次公布教育与人力资源报告 [N]. 中国青年报, 2003 - 02 - 14 (5).

[3] 群言. 我国职业教育的现状调查 [N]. 中国青年报, 2002 - 11 - 04 (4).

[4] 郭蓝燕, 刘万永, 原春琳. 我国首次公布教育与人力资源报告 [N]. 中国青年报, 2003 - 02 - 14 (5).

[5] 荣德生. 乐农自订行年纪事续编 (1935—1949)：1942 年纪事, 1948 年纪事 [Z]. 北京：商务印书馆, 1980.

[6] 许慎. 说文解字 [M]. 北京：中华书局, 1963；32, 54.

[7] 范先佐. 教育经济学 [M]. 北京：教育科学出版社, 1999；176.

[乐山教育学院]

县域职业教育发展的差距、问题与对策
——以两个县的实地调查为例[1]

高庆蓬　张力跃

自 1985 年《中共中央关于教育体制改革的决定》提出"大力发展职业技术教育"以来，我国职业教育政策是一贯的，继 2002 年 8 月颁布《国务院关于大力推进职业教育改革与发展的决定》后，2005 年 10 月又颁发了《国务院关于大力发展职业教育的决定》，认为职业教育仍然是我国教育事业的薄弱环节，发展不平衡，不能适应经济社会发展的需要。由于职业教育与当地经济社会发展联系更为紧密，所以地区差距较大。我们实地调查了两个经济发展水平不同的县的职业教育情况，以探讨职业教育发展的对策。

一、两县基本情况

我们调查的县，一是位于吉林省东南部的抚松县，另一是位于浙江省北部的长兴县。长兴县民营经济发达,近几年,围绕结构调整、依靠科技进步、致力扩大开放、加快体制创新,推动了经济社会的持续快速健康发展,已进入全国经济实力百强县。抚松县是省内重要的林业基地,也是人参栽培基地,但近几年林业企业以及人参栽培、销售的效益均下滑,经济发展相对较为缓慢。两县的基本情况见下表。

两县的基本情况

	抚松	长兴
人口（万人）	31.27	62.05
全县生产总值（亿元）	27.45	129.26
非农产业比重（％）	71.75	88.08
教育投入（万元）	7324	21541
城镇居民人均可支配收入（元）	5976	13426
农村人均纯收入（元）	3792	6438

资料来源：两县 2004 年国民经济和社会发展统计公报。

二、职业教育现状比较

两县教育发展都有良好的基础,抚松县 1993 年通过"两基"验收,并曾获吉林省普九先进县；长兴县 1996 年通过"两基"验收,是浙江省教育强县。两县在 20 世纪 90 年代,职业教育都获得较快发展,但 1998 年后,两县职业教育发展开始分化,长兴的职业教育继续快速发展,而抚松的职业教育则陷入低谷。

具体差距表现为：

1. 办学规模的差距

抚松现有一所职业高中,3 所普通高中里设有职高班,职业教育在校生 276 人,仅为普通高中在校学生的 8.90％。2004 年初中毕业生升学率 61.46％,升入普高 1108 人,升入职业类学校 311 人[2],普职比为 3.56：1,全县有职业教育专任教师 79 人。

长兴现有 5 所职业学校,其中一所是民办学校,职业教育在校生 9655 人,是普通高中在校学生的 90.87％。2004 年初中毕业生升学率 87.38％,升入普通高中占 43.66％,升入中等职业学校占 43.72％,普职比为 1：1,全县有职业教育专任教师 427 人。

2. 办学导向的差距

职业教育是整个教育系统中与市场联系最密切的部分,它的发展能直接为经济建设培养高素质的劳动者和高技能专门人才,因此应坚持以就业为导向。但由于各地产业发展的不平衡,职业教育并不是都能坚持这一导向的。抚松的职业教育主要以"对口升学"为目标,附设职高班的普通高中,就是为了对口升学,以提高学校的升学率。近几年,对口升学的计划逐渐增多,抚松职业教育的对口升学率能达到 80%。专业设置主要根据省对口升学的计划,由于对口升学很少考察学生的实际技能,因此各校不重视实习基地的建设,职业教育发展兴盛期形成的一些实习基地大部分萎缩,有的甚至被废弃。

长兴职业教育也有对口升学的任务,但所占比例很小。2005 年,职教类毕业生 3020 人,参加高职考试上线的 529 人,占 17.52%,绝大多数即超过五分之四的学生直接就业。因此,长兴职业教育主要面向就业,县职业教育中心的办学思想是:德育为首,技能为本,面向社会,服务经济。现在就业形式非常严峻,职业教育要坚持就业导向就必须加大设备投入,重视学生的技能训练。长兴在立足市场,建设实习实训基地,培养学生专业技能方面,投入较大。县职教中心通过银行贷款、教师集资、入股等形式筹集资金,投入近 1600 万,新建了大量教学设施,添置了大批教学设备。其中数控培训基地是国家级职业教育实训基地,国家投入 300 万,地方政府配套 300 万,购置设备,培训教师。2005 年全县职业类学校毕业生 3020 人,其中获得职业资格证书者 1806 人,占 59.8%。

三、制约职业教育发展的因素分析

现代职业教育源于西方,是从工厂制度内部内生出来的,其发展遵循的是内生模式[3],发育良好的现代企业制度是职业教育发展的基础。职业教育不仅能为企业提供大批高素质的员工,而且可满足学生进一步发展的需求,促进当地经济社会的发展,因此,职业教育的发展需要调动政府、企业和学生三方面的积极性。政府采用法律的、政策的、财政的手段予以指导和协调,企业提出人才的需求,提供人才训练的基地,学生及其家长则以教育需求的形式影响着职业教育的发展。职业教育自身则应"以服务为宗旨,以就业为导向",通过培养高质量的技能型人才既为当地经济社会发展服务,又满足企业和学生的需求。

政府指导、企业与学生需求、职业教育自身的能动性就是一个地区职业教育发展的制约因素。长兴作为经济发达地区,经济发展水平较高,政府财政能力较强,初中教育发展充分,城乡收入差距较小,农村居民接受职业教育的个人预期收益较高,学生有较强的接受职业教育的愿望。在我们的调查中,有 70%的家长支持子女选择职业高中的初衷就是为学习一技之长。政府也提供了强有力的支持,在征地、师资、信贷、管理、专项资金等方面给予许多优惠政策,成为职业教育发展的重要保证。尤其是在职业教育发展困难时期,创造性的推出教育券制度,使职业教育迅速走出低谷。办学者的主观能动性对职业教育发展更是不可缺少,国家扶持职业教育发展的政策明确,地方经济又需要技能性人才,职业教育办学者,不能等,不能靠,应主动出击,创造条件,争取支持。长兴县职教中心,就是一个突出的例子,从2000年合校时的820名学生,发展到现在的4000余名学生,成为浙江省规模最大的职业学校之一。

抚松的职业教育困境也是这几方面因素制约的结果,政府财力紧张,职业教育办学条件较差,当地民营企业较少,吸纳劳动力的能力有限,家长普遍对职业教育不认同,也不愿让孩子离家太远,不愿让孩子从事服务行业的工作。因为职业教育曾经红火过,面对困境,职业教育办学者产生一种悲观失望的情绪。教师本人也对职业教育充满疑虑,对工作缺乏坚定的信念。这种低沉的士气也成为职业教育举步维艰的原因之一。

四、职业教育发展的对策

改革开放以来,政府非常重视职业教育,相继制定和颁发了一系列促进职业教育发展的政策,但政策实施的效果并不佳,形成职业教育发展的萧条与相关政策文本繁荣的反差。我们认为,规范而成熟的市场经济是职业教育发展的基础,政府的有效引导和职业学校的自主创新是职业教育健康发展的两翼。

（一）政府要给职业教育以政策和资金支持,调动企业参与职业教育的积极性

职业教育实施的是专业教育,需要比普通教育更多的场地、设备和专业技术人员,中等职业教育成本一般是普通高中的2—3倍,单纯依靠社会投入,难以保证职业教育的发展,政府仍需承担主要责任,通过多种形式和途径加大对职业教育的经费支持。为引导职业学校更好地面向市场。为消费者提供优质的教育服务,提高经费投入的效益,可以探索实施新的投入方式。如把财政拨款方式由直接拨给职业学校,改为先拨给学生、企业等职业教育消费者,然后通过消费者对职业教育的消费使得职业教育资源间接地匹配到职业学校,从而有利于职业学校与社会的利益关系的建立[4]。长兴的"教育券",实际上也是政府公共财政拨款方式的变革,增强了职业教育消费者在评价教育服务质量方面的权利。

发达的职业教育,既是成熟的市场经济的产物,又是促进市场经济可持续发展的推动力。因此,职业教育政策不单纯是教育政策,而且与经济、社会政

策密切相关，职业教育政策要与国家宏观的经济、社会政策相协调，在完善社会主义市场经济体制中促进职业教育的健康发展。政府通过营造公平的市场竞争环境，完善相关的法律法规，使企业真正成为市场的主体，将产品质量看作自己的生命。要提高产品质量，就必须有大量高素质的劳动力，并且随着技术水平的提高，对劳动力素质的要求也越来越高。这样，企业充分认识到人力资本投资的巨大意义，产生对职业教育的强烈需求，积极地参与职业教育，职业教育的健康发展才能获得坚实的基础。

（二）职业学校要面向教育消费者，以质量和特色求发展

招生难，往往是各地职业教育发展的瓶颈，但学生收上来之后，能不能管理好，真正使学生学有所成，是更为困难的。职业学校门槛低，学生素质相对较差，许多家长对职业教育不认同，不愿意把自己的孩子送到职业学校，就有这方面的担忧，怕孩子学坏。因此，质量，是职业教育生存和发展的根本，职业教育要把目标建立在社会需求之上，狠抓质量和特色，实现职业教育与当地经济发展的良性互动。

1. 立足市场，接轨企业，拓宽就业渠道

职业学校培养的学生，最终要进入各类企业，接受用人单位的检验。为了提高毕业生素质，与相关企业合作，加强学生实际技能训练，是提高学生质量，增强就业竞争力的必然选择。职业学校要转换角色，积极与企业建立种种合作关系，把自己生存和发展的根深深地伸向社会的深处，从社会中吸收丰富的职教资源，从而获得稳固的发展基础。如与企业签订毕业生实习就业协议，开展人员交流，学校定期安排专业教师到企业接受技能培训或提供理论指导，企业派一线技术人员到学校担任专业课教学工作等等。还可实行"订单式"培养，企业需要哪些人才，职业学校就开设哪些专业，毕业的学生就输送到哪些企业。

2. 主动寻求政府支持，积极推进体制创新

县域职业教育成本高、投入大、收益率较低，仍然需要国家的政策支持和财政倾斜，职业学校要积极争取政府的政策优惠。政府也要善于运用政策杠杆，推进体制创新。如长兴县首创的教育券制度，就是政府政策创新的一个个案。

2001年5月，为了鼓励初中毕业生就读职业学校，加快职教发展，长兴率先在职业学校中使用"教育券"，每张300元，每生享受一次。在民办学校就读的义务教育对象中使用"教育券"，每张500元。以后长兴县陆续推出扶贫助学、农民培训教育券等。长兴教育券制度开启了国内教育券制度的先河，一时反响热烈，引起了全国众多媒体、知名专家的高度关注。几年来，教育券

制度在扶持民办教育、职业教育，资助贫困学生方面取得了明显成效，真正成为一项深得民心的"阳光工程"。4年来，长兴县共发放职业教育券15818张，4745400元，民办教育券72张，24300元，扶贫助学教育券4921张，1438100元，民办高中教育券787张，78700元，薄弱普通高中教育券624张，124800元。共累计22222张，总计人民币6411300元，极大地促进了各类教育协调发展、可持续发展。2005年10月16日，长兴县教育局的"教育券制度"入围第三届"中国地方政府创新奖"。

长兴教育券的实践，不仅体现了政府引导教育需求、调整教育结构、保证教育公平的宏观调控功能，也开启了市场经济条件下公共教育财政新的运行模式，拓展了民间资金进入教育领域的新途径。

3. 重视职业道德培养，严抓教育教学质量

德才兼备，是我国对人才的一贯要求，职业教育的特殊性在于学生职业道德的养成。职业学校主要是为企业输送技能型人才，爱岗敬业精神是学生最重要的素质，职业教育中，学生职业道德的养成和专业技能的培养应并重。考虑到职业学校生源素质一般，学生良好习惯尚未养成，因此，从德育抓起，增强学校生活的吸引力，培养学生吃苦、敬业精神、良好的学习生活习惯，就是职业教育的必然选择。只有既着重养成学生的良好品德，又提倡勤学苦练，狠抓技能训练，才能增强学生在将来就业市场上的竞争力。

职业学校要充分意识到学生对于其生存和发展的重要意义，把"以学生为本"放到学校工作的中心。重视满足学生的合理需求，应把学生满意不满意作为衡量办学效果的标准之一。应当看到，在我国教育资源尤其是优质教育资源的匮乏将是长期的，即使发达地区的职业教育，学校的办学条件也不可能一步到位。因此，能否在已有条件下最大限度的满足学生的需求，充分利用学校的教育资源就成为衡量办学者是否以学生发展为本的标志。如长兴县职教中心尝试改变学期，一年变为3个学期，因为暑假是两个月，设备完全闲着，可以用这个时间操作设备，增加学生动手的机会。部分学生周六、周日上课，周三、周四休息，交叉开，提高设备的使用率。这种轮休制的探索，以充分利用设施设备，就是一切为了学生发展的体现。

注 释

[1] 笔者于2005年10—11月实地调查了吉林省抚松县和浙江省长兴县的职业教育，文中数据均来自本次调研。

[2] 据了解，其中有74人升入不在抚松县的师范和其他中专，其他学生升入职业高中和三所综合高中，不过综合高中实行高三分流，学生选择入职高班的意愿很低，一般只有20人左右，所以造成统计上升入职业学校的人数远远高于实际接受职业教育的学生。

[3] [4] 徐国庆. 职业教育发展的设计模式、内生模式及其政策意义[J]. 教育研究，2005 (8).

对于农村会计人员职业教育问题的思考

周宁　金春　李兴国

摘要： 目前，我国农村会计工作还相当落后，从业人员素质、核算方法、工作手段等方面存在着诸多的问题，已经影响到了社会主义新农村的建设，要改变这一现状，可从以下两方面着手：一是要加强会计职业学校教育，为农村会计培养后备力量；二是要对在职人员进行继续教育。

关键词： 农村会计人员，职业学校教育，继续教育

农村会计工作是农村经济发展中的重要环节，随着我国经济的持续发展，农村会计落后的问题已经凸现出来，严重影响了社会主义新农村的建设，必须尽快加以解决。

一、目前我国农村会计工作的现状

近年来，我国的农村会计工作虽取得了一定的发展，但与城市会计相比，仍比较落后，尤其是在经济不发达的地区，其发展现状令人担忧。

（一）会计人员文化程度较低

我国农村现有会计人员整体文化素质不高，很多农村的会计人员不具备会计专业素质，在村一级会计人员中，绝大多数为初、高中毕业生，没有参加过任何经济类专业或院校的学习，没有接受过会计专业的教育，很多村会计都没有会计从业资格证书，更不用说具有助理会计师、会计师的资格了。

(二) 会计人员业务素质较低

农村会计人员业务素质低主要表现在以下几个方面：(1) 很多农村会计人员业务技能较差，财会知识缺乏，不熟悉新的会计制度和会计准则，相关知识欠缺，这严重影响了会计工作的质量，导致农村财务管理混乱。(2) 对财经法规了解甚少，工作中有法不依、有章不循等违反财经纪律现象在我国农村某些部门和地区还相当普遍和严重。(3) 相关知识缺乏，职业技能低下，且对参加继续教育不够积极，主动学习进修的意识十分淡薄。(4) 职业判断能力不强，导致业务处理的估计、判断偏差较大，会计信息水分较多。

(三) 会计人员职业道德的缺失

实事求是、客观公正本应是会计职业道德规范中最重要的道德规范，而现实中恰恰在这一规范上存在着诸多的问题，造成大面积的会计信息失真。这主要是由于一些会计人员缺乏实事求是的精神和客观公正的工作态度，在国家、集体与农民利益发生冲突时，损害国家和农民利益，维护小团体利益，不能坚持准则，甚至与单位领导共同作弊，为违法违纪活动出谋划策，直接参与伪造、编造虚假会计凭证、账簿和报表，以逃避外部监督。

(四) 农村的会计核算方法比较落后

这一点跟农村会计人员的素质是紧密相联的。我国的会计核算制度从改革开放至今，已有了很大的变革，特别是企业会计的核算飞速发展。但是，到目前为止，农村会计的核算几乎没有多大变化，发展速度非常缓慢。由于客观环境是不断发展变化的，会计准则的制订有时会滞后于新业务、新情况的出现，因此，适合新环境的会计核算方法就应当在会计理论的指导下加以创新，由于目前我国农村会计人员的专业理论知识缺乏，所以对新业务的核算缺乏创新。

(五) 农村会计工作的手段比较落后

在计算机已进入千家万户的今天，广大农村仍然以手工记账为主，这在很大程度上影响了会计工作的效率和规范。会计电算化的应用不仅要求会计人员掌握一定会计专业知识，而且还要掌握相关的计算机知识、财务软件的使用技术以及保养和维护。目前农村中许多会计人员计算机专业知识相当匮乏，难以胜任会计电算化工作，突出的表现是对财务软件的应用方法掌握的不够透彻和熟练，对软件的认识有局限性，对软件运行过程中出现的故障不能及时排除，影响了会计工作的正常进行。

二、如何从职业教育入手来改变我国农村会计落后的现状

农村会计落后的问题由来已久，在计划经济体制下，农村会计的业务比较

简单，不像企业会计业务那样复杂多变，在市场经济条件下，农村经济的发展又远远落后于城市经济，会计工作也随之落后，对企业、行政、事业等单位的会计，财政部门每年都要进行定期、不定期的培训，继续教育，而在农村对在岗会计人员的培训少之又少，农村会计人员的职业教育几乎处于无人问津的状态。

笔者认为，要改变我国农村会计落后的现状，可以从以下两方面着手：一是要加强会计职业学校教育，为农村会计培养后备力量；二是要对在职人员进行继续教育。

(一) 加强会计职业学校教育

农村职业学校财会专业的学生是农村会计队伍的预备人员，他们走出校门后，只有一少部分进入本专业的高等学府继续深造，绝大多数都要深入农村，从事基层会计工作。因此，要全面提高农村会计人员的素质，应从职业学校教育抓起。

1. 根据农村管理人才的培养目标，进行科学合理的课程设置

农村会计职业教育就是要培养具有必备的理论知识和较强的实践能力，适应农业生产、建设、管理第一线要求的技术应用型专门人才。因此应本着"素质高、知识博、业务精"的原则进行课程设置。"素质高"是对会计人员提出的执业素质要求，在设置课程时，必须设置与思想政治觉悟、自身修养、职业道德有关的课程，如法律基础、思想道德、邓小平理论、会计职业道德等课程。"知识博"即会计工作与诸多的单位和部门联系在一起，会计人员缺少哪方面的知识都是不行的，在设置课程时，必须设置与有关业务相联系的课程，如财政金融、税法、企业管理等课程。"业务精"即会计是技术性、操作性很强的专业，必须按照相关的法律规章要求严格执行，在设置课程时，有关会计执业的专业课程必须设置全面，财务会计、成本会计、财务管理、审计、管理会计缺一不可。

同时，农村会计职业教育是立足于为农村经济发展服务的，它必须与当地农业产业发展、农村经济结构、农民技术需求相适应，由此决定了农村职业教育的课程设置要在反映农业、农村、农民的现实需求的前提下进行设计建构。作为农村会计，除具有对本单位的经济活动进行连续、系统、全面地记录、计算、汇总及提供财务信息的共同特征外，还有其特殊性：一是农村生产活动的多样化，即会计核算内容已扩展到农、林、牧、工商、交通、建筑等多种行业，涉及面广；二是会计核算的层次多，即经济业务涵盖村集体、村所属企业及单位、农户等；三是相关工作较多，应当具备多种业务知识，如农村承包合同管理、农民负担管理、农村经济统计等多方面的知识。为此，对农村会计的

教育必须要突出为三农服务的特色，即在狠抓会计原理、会计基础规范等专业知识教育的基础上，增加与农业有关的课程的设置。

2. 结合农村会计职业的特点，突出实践，组织教学内容

职业教育不同于其他形式的教育最主要的就是要注重学生毕业后执业能力的培养，所以在组织教学内容时，必须突出实践环节的教学，这是不可或缺的重要环节，是课堂教学的延伸和发展，没有这一环节，学生的学习就如纸上谈兵。

首先，理论和模拟实验相结合。不论是专业基础课还是专业课，都要理论和实践相结合，实践可以采用模拟的形式，第一，在理论讲授的过程中，遇到能结合实践的内容可以在模拟的过程中讲授，分阶段进行模拟训练。第二，每学期课程全部结束后，安排手工和计算机两部分综合模拟训练。通过这两个内容的学习，能够使学生比较系统、全面地掌握会计核算的方法和程序，对所学的会计理论知识有一个较深刻的理解，并能贯穿于实践中，提高学生的操作能力，缩短理论和实践的距离，为毕业后胜任会计工作奠定扎实的基础。

其次，社会实践。学生可以通过学校建立的校外实训基地和自由选择实习地点进行社会实践。通过社会实践，一方面可以真正感受到会计工作的重要性和细致性，弥补模拟实训中遗漏和模拟困难的环节，使理论、模拟、实习有机地结合起来。另一方面，使学生提早接触社会，锻炼社会交往能力，懂得在社会上如何做事和做人，树立正确的人生观、价值观，找出自身知识的欠缺，找准位置，明确今后的努力方向。还能够培养学生积极向上的工作态度和较强的自信心和责任感。

3. 以执业能力为导向，结合教学内容，采用"多元化"的教学方法

执业能力即胜任工作的能力，会计人员要胜任会计工作，必须掌握基本的理论知识和业务技能，具备较高的综合素质。学生在校期间大部分时间都是学习，学习效果的好坏、知识的掌握程度和素质的培养，必然受教师教学方法的影响，教师对于不同的教学内容应采用与之相适应的教学方法，这样才会有较好的教学效果。

理论教学可以采用直接讲授、多媒体教学、案例教学的方法。没有条件的学校理论教学可以采用直接讲授的方法，教师在黑板上进行板书，这样可以吸引学生的注意力，达到预想的效果；有条件的学校可以利用多媒体组织教学，通过声音、图像、图表、文字的形式，以静态、动态的方式将知识传授给学生，这样既生动又形象，特别是会计专业的具体操作方面的知识，能通过这一手段进行演示，仿佛使学生置身于会计工作中，教学效果不言而喻。

案例教学法也是会计课程不可缺少的教学方法，可以说贯穿于课程的大部

分内容。必须注意的是教师列举的案例一定要恰当、全面，涵盖所讲授的内容，使学生对理论知识理解得更深更透。会计模拟实训就是一个大的案例教学，可以以一个企业的资料为例，根据企业特点和会计核算的要求，把学生分为若干个组，让学生轮流充当不同的角色，体验不同角色的工作任务，了解工作责任和起到的作用，这样会使学生所学的知识更深刻、更全面、更系统。

4. 根据人才培养需要和专业特点，确定考核方式

职业教育是培养应用型人才的教育，会计专业又是操作性很强的专业，因此，考核方式要科学、要有针对性。对于理论性强、操作性差的学科可以采用闭卷考试的方式，这样学生掌握的知识更扎实；对于既有理论性又需要灵活掌握的学科可以采用开卷考试的方式，或通过小论文和口头答辩的形式评定成绩；对于理论性偏弱、操作性较强的学科，若有国家统一考核的证书，可以以证代考，国家没有统一考试的，应采用两部分考试，即理论和操作，理论占一小部分，操作占大部分。如《基础会计学》就可以建立试题库，由学生抽签选题，从建账、凭证的编制、账簿的登记、试算平衡、结账到报表的编制作出一整套账。

在考试的过程中，文字必须按照《会计基础工作规范》的要求进行书写，这样既可以促进学生操作能力的提高，还可以避免学生考试中作弊。其他专业课如财务管理、审计的考试也可以不拘泥于理论，教师准备若干套案例，学生抽签选题，做一些案例分析。通过这样的考试，可以促使学生提高自己的实际操作能力和分析解决问题的能力，为毕业后的执业打下坚实的基础。

（二）加强对在职会计人员的继续教育

会计工作是一项技术性和应用性很强的经济管理活动，并且随着经济的发展而发展。会计工作的内容、标准、手段和要求都不是一成不变的，而是随着经济的发展、改革的深化而调整变化的，是与时俱进的，具有动态的发展性。会计人员是会计工作的主体，其综合素质的高低影响着一个单位会计工作的水平和质量，尤其是农村的会计人员，其文化程度、会计业务知识等方面的水平都很低，各市县会计工作主管部门应指定培训单位统一安排时间、批次，采取利用农闲时间长期培训和平时短期集中培训相结合的方式，在相对一段时间里，集中接受新知识的学习。

在组织农村会计人员继续教育的过程中，应做好以下几方面的工作：

1. 继续教育的内容应有所扩展，专业知识内容应以农村会计人员的实务需求为主

近年来我国会计工作的定位、目标及内容都发生了根本性的变化，这就给

广大会计人员留下了诸多职业判断的空间，同时也无疑增加了成为一名合格的会计人员的难度。这就要求会计人员既要学习会计制度和相关的法律法规，又要培养解决实际问题的能力；既要学习专业理论知识，又要了解与之相关的经营管理、数字经济、网络经济等方面的知识。在继续教育课程的设置上还要做到因地制宜，比如对地处城郊、经济条件较发达的，要注重现代企业管理的教育，使会计人员牢固树立市场经济观念，树立竞争意识、风险意识、效益意识，以合理配置资源，达到财富最大化。

2. 师资队伍构成应多元化

会计主管机构要大力改变会计继续教育中存在的培训机构不固定、培训的师资队伍不专业的现状。通过严格考评挑选设施完善、管理到位的单位作为培训点，对那些不具备会计继续教育能力且管理懈怠、培训质量不高的单位应坚决予以淘汰。

在实施培训教师资格证制度的前提下，培训的师资既应有高校教师，也应有行政主管部门的专业人员，还要有企业界的高层管理人员，高校的会计教师长期从事会计教学工作，有一整套好的会计教学思路、教学方法，也深知会计教研人员的知识缺陷；而会计师长期从事会计实务工作，有丰富的会计实务经验，在工作中接触到了大量的新业务、新问题，他们对问题的认识比较深刻，能够充分把握在职会计人员确实想了解什么、学习什么；会计管理人员长期从事会计管理工作，能够站在宏观的角度理解新出现的会计问题。所以应该发挥三者的优势，把会计继续教育培训工作做好，以达到最佳的教育效果。另外，会计管理机构还应尽量稳定继续教育的师资队伍，以便他们对继续教育的内容早做准备，做到有的放矢，使教与学都有一定的针对性。

3. 加强培训的监管

继续教育与学历教育相比，其教育的目标、职责、内容、方法等都有所不同，继续教育强调的是"更新"、"完善知识结构"、"终身教育"，因此，应根据会计继续教育的特点来加强继续教育管理。会计继续教育管理机构对农村会计人员继续教育进行监督管理。在监督内容上一方面根据需要培训的内容确定培训学校，不同的学校开办不同的培训项目，使之努力提高培训质量、形成特色教学；另一方面严格管理，规范对会计人员继续教育培训单位的审批，定期对培训单位质量进行检查等。

参考文献：

1. 陆学艺. "三农论"：当代中国农业、农村、农民研究. 北京：社会科学文献出版社，2002.

2. 萧今、黎万红. 发展经济中的教育与职业：效益、关联性、公平性和多元取向. 天津：天津人民出版社，2002.

3. 李慧丽. 会计职业教育问题研究. 审计理论与实践，2003（11）.

4. 胡格峰. 发展我国会计职业教育的几点思考. 财会通讯，2003（11）.

5. 王辉. 知识经济与会计职业教育. 辽宁高职学报，2003（2）.

6. 胡小凤. 福斯特农村职教思想对我国农村职教发展的启示. 职业技术教育研，2005（8）.

[东北师范大学商学院]

吉林省农村财务管理人员职业教育势在必行

周宁　刘婷　王凤华

摘要： 进入21世纪，中国农村经济迅猛发展。在农村经济社会发展的同时，农村财务管理工作跟不上新形势的发展问题日益突出。因此，提高农村财务管理人员素质，对农村财务管理人员进行职业教育迫在眉睫。

关键词： 农村　财务管理　职业教育

吉林省是全国闻名的农业大省，据调查显示，截止到2005年年底，吉林省农村人口已达1300万，约占全省人口的50％。同时，随着农村经济社会的发展，人民群众的民主意识、参政意识逐渐增强，要求财务公开的呼声较高。但由于历史等多种原因，相当部分农村的财务管理跟不上新形势的发展。一是年龄老化，业务素质差。有的农村会计是不倒翁式的"终身制"、近亲顶岗的"世袭制"，很多人不懂新会计制度和新记账法，有些村一任班子一任会计，有的甚至出现了"大会计"雇"小会计"的现象。二是监督不力，账目不清。各级乡村会计与干部受近亲等因素影响，多数抹不开面子，无法监督，甚至账目不清，在财务上做手脚，占便宜，多年一笔糊涂账，漏账、重账、错账问题严重，"包包账"、"捆捆账"现象时有发生。三是票据使用混乱，财务公开质量不高。个别村出现自制收、付款凭证使用随意，利用票据作假现象，甚至出现公款吃喝送礼、徇私舞弊、白条下账等问题；有些村财务公开不及时、不全面的问题比较突出，个别村的账务不敢公开，甚至假公开。由此引发一些地方出现的集体上访、罢选村官、干群关系紧张等问题，大都与农村财务管理体制不顺有关。农村财务管理问题已成为群众关注的热点、焦点，成为影响干群关系和农村社会稳定的重要因素。

一、吉林省农村财务管理人员整体素质现状的成因分析

农村财务管理人员整体素质不高不仅制约了农村经济的发展，而且在一定程度上会影响农村小康社会的建设进程。造成吉林省农村财务管理人员整体素质不高的原因比较复杂，既有历史的因素，也有现实的原因；既受农民主观因素的影响，也受现实客观条件的制约，但总的可概括为以下几点：

（一）专业基础差

据统计调查显示，我省农村在职的大部分财务管理人员并没有经过系统和规范的专业训练。一些初中、高中毕业直接参加工作的人员所占比例很高。他们在从事会计工作之前没有取得会计从业资格，甚至没有参加最基本的专业培训，专业基础较差，工作能力有限。

（二）现实的教育理念的制约

就是应试教育和当前尚需完善的素质教育的制约。无论是前几年的应试教育还是当前实施的素质教育，都忽视了对学生实际工作能力的培养。尽管农村一些财经职业学校已经开始实行教育教学模式改革，但由于时间较短，加之受专业师资缺乏、实习机会少、资金缺少等诸多因素的影响，改革效果还不十分明显，财务管理人员的职业教育存在流于形式的现象。导致毕业生在实际的财务工作中困难重重，错误和不规范的现象时有发生。

（三）重视程度不够

农村的财务管理人员的培养没有得到整个社会的关心、重视和支持。多数乡（镇）政府只是看重本地区的经济收益，没有真正把农村财务管理人员的再教育培训列入工作日程，缺乏指定专门的会计机构和会计方面的专家具体负责账务管理；没有像关心和重视普教那样关心和重视农村财务管理人员的教育，在人力、物力和财力上投入不足；在政策的制定和舆论宣传上缺乏力度，没有形成关心、重视和支持农村财务管理人员再教育的良好氛围；工作上存在的重布置、轻检查、轻落实的形式主义问题。

(四) 教育培训资源不足，培训体系不健全

从调查情况来看，吉林省现有的农村财务管理人员培训机构主要是涉农部门的各种职校及培训中心、乡（镇）农民文化技术学校及部分农职学校。这些培训部门的财经专业只是各个农业院校的辅助专业，师资力量较弱，并且知识更新的速度比较慢，不能使参加培训的会计人员真正的学以致用，因此，现有的培训体系不能满足工作的需要，对农村的财务管理工作帮助作用并不明显，培训资源略显不足。因此，迫切需要建立完善的农村财务管理人员培训基地，健全培训体系，以发挥其最大作用。

(五) 农村财务管理人员自身原因

主要是观念不解放，认为学不学一个样，主观上不求进取；比较满足于现状，认为现有的知识体系完全可以应付当前的会计工作，没有认真学习最新的财务理论和国家最新颁布的会计准则，使现有的财务专业知识停滞不前，在实际工作中仍沿用陈旧的记账方法和财务管理方法，跟不上经济社会发展的需要。

这些问题严重影响了农村经济改革的进程，影响了镇、村正常工作的开展和社会稳定大局，在建设社会主义新农村的今天，改革农村财务管理工作，加强对农村财务管理人员的职业教育势在必行。

二、对农村财务管理人员职业教育的建议

(一) 上岗前的统一培训

农村财务管理人员职业上岗前的统一培训主要是指会计职业的基本素质培训和技能培训，包括正规的学校教育和自学考试教育。其目的是通过会计职业岗前教育，使这些即将掌握农村财政大权的财务人员掌握现代会计理论和会计核算方法，懂得会计准则等法规，会编制和分析会计报表，树立正确的职业道德规范观念，具有敬业精神和创新能力。不同的农村财务管理职业岗位培训的侧重点可以有所不同。村级的基层财务管理人员应该注重培养他们的操作能力，保证会计记录的及时性和有效性，防止一切不规则的会计记账现象的发生。而针对上级的农村财务主管人员应该把管理也作为财务职业岗前教育的重点来抓。要求他们不仅能够掌握会计的各项基本操作要求，更要使他们具有表达、沟通、思考、善于处理人际关系等解决问题的能力，树立正确的职业道德规范观念，具有敬业精神和创新能力，以满足财务管理职业岗位的不同需求。更加适应市场经济对农村财务管理的新需求。

(二) 在岗时的继续教育

1. 以诚信教育为重点，切实加强农村财务人员管理

市场经济是法制经济、信用经济。诚信是市场经济的基石，是财务管理人员的安身之本、立业之基，关系到市场经济秩序的正常运行。在对农村财务管理人员再教育的进程中，我们始终要把加强财务人员的职业道德建设作为会计管理工作的重要内容。各个培训部门要采取多种形式，重视财务人员职业道德的宣传和培训工作，努力营造会计诚信的良好社会氛围。

2. 坚持联系实际、讲求实效、学以致用

农村财务管理人员职业岗中继续教育是农村财务职业教育的重要组成部分，是农村财务管理人员队伍迎接科技进步和提高就业能力的需要，是适合会计改革形势和提高财务管理人员队伍整体素质的需要。如果仅仅依靠学校所接受的常规教育，而不根据社会发展的需要不断进行知识更新，很多知识就会失去效能，人就会在科技不断进步的就业竞争中被淘汰。因此，为提高农村财务管理人员的整体素质，农村的财务人员职业教育应采取灵活多样的形式，保证必要的教育学习时间，使培训教育制度化。在培训内容上，突出实用性，根据农村财务人员的特点，精心编写培训教材，可以主要进行会计基础工作规范、《会计法》、《农村集体合作经济组织会计制度》、农村税费改革政策及改革后会计处理方法、会计人员职业道德等内容的继续教育培训。在培训形式上，突出趣味性，以风趣的语言，翔实的资料，灵活的授课艺术，发挥出最佳的培训效果。真正使财务人员继续教育成为农村财务管理人员接受新知识和提高专业技能的一项重要活动。

3. 强化管理，增强农村财务管理人员自觉学习意识

长期的在岗继续教育是为了提高农村财务管理人员的政治素质、业务能力、职业道德水平，使其知识和技能不断得到更新、补充、拓宽和提高，以适应经济发展对农村财务管理职业岗位就业要求的不断变化的需要，因此，精干的农村继续教育管理队伍是使农村会计人员继续教育健康发展的关键。面对市场经济条件下的农村财务管理人员继续教育工作，管理人员必须从根本上转变传统的继续教育思维方式，充分认识今后农村财务管理工作的发展形势及趋势，加强自身的学习，牢固树立服务意识。

同时，通过各种渠道向农村财务人员宣传，使其认清接受继续教育的必要性，使他们真正理解继续教育的意义，激发他们参加学习的热情，树立职业继续教育的终身教育的观念，变被动为主动。增强接受继续教育的法制意识，通过接受继续教育不断提高自身素质和业务水平,保障农村财务管理人员继续教育工作持续、健康、有序发展。

(三) 农村财务管理人员的终身教育

发展终身教育是农村财务管理人员职业教育改革的必然趋势。党的十六大报告明确指出:"教育是发展科学技术和培养人才的基础,在现代化建设中具有先导性和全局性的作用,必须把它放在优先发展的战略地位。"要"加强职业教育和培训,发展继续教育,构建终身教育体系",要"形成全民学习、终身学习的学习型社会,促进人的全面发展"。大力发展农村财务管理人员继续教育是建立和完善终身教育体系的重要途径。在知识经济社会里,社会产业结构不断变化,职业流动的速度加快,社会要求农村财务管理人员不断调整自己的知识结构以适应时代的需要,不断用新的知识和技术武装自己,使个体的发展与时代同步。

目前,许多农村财务管理人员的数量和整体水平不能适应生产发展的需要,这种情况已成为制约我国农村今后可持续高速发展的重要障碍。因此,各级管理部门对农村的财务管理人员实施必要的职业教育,提高财务人员的知识水平,积极鼓励学习,必将得到良好的经济收益和社会效益,也为构建终身教育体系奠定基础。

中国已经加入了WTO,面对新的机遇和挑战,农村财务管理人员职业教育管理工作任重道远。要逐步建立和完善有利于终身学习的职业教育制度,不断规范农村财务管理人员的职业教育制度,努力提高农村财务管理人员的素质和专业水平,为农村财务管理人员职业教育创造良好的法律、制度环境,使农村财务管理人员的职业教育进入一个良性循环的轨道,以适应新的世纪、新形势下的我国市场经济发展的需要。

参考文献:

1. 十六大报告辅导读本. 北京:人民出版社,2002.
2. 孙蕊. 关于会计人员继续教育的思考. 浙江会计,2002 (4).
3. 胡戈. 会计职业教育模式的研究. 经济师,2000 (3).
4. 程序. 中国农民终身教育的历史使命. 中国职业技术教育,2005 (7).

[东北师范大学商学院]

吉林省农村人力资源开发与
发展中等职业教育的思考

刘文亮　孙彩平

　　吉林省作为一个传统的农业大省和工业大省，要想实现全面建设小康社会、新型工业化的发展目标，变成一个农业和工业强省，必须解决大量农村劳动力的转移、农村工业化的问题，最终要通过大量农民文化素质与生产素质的提高来实现。目前，很多学者就教育培训对农村剩余劳动力转移的重要作用有过很多的论述，但是如何才能真正实现农村劳动力教育培训，农村劳动力素质提高究竟需要什么样的教育培训以及投资来源等问题尚缺乏深入的研究与分析。本文从吉林省农村劳动力的现状入手，针对性地分析吉林省农村教育培训存在的各种问题，提出加强农村社区教育，建立国家投资、地方政府投资及吸引民间资本相结合的投资体制，以民间管理为主的教育培训机构，以农村劳动力的转移及农村工业化为目标的培训机制。

一、吉林省农村人力资源的现状分析

　　吉林省是一个传统的农业大省，同时也是一个教育大省。吉林省农村的人均土地资源的丰富也是居于全国前列的，特别是肥沃的土地与自然气候。吉林省农村人均教育水平居于全国平均水平以上。但是吉林省农村的人均收入却低于全国的平均水平，那么影响吉林省农民收入的主要因素是什么？笔者对吉林省农村的收入与较发达的江苏与浙江进行相应的比较，探索影响吉林省农民收入的因素。

　　首先，吉林省农村居民的就业率远低于江苏、浙江发达省份，并且从业人员从事农牧渔林第一产业的人员比重过大。2003年度，吉林省第一产业增加值占地区生产总值比重为19.1%，第一产业人员占吉林省全部从业人员的48.1%，县级以下消费品零售额占全社会消费品零售额比重为22.8%。而同期江苏的相应数据分别为8.7%、34.1%、29.4%，浙江分别为7.8%、29.5%、36.7%[1]21-22。通过比较发现，吉林省近一半的从业人员从事第一产业生产,而同期的江苏、浙江只有近30%的人从事第一产业。从农村劳动力从业的构成来看,2003年吉林农村人口为1439.4万人,从业人员669.0万人。而同期的江苏农村人口为5 209.7万人、从业人员3 712.1万人,浙江的农村人口2 649.1万人、从业人员2219.9万人。进一步比较发现,吉林省农村人口的就业率①仅为46.5%,而同期的江苏为52.1%、浙江为59.8%[1]33-36。这说明吉林省存在大量的农村剩余劳动力。是不是吉林省的农民就业的欲望较低?通过对吉林省的收入比较分析可以发现,吉林的农村居民收入低于全国平均水平,城乡收入差距与城乡水平差距也比江苏、浙江大,根据经济学的原理与人的生理、心理原理分析,吉林农村居民应该有更强的就业欲望。那么,影响吉林农村居民就业率低的原因可能主要是就业渠道较少与就业技能差。

从农村就业人员从事的行业分析发现,2003年吉林省农村从业人员中75.1%的人从事第一产业,而从事加工、建筑、商务通讯、贸易、餐饮业人员共占14.1%。同期的江苏从事第一产业的人员占全部农村从业人员的45.4%,从事加工、建筑、商务通讯、贸易、餐饮业人员共占39.5%。同期的浙江从事第一产业的人员占全部农村从业人员的39.3%,从事加工、建筑、商务通讯、贸易、餐饮业人员共占42.3%[1]33-36。通过吉林、江苏、浙江农村劳动力从业构成比较分析可以发现,吉林省农村就业人员近四分之三在第一产业就业,而同期江苏、浙江从事第一产业的人数比例却比较少,从事工业及服务业的人员比例远高于吉林省。这说明吉林省大量的劳动力在农村就业,没有实现大量的农村劳动力的转移。

其次,吉林省农村居民的人均纯收入低。吉林省2003年的人均纯收入为2530.41元,低于全国平均水平2622.24元,特别是工资性收入还不到全国平均收入水平的一半。同期的江苏农村居民的人均纯收入达到4239.26元,是吉林同期水平的1.68倍,工资性收入为2 189.06元,是吉林同期的5.15倍。同期的浙江农村居民的人均纯收入达到5389.04元,是吉林同期的2.13倍,其中工资性收入是吉林的6.05倍。从构成比例看,全国农村居民人均纯收入的35%来自于工资性收入,江苏为52%、浙江为48%,而吉林仅有17%[1]292。通过比较分析可以发现,吉林农村居民纯收入低的主要原因在于工资性水平低。这也同前面分析的结论,即吉林省农村居民就业以低效率的第一产业为主是相符合的。

最后,从人均生活消费支出来看,吉林省农村居民的人均支出低于全国平均水平[1]293-299。从支出构成来看，吉林省衣着、医疗支出的比例高于全国平均水平，同时也高于江苏与浙江；居住、家庭设备及服务低于全国平均水平，也低于江苏和浙江。作为人力资本投资性支出的文教部分低于全国平均额，远低于发达的江苏与浙江。从支出结构来看，由于吉林农村居民的收入低于全国平均水平，各项支出低于全国平均水平也是正常现象。因此，影响吉林省的工资性收入低和劳动力转移率低的因素就不仅仅是通常意义上的人力资本投资问题，还包括文化、观念等方面的问题。

从农村居民劳动力的文化程度来看，吉林省的教育文化水平高于全国平均水平，但是与江苏、浙江相比在高级专业人才的方面比较低。吉林省农村劳动力中，初中及以下水平占89.34%，高中及以上水平的占10.66%；江苏农村劳动力中，初中及以下水平占85.46%，高中及以上水平的占14.54%；浙江农村劳动力中，初中及以下水平的占85.68%，高中及以上水平的占14.32%[1]39。一般我们认为具有高中或大专以上学历的人容易实现劳动力的转移，具有更高的创业意识。

二、发展农村职业教育是提高吉林省农民收入的关键

从以上分析可以发现，影响吉林省农民收入的主要因素：一是存在大量的闲置劳动力没有投入劳动；二是大量的农村劳动力从事第一产业的劳动，生产效率低下；三是农民的专业技能落后，难以适应现代工业部门及第三产业生产的需要，无法实现剩余劳动力的有效转移。因此，提高吉林省农民收入最主要的途径是实现农村剩余劳动力的有效转移，实现有效转移需要提高农民素质，特别是青壮年劳动力的生产技能，培养他们的创业意识。只有这样，才能让吉林农村劳动力尽快实现从农业向工业或第三产业的转移，提高工资性收入，提高生活质量。

吉林省的普通中小学教育水平略高于全国平均水平，尽管农村的学校教育存在教育质量下降、学生流失率高、优秀教师流失严重、教育投资不足的现象，但这不是影响吉林省农村发展的关键，而是职业教育严重滞后。吉林省全省共有中等职业学校322所，其中，普通中专56所，成人中专36所，职业高中113所，技工学校117所。各类中等职业学校在校学生总数21万人，占全省高中段在校生总数的37%[2]。而2003年浙江"全省所有乡镇都建立了成人文化技术学校，有3万多个行政村和乡镇企业建立了成人学校或教学点，乡镇办学面达到100%，村办学面达到80%以上，基本形成了县、乡、村三级成人

教育网络，办学条件也有很大改善。现有省一、二、三级乡镇成人文化技术学校1102所，占全省乡镇成人学校总数的75%以上"[3]。而且，吉林省这些仅有的职业教育，并没有发挥应有的作用。其问题主要表现为：

（一）农村职业教育仅仅是以学历教育的补充形式出现，严重影响了职业教育职能的发挥。

吉林省各县都有自己职业教育中心，但是中心的职能没有得到充分的发挥，经过调查发现，部分县把职教中心变成了民营高中，说明政府没有意识到职业教育对农村发展的核心推动作用。相当多的人把职业教育当作一种学历教育，认为只有考不上高中或大学的人才会进入职业教育。2005年中国青少年研究中心在北京、上海、广东、云南、甘肃和河南6个省（市）进行了"中国中小学生学习和生活的现状与期望调查"[4]，调查显示：对"读职业学校也是正确的选择"（90.4%）、"职业学校的学生也能成功"（95.4%）、"职业教育是国家创新和提高实用技术的基础"（93.5%）等观点，绝大多数中学生是赞同的。然而，观念与行为却明显脱节，调查显示，多数中学生不愿意选择职业学校。其中，有52.3%的中学生认为"即使自己非常适合读职业学校，也不会选择职业学校"；有49.8%的中学生认为"即使自己想去，父母也不会同意"。还有13.5%的中学生认为"只有成绩差的人才去职业学校"；11.5%的中学生认为"学职业技术只能当工人，社会地位低"；29.9%的中学生认为"职业学校的学生，收入比较低"；25.3%的中学生认为"职业学校毕业的学生进不了政府机关"。调查发现，有50.7%的职业高中学生对自己的身份不满意；有39.1%为自己的身份感到自卑；有41.0%说自己上职业学校是因为成绩不理想，只能上这个学校。东北师范大学农村教育研究所的一项关于农村教育情况的调查显示，在当地辍学的学生中，因为家庭困难而放弃学业的不到20%，而教育布局不合理是造成学生离开学校的一个重要原因。在很多农村地区只有高中，不办职业高中，学生只有读高中上大学一条路，考不上大学就没有意义，使一些家庭觉得负担过重。据调查，教授实用技术的职业高中，磐石市第二十九中学对于很多农村学生却具有很大的吸引力。

（二）职教投入不足，民间资本尚不能进入职教中来。

职业教育投资不足，大部分地区把职业教育当作营利性的教育，或全部委托给民营机构经营，收费较高，严重违背了职业教育发展最核心的作用是培养适应现代部门需要的人才、实现大部分农村劳动力的转移。由于投入不足，吉林省职业教育规模偏小、办学格局单一。目前吉林省各类中等职业学校在校生规模仅为 21 万人。而按照教育部关于中等职业教育与普通高中教育在校生比例大体相当的要求,吉林省中等职业教育,最低应不小于 32 万人的规模。依据"吉林省 2004 年国民经济和社会发展统计公报"所提供的数据,各类中等职业教育招生 6.14 万人,在校生 16.42 万人,毕业生 4.67 万人。全省普通高中招生 16.99 万人,在校生 45.16 万人,毕业生 10.11 万人。相对而言,职业中等教育比普通高中的数量还相差很多。2003 年的初中毕业生中,有 50% 以上的人不能接受高中阶段的教育,也没有经过职业教育或培训,远远不能满足受教育和直接就业的需要。从吉林省职业教育的办学体制来看,公办学校仍占绝对多数,民办职业学校只占职业学校总数的 8%,尚未形成公办职业学校与民办职业学校共同发展的多元办学格局。一方面,公共财政不足以投入和发展所需要职业教育,另一方面,不能够调动民间资本进入职业教育中来。

(三) 职业教育知识结构老化,无法适应农村经济发展的要求。

农民送子女到农村职业学校学习的目的,就是要他们学习新技术、新知识,发家致富。而农村职业学校的办学宗旨也是为农民、农村服务,培养专业技术人才。两者目标的一致,才是农村职业学校存在之展的基础。当前一些农村职业学校教材过于陈旧,技术过于传统和常规,已不能适应当前农村经济发展的需要,职业教育结束后不能找到相应的就业岗位,削弱了农家子弟上学的积极性,从而造成学生获不足和流失严重的现象。

发展农村职业教育,有利于有效实现农村劳动力转移,从而提高农民收入。1998 年我国文盲半文盲、小学、初中、高中以上文化程度四类农民中,流向非农产业者占同等文化程度类型劳动力总数的比重分别为 4.69%、16.72%、38.46% 和 40.80% (根据 1998 年农村实有劳动力、农村剩余劳动力、农民家庭文化状况计算)[5]。说明具有中等以上文化程度的农民更容易实现向乡镇企业和农村二三产业的转移。江苏农村劳动力转移与劳动力文化程度之间的关系还表明:文化程度越高的劳动力转移的人数越多。高中以上的农村劳动力转移率达 59.1%,中专以上为 76.8%。分别高于平均水平的 16.5 和 34.2 个百分点。而文盲和半文盲的劳动力转移率只有 13.5%,小学文化程度的劳动力转移率为 28.2%,初中文化程度的劳动力转移率为 49.2% (邱建新、马成荣、顾柳贞,2002)。因而,要提高农村剩余动力的转移率,就是必须在现实情况下提高其文化程度。而当前吉林省农民的文化程度,初中以上只有 10.64%,低于江苏和浙江等经济发达地区。这意味着要提高文化程度,必须发展义务后教育的接续育,中等职业教育为突破点和着力点。

发展农村职业教育，可以解放农民的思想，提高农民的创业意识，加速吉林民营经济的发展。吉林、江苏、浙江农村劳动力从业构成比较分析可以发现，与江苏、浙江相比吉林省存在大量的农村劳动力没有参与劳动。由于农民的思想观念陈旧，小富即安思想束缚着一些农民，只满足于温饱，"土里刨食"、"老守田园"的小农意识依然严重，以致转移的劳动力数量很有限。通过课题组对吉林省部分农户的调查发现，相当多的人创业意识低下。调查时，当问到，"如果给你10万资金，你准备做什么"时，有近37.8%的人，认为没有什么投资的项目。由于缺乏商业知识和对加工业的了解，有近52%的人，主张把资金投入到养殖业。由于农民的文化素质较低，缺乏专业技能，农民进城后无法涉足专业技术岗位。只能到建筑行业卖"苦力"，难以适应二三产业的激烈竞争。而实现产业间的劳动力转移，并不一定要农民背井离乡，在掌握加工业、特别是农产品的加工业的技术和相应的商业知识后，他们可以离农不离乡，在本村完成向第二、第三产业的转移。但加工技术和相应的商业知识和技能，不是义务教育的任务，更多靠职业教育来完成。

三、对吉林省发展农村职业教育的建议

在吉林省的规划蓝图中，把振兴吉林工业，特别是老工业基地的振兴当作实现新型工业化重要前提，但是新型工业化意味着科学发展、城乡统筹发展。发展农村现代职业教育将为吉林老工业基地的改造必要的人力支持与智力支持。在国家"十一五"规划建议书中，提出了要建设社会主义新农村的目标，其实现途径除了农村自身发展外，还依赖城市反哺农村、工业反哺农业。城市反哺农村、工业反哺农业以何种形式出现，人力资本与发展经济学的理论为我们提供了理论依据，即优先发展农村的基础教育与职业教育。基础教育为农村潜在劳动力提供了实现有效向城市转移的智力支持，职业教育为农村当前劳动力的输出提供技能支持。为尽可能多的人提供就业机会，已成为各级政府的首要目标。这里提供的就业机会不仅仅是对城市居民，还应包括农村居民。而随着技术进步、土地的减少，农业发展不足已不能为人们提供充分的就业机会，未来的就业机会主要出现在乡镇的加工业、第三产业及城市的现代部门。因而，我们建议农村的职业技术教育要：

（一）以提高就业和创业素质为主，端正职业教育的办学思想

农村的职业技术教育要摆脱以往把职业教育办成变相的升学教育的思路，转变到以提高农村劳动力就业、创业素质为主指导，以实现农村劳动力向第二

产业、第三产业的转移为目标的办学思路。职业教育的目的就是提高就业率，从而提高人们工资性收入，从而提高生活水平。这里的关键不在于是在农村还是在城市实现就业和创业，而是要实现人人有工作、有稳定的收入为目标。正确把握职业教育的特点：相对于普通教育的长期性，它具有短期性的特点；相对于普通教育的全面性，它具有专职性的特点；相对于普通教育的文化性，它具有技术性的特点；相对于普通教育的应试准备性，它具有就业准备性的特点；相对于普通教育对市场和社会的封闭性，它具有向市场和社会开放性的特点；相对于普通教育内容、方式、方法等方面的相对稳定性，它具有依据市场、经济、职业、技术发展的需要，不断更新和变换的特点。

（二）农村职业教育的投入，要建立国家投资、地方政府投资及吸引民间资本相结合的投资体制

职业教育由于具有很强的实践性、操作性因而要求有更广阔的实习与练习的场所，这在一定程度上加大了职业教育的资金投入要求。而现实是，以乡镇为主的吉林省农村经济发展水平较低，因而，农村财政不足以支撑这样一种非义务教育形式。同时，由于农村劳动力转移已经成为实现小康社会、构建和谐社会的关键，因而需要全社会共同来完成这件事。所以我们提出对于经济落后地区，包括吉林省，其职业教育采用国家投资、地方扶植、企业资助、个人承担相结合的形式，尽快把农村的初级人力资源转变成能够适应第二、第三产业和现代化第一产业发展需要的中级人力资源，从而提高农村人力资源的就业率和使用率。国家财政性投入应该占主导地位，考虑地方经济状况，扶植可以采用资金、政策、用地及协调管理等多方面的形式，企业的资助很重要，而且不是企业出于慈善的行为，而是从谁受益谁负担的角度，从双赢与互惠的角度，企业也应该对技术性人才的培养承担一定的资金。这要求职业技术教育与相应的用人单位和企业建立一种稳定的协作关系，企业和用人单位可以参与职业教育的专业设置、培训人员的提供、考核及学生的毕业证书的发放等其他方面，及拥有一定的办学权和管理权。甚至可以考虑，一所职业技术学校与几个企业联合，专门为某几个、几类企业培养初级技术人员的专职机构，这也可以看作是农村职业技术教育未来的发展模式之一。而个人也是一方受益者，所以也可以承担相应的培养经费，但要考虑个人的承受能力。

（三）在管理体制上可以实行由公众管理与政府监督相结合的方式

由于职业教育面向市场的开放性和不断调整专业设置的灵活性，因而在管理方式上也应该尝试以民众或者个人化管理为主、以政府监督为辅的管理方

式。所谓民众，可以是由地方的企业代表、知识分子代表（或是教师，或是在地方有文化、有一定威信的人物）和地方的致富能手、普通民众所组成，当然也可以有负责地方经济发展与规划的政府代表。目的是改变原来单纯由政府管理，存在着办事效率低、与市场需要脱节、与地方经济发展的需要脱离的弊病。另外，这样的管理体制，也与投入体制相一致，既然在投入上由个人、企业、地方都有投入，就应该让投资者参与管理，这可以调动各方投入的积极性。

（四）实行灵活多样的师资队伍管理体制

发展农村职业教育，师资是重点也是难点。就现有的情况来看，很多职业中学变升学教育，有很多方面的原因，如学生的愿望、学生发展的未来，但没有技术性很强的师资，不能够开设很好的职业技术类、课程也是一个重要的方面。职业技术教育，是多层面的，需要有普通文化课的师资，这个相对来说是比较容易解决的，更需要有职业技术性的师资，这个是制约职业技术教育发展的关键因素。很多地方没有职业技术师范教育的专门学校，师资就没有相应的对口资源，而职业技术师范教育的毕业生是否能有农村的职业技术师范学校任职，则有很多方面的限制，现实是职业技术师范教育的毕业生，存在着大量的流失现象，他们多数直接到企业就业，而普通师范教育的毕业生又不能胜任技术类的课程。所以，一方面应该拓展职业技术师范教育，加强这方面的师资培训；另一方面，要建立稳定与流动两种性质的教师岗。文化课和能够有充分师资的课程，包括管理人员，可以设置成稳定岗和专职岗，而与市场、专业的密切联系的课程，变动性大、技术性强的课程，可以设置流动教师岗和兼职岗，聘请相关企业或技术人员担任流动的教师岗，也可以聘请在农村创业的优秀毕业生或在养殖、种植、加工业等某方面有突出成绩者，兼职作教师，这样可以解决实验观模的场所，又可以给学生提供一线的操作性的技术演示。这也是职业教育向市场和社会开放的一种表现形式。

（五）调整专业结构，适应现代农业发展及劳动力向第二、第三产业转移的需求

近几年来，我国农业正由传统农业向现代农业转轨，农业生产对科技要求愈来愈高，为了适应新形势下发展现代农业的需要，我省农业职业学校要坚持"面向农业、面向农村、面向农民"的办学方针，主动适应农业和农村经济建设的需要，瞄准就业市场，及时调整专业设置，特别是要积极发展面向我省优势产业的专业，促进职业学校为"三农"服务，为我省农村全面建设小康社会

培养出大量高素质劳动者和实用人才。建议有关部门积极推广磐石市第二十九中学集"普通教育、职业教育、成人教育"三教一体的办学方式。这所学校针对农村经济发展的需要，改革办学模式，从过去只求升学，不问就业的思想束缚中解脱出来，以"面向农村、发展农业、致富农民"为着眼点，按现代农业要求设置专业，科学地调整课程内容和结构，增强课程的多样性和选择性，使学生学得好，用得上。让学生既掌握一定的科学文化知识，又能掌握一定的劳动技能。三年来，本着为当地经济发展服务的原则，围绕当地农村经济发展需求，科学、准确、合理地设置了食用菌栽培技术、农作物栽培技术、果树栽培技术、花卉栽培技术、养殖业技术、农机维修技术等课程，为农村输送合格毕业生 600 多人，其中一部分已成为村、屯的示范户、经纪人。同时为农村培训农民 400 多人，一些村民通过食用菌等项目开发，已经由贫变富，成为当地的技术能手、经纪人。这些经纪人把农副产品销售到全国各地，深受人们的欢迎。通过改革办学方式，开展职业教育，使很多农民转变了思想观念，开始支持孩子学习农村实用技术，办学规模不断扩大，办学路子越走越宽，办学效益越来越好，提高了职业学校为经济服务的功能。当然，也可以根据学校的情况，考察与联系城市紧缺的工作岗位，包括国内和国际市场需要的人才，如家庭护理、清洁、保育、建筑、粗加工业等工作进行相应培训。

参考文献：

1. 2004 年中国农村统计年鉴 [G]．北京：中国统计出版社，2004.

2. 吉林省发展改革委，吉林省教育厅．大力发展职业教育 为我省老工业基地振兴服务 [DB/OL]．http：//www. glyl. cn/Article/show. asp？Id＝125，2005－07－06.

3. 浙江加快农村教育发展全面服务"三农" [DB/OL]．http：//www. xhedu. net/cms/data/，2003－10－27.

4. 中小学生学习和生活的现状与期望调查 [DB/OL]．http：//www. scjks. net/Article-Show. asp？ArticleID.

5. 1999 年中国农村统计年鉴 [G]．北京：中国统计出版社，2000.

后　　记

　　立足我国农村教育实际，深入进行农村教育研究是东北师范大学农村教育研究所的主旨。作为教育部普通高等学校人文社会科学重点研究基地，我们不断得到各级领导和学界同仁的关怀与厚爱，对农村教育也逐渐形成了一些自己的理解和感悟。长期以来，我们一直努力以我们深入农村进行调查所得的第一手材料为依据，进行理论的思考与探索，尝试寻找一种能够有助于农村教育现实困境破解的有效方法。

　　呈现给读者的这部文集是 2005 年 10—12 月期间，在教育部基地重大项目研究基金和香港华夏基金会的资助下，农村教育研究所师生对吉林、贵州、河南、山东、四川及浙江六省中的十个县的农村职业教育的发展与改革情况进行调查研究的理论成果。

　　本次调查由于伟教授主持。农村教育研究所副所长洪俊教授组织设计了调查问卷、访谈提纲等。李伯玲副所长、秦玉友副教授等也对问卷的起草、调查报告的形成作出了很多努力。满海峰、张力跃、刘冰、林丹、胡娇、高庆蓬、吴华、曲正伟、曾水兵、刘芳、孙伟、李珊珊、史爽、黄彤、刘焕君、丁霞、戴军、栾天、王海南、张释元、陈静漪、崔艳艳、朱微娜、姜东海、王建亭、邵奎艳、李秀杰、王艳、宗晓华、任仕君、高巍、朱兴涛、刘怡、许丽英等参与了此项调查，并参加了相关的数据处理工作。正是有了他们的辛勤劳动，本书才有了较为翔实的第一手资料及基本的立论根据。

　　在本书的写作过程中，校长史宁中教授、副校长柳海民教授、副校长薛康教授以及校长助理、社会科学处处长刘建军教授等领导和老师提出了诸多建设性意见和建议，令我们获益匪浅。尤其是史宁中校长拨冗作序，更使我们备受鼓舞。

　　张力跃、高庆蓬、林丹、张聪在书稿的编辑和校对的过程中做了大量细致而有效的工作，对他们在此一并表示感谢。

　　更要感谢为我们的农村教育调查提供诸多便利的吉林省、贵州省、浙江省、河南省、山东省及四川省各级教育主管部门。正是他们的大力支持和帮助才使我们调查得以顺利进行并取得了现有的理论成果。同时还要感谢东北师范大学出版社领导的大力支持以及各位编辑的悉心帮助，他们工作的认真态度令我们十分感动。

　　限于学术能力与理论水平，书中的不周之处在所难免，诚请诸位专家学者和广大读者批评指正，以使我们今后的调查研究不断取得进步。